广州市
文旅志愿服务
工作实务

广州市文化馆
广州市团校（广州志愿者学院） 编

华南理工大学出版社
SOUTH CHINA UNIVERSITY OF TECHNOLOGY PRESS

·广州·

图书在版编目（CIP）数据

广州市文旅志愿服务工作实务／广州市文化馆，广州市团校（广州志愿者学院）编．—广州：华南理工大学出版社，2024.4
ISBN 978-7-5623-7644-6

Ⅰ. ①广… Ⅱ. ①广… ②广… Ⅲ. ①文化产业-志愿者-社会服务-管理-广州 ②旅游业-志愿者-社会服务-管理-广州 Ⅳ. ①G127.651 ②F592.765.1

中国国家版本馆 CIP 数据核字（2024）第 017254 号

Guangzhoushi Wenlü Zhiyuan Fuwu Gongzuo Shiwu
广州市文旅志愿服务工作实务
广州市文化馆　广州市团校（广州志愿者学院）　编

出 版 人：柯　宁
出版发行：华南理工大学出版社
　　　　　（广州五山华南理工大学 17 号楼，邮编 510640）
　　　　　http://hg.cb.scut.edu.cn　E-mail：scutc13@scut.edu.cn
　　　　　营销部电话：020-87113487　87111048（传真）
策划编辑：梁玉琪　庄　严
责任编辑：梁玉琪
责任校对：盛美珍
印 刷 者：广州小明数码印刷有限公司
开　　本：787mm×1092mm　1/16　印张：18.5　字数：350 千
版　　次：2024 年 4 月第 1 版　印次：2024 年 4 月第 1 次印刷
定　　价：58.00 元

版权所有　盗版必究　印装差错　负责调换

编委会

总 顾 问 刘瑜梅
副总顾问 张 胜
顾　　问 李怀恩　方永钦　刘庆红
主　　任 董 敏　牟辽川
副 主 任 石 泉　黄 艳
主　　编 董 敏　涂敏霞
副 主 编 闫晓玲　钟 良
执行主编 赖皓贤　吴冬华
编委成员（以姓氏笔画为序）
　　　　　　王 静　丘 悦　孙建英　李小娜
　　　　　　吴冬华　何艳棠　邵振刚　杨 纯
　　　　　　郑小炉　柯欢玲　董 帅　黄 珩
　　　　　　梁修飞　谢栋兴　赖皓贤

序 言

随着经济社会发展水平提高，人民对享有更丰富、更高品质的文化生活的期盼日益高涨。在中国式现代化进程中，文化和旅游志愿服务已成为文化和旅游公共服务高质量发展的重要推动力，将在弘扬革命精神、传播优秀传统文化、促进民族团结、助力乡村振兴、提高社会文明程度、推动公共文化服务提质增效、满足人民美好生活需要等方面发挥更加积极的作用。文化和旅游志愿服务作为创新社会治理的有力推手，逐渐成为健全现代公共文化服务体系、建设社会主义文化强国不可或缺的重要力量。

推动文化和旅游志愿服务高质量发展，队伍是基础，人才是关键。为提高文化和旅游志愿服务工作者的理论素养和业务能力，广州市文化和旅游志愿者总队定期开展全市文化和旅游志愿服务管理骨干培训，逐步建立文旅志愿服务培训基地，并组织编写文旅志愿服务通用培训用书，为相关从业人员的实际工作提供规范、有用的指导参考。

本书立足组织管理层面，选取文化和旅游志愿服务工作实务中的核心问题，重点涵盖文化和旅游志愿服务应知应会内容、文化和旅游志愿服务岗位管理知识及实践案例分析三方面，并附录了志愿服务相关法律条文及规范性文件，突出理论与实践相结合，兼具科学性与实用性，力争做到对文化和旅游志愿服务工作有较强的指导性、针对性和可操作性。

本书由广州市文化广电旅游局指导，广州市文化馆和广州市团校（广州志愿者学院）组织编写。在编写过程中，参考了许多志愿服务教材和有关论著，吸收了许多专家同仁的观点和建议，得到了众多公共文化机构和旅游景点景区志愿服务工作者的支持，在此一并表达诚挚的感谢。对本书的不足之处，敬请各位读者批评指正。文化和旅游志愿服务事业不仅需要政府主导着力推进，更需要全民参与创新探索，希望与更多志同道合的同行们携手并进，共同推动文化和旅游志愿服务创新发展。

编　者

目 录

第一章 文化和旅游志愿服务应知应会 ··· 1
- 第一节 认识文化和旅游志愿服务 ··· 2
- 第二节 文化和旅游志愿服务发展历程 ··· 12
- 第三节 文化和旅游志愿服务法律法规及政策 ··· 27
- 第四节 广州市历史文化概述 ··· 34
- 第五节 广州市旅游资源概述 ··· 59

第二章 文化和旅游志愿服务工作者实务 ··· 76
- 第一节 文化和旅游志愿服务工作者的主要职责 ··· 77
- 第二节 文化和旅游志愿服务工作者的素质与能力 ··· 78
- 第三节 文化和旅游志愿服务工作者的主要能力 ··· 78

第三章 文化和旅游志愿者骨干实务 ··· 111
- 第一节 文化和旅游志愿者骨干的工作职责 ··· 112
- 第二节 文化和旅游志愿者骨干的岗位要求 ··· 112
- 第三节 文化和旅游志愿者骨干的主要能力 ··· 113

第四章 文化和旅游志愿服务通用型岗位知识 ··· 148
- 第一节 信息咨询志愿服务岗位知识 ··· 149
- 第二节 文明引导志愿服务岗位知识 ··· 153
- 第三节 设施管理志愿服务岗位知识 ··· 159
- 第四节 活动辅助志愿服务岗位知识 ··· 162

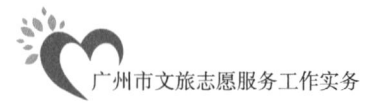

第五节	图书整理志愿服务岗位知识	168

第五章　文化和旅游志愿服务专业岗位知识　174

第一节	艺术普及志愿服务岗位知识	175
第二节	阅读推广志愿服务岗位知识	177
第三节	展览展示志愿服务岗位知识	180
第四节	文物保护志愿服务岗位知识	182
第五节	文旅宣讲志愿服务岗位知识	187
第六节	专业岗位典型案例	189

第六章　文化和旅游志愿服务特色项目案例分析　209

第一节	红色文化传承项目典型案例分析	210
第二节	乡村文化振兴项目案例分析	216
第三节	数字化文旅项目案例分析	219
第四节	关爱重点群体项目案例分析	224
第五节	文旅融合推动项目案例分析	230

附录　234

志愿服务条例	234
文化志愿服务管理办法	240
广东省志愿服务条例	245
广州市志愿服务规定	253
广州市文化和旅游志愿服务管理办法	257
广东省民政厅关于印发《广东省志愿服务协议（示范文本）》的通知	266
广州市民政局关于印发《广州市志愿服务记录和证明出具操作指引》的通知	277

参考文献　286

第一章
文化和旅游志愿服务应知应会

志愿服务是社会文明进步的重要标志①,是新时代加强精神文明建设、培育和践行社会主义核心价值观的重要内容。文化和旅游志愿服务作为志愿服务的重要组成部分,已融入城市建设、管理和服务体系,成为构建现代公共文化服务体系的重要抓手。进入新时代以来,文化和旅游志愿服务向高质量发展迈进,服务队伍不断壮大、服务内容不断创新,有效融入基层治理体系,切实提升文化赋能社会治理的能力和水平。

本章主要对文化和旅游志愿服务的必备知识进行梳理和介绍,从文化和旅游志愿服务的基本概念出发,通过阐述文化和旅游志愿服务的发展历程和相关政策法规,融入广州市历史文化和旅游资源概述,进一步提高志愿者和志愿服务组织对文化和旅游志愿服务的全面性和重要性认识,为开展文化和旅游志愿服务提供必要的工作指引。

---

① 2019年1月17日,习近平总书记在京津冀三省市考察,到天津市和平区新兴街朝阳里社区考察提到"志愿服务是社会文明进步的重要标志,是广大志愿者奉献爱心的重要渠道"。

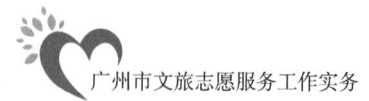

第一节　认识文化和旅游志愿服务

一、文化和旅游志愿服务的基本概念

（一）志愿者与志愿服务

志愿者（volunteer）一词源于拉丁文中的"voluntas"，意为"意愿"。联合国将志愿者定义为"不以利益、金钱、扬名为目的，而是为了近邻乃至世界进行贡献的活动者"[①]。我国于2017年12月1日起实施的《志愿服务条例》中规定，志愿者是指以自己的时间、知识、技能、体力等从事志愿服务的自然人。志愿者在港澳地区称为义工，在台湾地区称为志工。

志愿服务是指志愿者、志愿服务组织和其他组织自愿、无偿向社会或者他人提供的公益服务[②]。广义上指志愿者不以获取物质报酬为目的，自愿付出时间、精力、知识、技能以及可支配的资源，为推动社会进步和发展而提供的公益服务。志愿服务从内容进行划分，包括扶贫济困、扶老助残、助医助学、环境保护、卫生健康、应急救援、公共文明、社区服务，以及文化艺术和文明旅游志愿服务等类别[③]。

志愿精神是志愿者在进行志愿服务行为中体现的内在精神特质。联合国志愿人员组织认为，志愿精神是一种在自愿的、不计报酬或收入的条件下而参与推动人类发展、促进社会进步和完善社区工作的精神，是公众参与社会生活的一种重要的方式，是个人对生命价值、社会、人类和人生观的一种积极态度[④]。在中国，志愿精神概括为"奉献、友爱、互助、进步"，这是对助人为乐、扶危济

---

① 张洪彬. 论志愿精神 [D]. 长春：东北师范大学，2011.
② 中华人民共和国国务院. 志愿服务条例（中华人民共和国国务院令第685号）[Z]. 2017.
③ 中国志愿服务网. 志愿项目服务类别 [EB/OL]. https://chinavolunteer.mca.gov.cn/site/project.
④ 北京志愿服务发展研究会. 中国志愿服务大辞典 [M]. 北京：中国大百科全书出版社，2014：12.

困、见义勇为、孝老爱亲等中华传统美德的继承发扬，也是时代精神与"雷锋精神"的生动体现。

（二）文化和旅游志愿服务

文化志愿服务的概念在2010年正式出现于政府工作部署文件中，2016年文化部颁布实施的《文化志愿服务管理办法》中明确了"文化志愿者"的定义，表述为：利用自己的时间、知识、技能等，自愿、无偿为社会或他人提供公益性文化服务的个人。2018年，原文化部和国家旅游局的工作职能完成整合，组建了文化和旅游部，"文化志愿服务"正式向"文化和旅游志愿服务"转型，在参与主体、服务范围、服务内容等方面均有拓展和延伸。

1. 文化和旅游志愿者

文化和旅游志愿者，是指利用自己的时间、技能、资源等，自愿、无偿向社会或他人提供公益性文化和旅游服务的个人。文化和旅游志愿者与普通志愿者的不同之处在于，文化和旅游志愿者主要在文化和旅游公共服务领域开展志愿服务，需要具备一定的专业性。为进一步鼓励专业力量参与文化和旅游志愿服务，提升服务项目的层次和水平，在2022年5月实施的《广州市文化和旅游志愿服务管理办法》中，把文化和旅游志愿者分为专家型、专业型和通用型三类。

专家型文化和旅游志愿者，是指一定区域范围内在志愿服务、艺术、旅游、文学、历史等专业（行业）领域取得一定建树，具有较大影响力和较高知名度的志愿者，如社会知名艺术工作者、省级以上认定非遗传承人、副高级职称以上专业人员等。专业型文化和旅游志愿者，是指具备文化和旅游行业相关专业知识技能或职业证书的志愿者，提供如音乐、舞蹈、戏剧、曲艺、美术、书法、摄影、导游、旅游规划、旅游管理、建筑、设计、科普等领域的志愿服务。通用型文化和旅游志愿者，是指提供无需具备专业知识技能或职业证书的服务的志愿者，开展如路线指引、咨询、文明宣传、秩序维护、关爱便民等志愿服务。

2. 文化和旅游志愿服务组织单位

文化和旅游志愿服务组织单位，是指组织开展文化和旅游志愿服务的文化和旅游行政部门、文化单位[①]，主要承担指导与管理文化和旅游志愿服务组织的职责。

---

① 中华人民共和国文化部. 文化志愿服务管理办法（文公共发〔2016〕15号）[Z]. 2016.

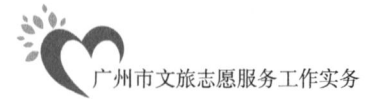

3. 文化和旅游志愿服务组织

文化和旅游志愿服务组织根据是否依法登记成立，可以分为法人组织和非法人组织两种类型。

文化和旅游志愿服务法人组织是按照国家法律法规要求，以开展文化和旅游志愿服务为宗旨，在民政部门进行登记管理的非营利性组织，具有独立的法人资格，享受独立的法律权利，并承担独立的法律责任和义务，可以采取社会团体、社会服务机构、基金会等组织形式。而非法人组织在法律意义上不具备独立性，主要是指行政机关、企业事业单位、人民团体、社会组织等成立的志愿服务团体、队伍，以及经城乡社区基层群众性自治组织和单位内部同意成立的志愿服务团体[①]，立足公共文化服务设施和旅游景区（点），开展文化和旅游志愿服务，此类组织是目前开展文化和旅游志愿服务的主体，具有较高的活跃度和更大的灵活性。

文化和旅游志愿服务组织的职责包括：制订文化和旅游志愿服务计划；依法筹集、管理和使用文化和旅游志愿服务经费、物资；组织开展文化和旅游志愿服务活动及培训；负责文化和旅游志愿者的招募、注册、培训、服务记录、保障激励等工作；为文化和旅游志愿者提供必要的工作条件和基本安全保障；开展文化和旅游志愿服务宣传、交流与合作；志愿服务组织章程规定的其他职责[②]。

4. 文化和旅游志愿服务

文化和旅游志愿服务，是指文化和旅游志愿服务组织以及志愿者自愿、无偿地参与文化和旅游公共服务体系建设，服务人民群众享受公共文化和旅游生活，促进社会文明与进步的志愿服务行为。

开展文化和旅游志愿服务的场所包括：新时代文明实践中心（所、站）、公共图书馆、文化馆（站）、博物馆、美术馆、档案馆、烈士陵园、纪念馆、城市文化主题街区、历史文化步径、城市公园、森林公园、游乐园、动物园、植物园、水族馆、海洋馆、古村镇以及对游客开放的自然保护区、志愿驿站、城市旅游服务中心和旅游集散场所等。

文化志愿服务和旅游志愿服务虽然在服务场所、服务形式、服务内容上稍有

[①] 中华人民共和国国务院. 志愿服务条例（中华人民共和国国务院令第685号）[Z]. 2017.
[②] 广州市文化广电旅游局. 广州市文化和旅游志愿服务管理办法（穗文广旅规字〔2022〕1号）[Z]. 2022.

差别，但是从构建文化和旅游公共服务体系的角度上看，文化和旅游志愿服务内容可以归纳为提供公共秩序维持、公共服务设施维护等文明引导服务以及特殊群体关爱服务；参与公共文化和旅游服务宣传、文艺演出、辅导培训、展览展示、阅读推广、数字技能科普等公益性服务；提供公益性展览、历史、地理、文化、动植物、风土人情、经济社会发展情况等内容的导览讲解服务和科普服务；参与基层文化设施的管理和群众文化活动的组织等工作；参与民族民间文化宣传展示及文化遗产保护等工作；协助政府有关职能部门做好文化和旅游市场监督和反馈服务；通过数字化平台开展公益性文化和旅游服务；参与国内外文化和旅游志愿服务交流活动；开展文化和旅游志愿服务理论研究；其他公益性文化和旅游服务。

文化和旅游志愿服务具有自愿性、无偿性、利他性的特征。自愿性是指志愿服务的主体是基于个人自由意愿，不受外在强制因素影响，根据自主意志为他人和社会提供文化和旅游志愿服务。无偿性是指志愿者不以获取经济收益为目的，利用自己的闲暇时间、知识和技能参与公益实践。无偿性不代表志愿服务无成本，文化和旅游志愿服务组织需要为志愿服务开展提供必要的经费保障和工作条件，可安排适度的交通补贴、餐饮补助等保障性开支。利他性是指文化和旅游志愿服务是一种有益于他人的社会行为，在增进社会公共利益的同时，能为志愿者带来内部的正向效用，促进形成良性双循环。利他性还是区分志愿服务活动和群众文化活动的关键特征，部分群众文化活动如排练行为，由于缺乏明确的受益者，不产生外部效用，因此不属于志愿服务范畴。

5. 文化和旅游志愿服务活动、项目和品牌

文化和旅游志愿服务活动、文化和旅游志愿服务项目以及文化和旅游志愿服务品牌既有一脉相承的内在联系，也是逐步升级的发展过程。

文化和旅游志愿服务活动，是指文化和旅游志愿者、文化和旅游志愿服务组织开展或参与的志愿服务行为。

文化和旅游志愿服务项目，是指在一定的周期内，面向特定服务对象或领域开展的，具有明确的服务目标、服务时间、服务内容和服务保障的文化和旅游志愿服务活动。项目是活动的进阶形式，项目化运作是促进文化和旅游志愿服务提质增效的重要方法，引导文化和旅游志愿服务从"活动"向"项目"转变，通过加强文化和旅游志愿服务的调研论证、计划管理、执行控制、绩效评估，实现项目的闭环管理，能有效推动文化和旅游志愿服务规范化、精准化、品牌化发展。

文化和旅游志愿服务品牌，是指服务成效显著，具有广泛社会影响力、公信力和美誉度的文化和旅游志愿服务。品牌是项目化运作的目标，是社会对高品质文化和旅游志愿服务的积极评价，文化和旅游志愿服务品牌的打造，一是要体现主流价值，践行社会主义核心价值观；二是要体现人文价值，发挥以文化人和以文育人的作用；三是要体现文化传承，弘扬中华优秀传统文化；四是要体现创新活力，不断发掘和策划亮点；五是要体现社会共享，打造可复制可推广的志愿服务范例。

二、文化和旅游志愿服务的功能与意义

（一）文化和旅游志愿服务的功能

志愿服务功能是指通过开展志愿服务事业所带来的正面效应和积极作用，一般可以从对个人和对社会两方面去理解。

对个人而言，参与文化和旅游志愿服务首先能学习知识和技能，提升个人文化艺术素养。一方面，志愿者通过参与服务活动展现个人兴趣爱好和专业特长，进一步激发学习兴趣，促使自我提升。另一方面，志愿者能在服务实践和培训指导中不断强化专业技能，加深对文旅行业专业知识的理解。其次，参与文化和旅游志愿服务能增强社会交往，丰富生活体验。志愿者来自各行各业，拥有不同的文化背景、职业和能力，在参与志愿服务的过程中逐步熟悉、相互了解，结识成为志同道合的伙伴，拓展人际关系。文化和旅游志愿服务还是个人职业之外的全新社会体验，能促使志愿者更直观地体会公共文化服务体系的保障作用。最后，参与文化和旅游志愿服务能实现自我价值，满足精神追求。志愿者发自内心地无私付出，在为他人提供帮助和服务社会时，获得内心需求的满足和精神的愉悦，个人的社会价值得以实现。

对社会而言，开展文化和旅游志愿服务，第一，能加强精神文明建设，倡导良好社会风尚。志愿服务所体现的奉献、友善、互助、诚信等传统美德，正是公民精神文明建设的主要内容，以文化和旅游志愿服务这种生活化的体验为教育方式，能更好地帮助公民将道德情感和道德信念内化为行动，营造全社会崇德向善、团结互助的良好风尚。第二，能提高资源整合效率，弥补政府和市场服务的不足。在文旅融合发展的新阶段，人民群众对特色化、个性化、品质化的服务需求不断增多，只依靠政府提供服务和市场供给文旅资源已经难以满足多样化的文

化和旅游公共服务需求。为此，文化和旅游志愿服务可以发挥强有力的社会动员作用，跨层级跨行业地整合资源，精准对接服务需求，成为文化和旅游服务的重要补充力量。第三，能增进公众参与公共事务意识，推动实现文化共建共享。志愿服务为公众参与社会公共生活提供了一条重要的渠道，开展文化和旅游志愿服务可以增强志愿者对公共文化服务体系建设的关注和参与意识，实现文化共创、文化共建和文化共享的权利。在志愿服务高度融入基层社会治理的趋势下，文化和旅游志愿服务可以提升基层文化治理能力，能大大增强志愿者参与社会公共事务的广度和深度。

（二）文化和旅游志愿服务的意义

在推进文化和旅游志愿服务工作进程中，无论是志愿者、志愿服务工作者还是志愿服务组织，都需要充分认识文化和旅游志愿服务的意义，才能自觉主动、有的放矢地投入到志愿服务组织工作中。文化和旅游志愿服务的意义，主要从对社会，特别是对文化和旅游公共服务的角度去理解和把握。

1. 有助于提升文化和旅游公共服务的质量和效果

文化和旅游志愿服务在实践中融入文化和旅游公共服务的各个供给环节，以其普遍性、无偿性的优势深入到政府服务不能完全覆盖的领域，补充文化和旅游公共服务的人力不足，满足人民群众对美好文化生活的新期待。此外，开展文化和旅游志愿服务能普遍提升群众满意度，志愿者通过交流、引导、互动、答疑等柔性方式提供文化和旅游服务，有效拉近了公共文化机构和旅游景区（点）与公众的距离，使服务更亲切、周到和高效，进而提升群众满意度。再者，文化和旅游志愿者来自基层，也乐于服务基层，经常成为公共文化服务"最后一公里"的供需对接员，为精准对接基层文化需求提供了有效的支撑。

2. 有利于促进公共文化服务的普惠均衡发展

文化和旅游志愿服务在提高公共文化机构和旅游景区（点）的服务效能之外，还关注城乡和区域差异，推进基本公共文化服务均等化发展。文化和旅游志愿服务组织常态化开展"送戏下乡""送展下乡""援建书屋"等志愿活动，通过流动服务和结对帮扶的方式，一方面能引导优秀文化资源和文化服务向农村、基层、欠发达地区倾斜，另一方面也能促进城乡志愿服务人员的交流互动和共同提升。文化和旅游志愿服务还关注各类特殊群体的需求，优先面向残疾人、未成年人、老年人、外来务工人员等策划"小而精"的志愿服务项目，切实保障特殊群体文化权益,改善其精神文化生活并增强其自我发展能力,从而预防或解决一定的社会问题发生。

3. 有益于优化政府与社会的关系

一方面,文化和旅游志愿服务的发展进一步丰富了文化和旅游公共服务的多元社会供给,政府部门可以通过购买服务、创投活动等方式吸纳志愿力量参与公共服务,支持以社会团体、社会服务机构、基金会等形式设立的文化和旅游志愿服务组织发展。另一方面,文化和旅游志愿服务是加强文化治理体系和治理能力现代化建设的有力推手。随着社会治理转型不断深入,基层面临的问题更复杂,文化作为凝聚社区共同体意识的纽带,辅以志愿服务这种向社会传递善意和正能量的行为,能有效疏通民意、调解纠纷,增进情感交流,形成社区文化认同,达到缓和社会矛盾,妥善解决基层问题的目标,将被动治理转为主动治理①。

(三)文化和旅游志愿服务与文化和旅游公共服务的关系

文化和旅游志愿服务是文化和旅游公共服务的有机组成部分,也是公共服务社会化发展的重要形式,两者的关系密不可分,既有共同点也有区别。共同点首先体现在两者都有鲜明的公益性,以满足人民日益增长的精神文化需求为目的,以提升社会效益为工作重点,促进文化和旅游公共服务均等化、品质化发展。其次,两者的服务对象大致相同,在面向广大人民群众开展服务的基础上,针对未成年人、老年人、残疾人和流动人口等特殊群体提供有针对性和多样化的服务,保障各类群体的文化权益。最后,两者的服务内容相似,主要依托公共文化服务设施和旅游景区(点)开展群众文化活动、阅读推广、文化传承和保护、导览讲解和场馆服务等。

文化和旅游志愿服务与文化和旅游公共服务的区别,主要在于供给主体的不同以及社会化程度的不同。从服务供给主体来看,提供文化和旅游志愿服务的主体更广泛,志愿者和志愿服务组织来自社会各行各业,而文化和旅游公共服务主要由政府公益性文化事业单位和旅游景点(区)的工作人员提供。从社会化程度来看,文化和旅游志愿服务主体的无偿性特征,提高了社会化参与的门槛,文化和旅游志愿服务经费主要用于活动的组织实施、宣传推广、志愿者交通和餐费补助、志愿团队建设等内容,不向服务主体提供劳务报酬。而文化和旅游公共服

---

① 王立业.将志愿服务融入基层社会治理[N].中国社会科学报,2022-09-07(001).

务的社会化发展可以采取政府购买服务、项目授权、服务外包、财政补贴等社会力量参与的方式，经费除了同样用于活动的组织实施等工作之外，还包含了从社会引入的服务主体如文化名家、专业导师、非遗传承人等的劳务报酬，社会参与面更广、社会参与度更高。文化和旅游志愿服务与文化和旅游公共服务的表现形式近乎一致，只有厘清两者的关系，才能更好地发挥文化和旅游志愿服务的独有优势，助推文化和旅游志愿服务事业高质量发展。

三、志愿服务文化

（一）志愿服务标识

1. 中国志愿服务标识

中国志愿服务标识（图1-1）名为"爱心放飞梦想"，以汉字"志"为基本原型，以中国红为基本色调，以鸽子、红心、彩带为基本构成，蕴含丰厚的中国传统优秀文化，寓意中国特色的志愿服务事业红红火火。

标识的上半部分是一只展翅高飞的鸽子，象征着和平、和谐与追求梦想；下半部分是中国书法中草书的"心"，同时也是一条飘逸的彩带，象征着志愿者将爱心连接在一起，奉献、友爱、互助、进步，为实现中国梦贡献力量①。

图1-1　中国志愿服务标识

---

① 中央政府门户网站. 中国志愿服务标识"爱心放飞梦想"正式发布[EB/OL]. https://www.gov.cn/xinwen/2014-12/05/content_2787467.htm.

2. 中国文化和旅游志愿者标识

中国文化志愿者标识（图1-2）于2014年推行使用，标识名为"绽放之时"，整体造型是一朵盛开的花朵，由5个变形的"文"字相互连接构成，融合了汉字、心形和中国结等元素，寓意文化志愿者心手相连，传播中华民族优秀文化，弘扬"奉献、友爱、互助、进步"的志愿精神，让幸福之花绽放在祖国的每一个角落①。在文化和旅游部门合并后，继续沿用"绽放之时"的标识图案，并调整文字为中国文化和旅游志愿者，形成目前推行使用的中国文化和旅游志愿者标识（图1-3）。

图1-3 中国文化和旅游志愿者标识

图1-2 中国文化志愿者标识

3. 广东文化和旅游志愿者标识

广东文化和旅游志愿者标识（图1-4）设计紧扣"粤"字进行诠释，体现了广东文化和旅游与志愿服务理念的高度结合。标识的上半部分是爱心、拥抱和舞动，是对奉献、友爱、互助、进步的志愿精神的展现。标识下半部分通过书法字体的展示，描绘出诗和远方的意境，同时也展现了文化和旅游志愿者在道路上不断前行的场景。整个标识围绕"粤"字、志愿者、文化和旅游的元素进行设计，运用橙、蓝、黄三种色调，色彩鲜明醒目，充分展示了广东文化和旅游志愿者积极向上的风采②。

---

① 中华人民共和国文化和旅游部. 文化部办公厅关于推行使用"中国文化志愿者"标识和"文化志愿者注册服务证"有关事宜的通知[EB/OL]. https://www.mct.gov.cn/whzx/ggtz/201404/t20140430_695379.htm.

② 广东省旅游规划与营销协会. 我会承接设计的广东文化和旅游志愿服务标识正式发布[EB/OL].（2022-05-27）. https://mp.weixin.qq.com/s/TI9EdfT6F3noh3GvV7Y8yA.

图 1-4 广东文化和旅游志愿者标识

（二）志愿服务重要节日

1. 国际志愿者日——12月5日

1985年12月17日，第四十届联合国大会通过决议，从1986年起，把每年12月5日定为国际促进经济和社会发展志愿人员日（简称为国际志愿人员日）。其目的是敦促各国采取措施，提高对志愿工作重要贡献的认识，以此来激励更多来自各行各业的人员成为志愿者并在国内外提供志愿服务[①]。如今，各行各业的志愿者和志愿服务组织都在这一天前后庆祝志愿服务成果、分享价值观并推动志愿工作。

2. 学雷锋纪念日/中国青年志愿服务日——3月5日

1963年3月5日，毛泽东主席"向雷锋同志学习"的题词在《人民日报》发表，此后，3月5日成为社会各界特别是广大青年传统的学雷锋活动日。2000年，共青团中央、中国青年志愿者协会共同决定把每年的3月5日作为中国青年志愿者服务日，组织青年集中开展内容丰富、形式多样的志愿服务活动。

（三）志愿礼

志愿礼（图1-5）来源于广州亚运会，通过创作一个标准化、规范化的礼仪动作，作为志愿者专属的标志性礼节，现推广至全国使用。志愿礼旨在展现志愿者"我志愿，我快乐"的服务理念，弘扬志愿者精神，塑造志愿者青春活泼、

---

① 联合国. 国际志愿人员日背景信息[EB/OL]. https://www.un.org/zh/observances/volunteer-day/background.

友爱奉献的亮丽形象①。志愿礼包含问候语、面部表情、肢体动作和激励口号四部分，行礼规范是：

（1）站立：双脚并立，双手自然垂放。

（2）手指：右手四指并拢，虎口张开，伸展成中国青年志愿者标志形状。

（3）右臂：抬举右臂，移动至左胸口心脏处，手臂架起成90°。

（4）手掌：与左胸口留有半个拳头的距离，手掌握成拳，保持大拇指向上。

（5）口号：我志愿、我快乐，用心服务我最棒！

图1-5 志愿礼

第二节 文化和旅游志愿服务发展历程

一、我国文化和旅游志愿服务发展历史

（一）文化和旅游志愿服务的社会化探索阶段

文化志愿服务的根源可以追溯到群众性文化活动的传统，民间文艺爱好者在自娱自乐的同时，向他人分享了文化传统、传承了文化技艺，可以视为自发意义

---

① 陈林耿，夏敏. 广州志愿者有"礼"了——第16届亚运会首创"志愿礼"[J]. 青年探索，2010（4）：97.

上的"文化志愿服务活动"。改革开放以来,随着社会经济的发展,现代志愿服务活动逐步推进。1987年,广州开通了全国第一条志愿服务热线电话。1989年,天津市和平区新兴街成立了全国首个社区志愿服务协会。1990年,深圳市诞生了全国第一个正式注册的志愿者社团——深圳市义务工作者联合会。1994年,共青团中央成立了第一个全国性志愿服务组织——中国青年志愿者协会。在这些早期推动成立的志愿服务组织中,具有一定文化艺术知识和专长的志愿者以文化社团的形式开展丰富群众文化生活的活动,成为文化志愿服务的雏形。

随着城市化和现代化的快速发展,人民的生活水平在不断提高,对文化活动的需求也日益增长,公共文化机构的社会服务功能愈发凸显,在体制内人力资源不足的情况下,各地的文化机构尝试通过招募志愿者的方式来扩大公共文化服务能力。"中国青年志愿者协会"在成立早期就与多家公共图书馆合作开展志愿服务活动。1993年,中共一大会址纪念馆和上海警备区共建了第一支学雷锋志愿服务队[1]。1995年,广州少年儿童图书馆尝试引进学生志愿者协助图书馆开展服务工作。1996年,原西汉南越王博物馆率先开展博物馆志愿服务,并于1997年初建立志愿者队伍,成为全国最早建立志愿者团队的文博单位之一。1999年,广州6家主要文博单位共同探讨博物馆志愿服务的必要性和重要意义,达成多项志愿者共建协议,至此,博物馆志愿服务在广州全面铺开[2]。2002年党的十六大提出发展公益性文化事业,切实尊重和保障人民基本文化权益,进一步推动公共文化机构自觉探索开展文化志愿服务。与此同时,广州旅游志愿服务也在逐步推进。2005年广州动物园成立了动物园志愿者工作社,招募社会志愿者参与公园服务[3]。同一年,华南植物园组建在读硕士和博士研究生志愿者团队,开展植物科普、园林园艺、苗木繁育等专业服务工作[4]。

2008年中宣部、财政部、文化部和国家文物局联合发布《关于全国博物馆、纪念馆免费开放的通知》,促进各地文博单位全面探索志愿服务新形式,也带动

---

[1] 新民晚报. 不忘初心 牢记使命——中共一大会址纪念馆志愿服务队:每次听入党誓词都是心灵的洗礼[EB/OL]. (2019-08-15). https://baijiahao.baidu.com/s?id=1641912031561427546&wfr=spider&for=pc.

[2] 见《南越王博物院志愿者手册》(2022)。

[3] 广州动物园. 公园介绍[EB/OL]. https://www.gzzoo.com/introduce.aspx?classcode=005001.

[4] 中国科学院华南植物园. 华南植物园志愿者团队荣获多项殊荣[EB/OL]. http://www.scbg.cas.cn/xwzx/zhxw/202112/t20211217_6312385.html.

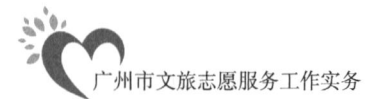

了图书馆、文化馆和美术馆等的实践探索。2008 年是我国志愿服务发展历程中具有里程碑意义的一年，汶川地震激发了民间志愿服务的迅速发展，北京奥运会和残奥会高度组织化、专业化的志愿服务，则是激发了全民参与志愿服务的热情，两者都极大提升了志愿服务的社会知晓度，促进了文化志愿服务的开展。至此，文化和旅游志愿服务基本完成社会化探索，进入到组织化推进阶段。

（二）文化和旅游志愿服务的组织化推进阶段

各地的文化和旅游志愿服务实践为国家层面的组织推动奠定了基础，在文化部和中央文明办的大力倡导下，全国文化和旅游志愿服务进入了组织化、体系化发展阶段。2010 年，文化部组织实施的"春雨工程——全国文化志愿者边疆行"试点活动正式启动，活动首次使用"文化志愿者"的概念，来自福建省、重庆市、北京市、浙江省四个省市的文化志愿者，分赴西藏自治区和新疆维吾尔自治区，开展"大舞台""大展台"和"大讲堂"系列活动，促进边疆少数民族地区和内地文化相互交流①。2011 年，党的十七届六中全会审议通过了《中共中央关于深化文化体制改革　推动社会主义文化大发展大繁荣若干重大问题的决定》，首次在中央文件使用"文化志愿者"概念，明确指出"壮大文化志愿者队伍，鼓励专业文化工作者和社会各界人士参与基层文化建设和群众文化活动，形成专兼结合的基层文化工作队伍"。同年，文化部、财政部出台了《关于推进全国美术馆公共图书馆文化馆（站）免费开放工作的意见》，这是继 2008 年博物馆、纪念馆全面免费开放后推进公共服务体系建设的重要举措，有助于公共文化机构广泛探索文化志愿服务的新形式。

2012 年，文化部、中央文明办印发了《关于广泛开展基层文化志愿服务活动的意见》，文件指出了开展基层文化志愿服务活动的重要意义、指导思想和基本原则，要求依托公益性文化设施、重点文化惠民工程、重要节日纪念日、内地对边疆民族地区对口支援工作四方面开展文化志愿服务活动，并对完善领导体制和运行机制进行了说明，这标志着文化志愿服务被正式纳入公共文化服务体系建设和国家文化发展总体战略中。

2012 年底，文化部首次就文化志愿服务工作召开专题会议，确定了 2013 年为"文化志愿者基层服务年"，在继续开展"春雨工程"——全国文化志愿者边

---

① 谌强. 心凤飞舞　春风化雨——2010 "春雨工程" 全国文化志愿者边疆行掠影 [N]. 光明日报，2010 - 10 - 22（07）.

疆行活动的基础上,新增了"大地情深"——国家艺术院团(馆)志愿服务走基层活动,同时动员各地公共图书馆、文化馆(站)、博物馆、美术馆等公共文化机构围绕9个主题组织实施文化志愿服务系列活动①。至此,"春雨工程"和"大地情深"两项示范活动实现了全国省域的全覆盖。

2014年,文化部、中央文明办围绕"我们的中国梦·文化志愿服务基层行"主题,联合启动"文化志愿服务推进年"系列活动,发布了全国统一使用的文化志愿者标识,建立文化志愿服务记录制度,推行统一的"文化志愿者注册服务证"。"春雨工程"首次将贫困地区纳入服务范围,"大地情深"活动也实现14个国家艺术院团对100多个国家公共文化服务体系示范区和示范项目(创建)城市的覆盖。国家层面对文化志愿服务的整体推进,促使各地在网络构建、规范管理、载体创新、品牌打造等方面开展多样化探索,有效推动全国文化志愿服务的组织化和体系化建设。

从地方层面看,2011年3月,广东省文化志愿者总队正式成立,省文化志愿者网站同时开通运行,全省注册文化志愿者共有2.1万余人,各地文化志愿机构(分队)437家(支),初步建立起覆盖全省的省、市、县(区)、镇(街)四级文化志愿服务网络②。2012年,为继续扩大志愿服务范围,推动文化事业发展,成立广东省文化志愿者艺术团,不断壮大文化志愿者队伍,系统推进广东文化志愿服务事业社区化、常态化发展。

2010年,广州亚运会的成功举办为文化和旅游志愿服务的快速发展奠定了良好的基础。在广州亚运会、亚残运会期间,共有8.5万名赛会志愿者、50多万名城市志愿者、2200多支城市文明志愿服务全民行动队伍共同参与,形成了组织化动员、社会化运行、市民化参与、时尚化引领和国际化合作的五大模式,极大促进了社会文化建设和公共服务开展③。众多公共文化机构的专业文化工作者、群众文化团体加入到文化志愿服务行列,积极参与广州亚运会倒计时100天庆典、亚运会开幕式珠江巡游岸上文艺演出等活动,展现广州城市魅力和文化风

---

① 中华人民共和国文化部. 文化部 中央文明办关于开展"文化志愿者基层服务年"系列活动的通知[EB/OL]. http://images2.wenming.cn/web_wenming/whhm_pd/wjjh_whhm/201305/t20130517_1231153.shtml.

② 中华人民共和国文化部. 广东通过文化志愿服务传递爱心[EB/OL]. (2013-03-13). https://www.mct.gov.cn/whzx/qgwhxxlb/gd/201303/t20130313_790100.htm.

③ 涂敏霞,谭建光,孙葆丽,等. 走向后亚运时代的志愿服务[J]. 青年探索,2011(1):93-96.

采。在旅游志愿服务方面,"亚运信使"志愿活动做出了创新性尝试,鼓励广大市民利用出国旅游、港澳旅游、内地旅游的机会,协助开展亚运会的宣传推广活动。广州市旅游企业还鼓励组团出游的旅客宣传亚运会、介绍亚运会,掀起了"旅游+信使"的热潮,传播沿途历经20多个国家、100多个旅游城市,市民以旅游志愿者的身份广传亚运会,开创了民间传播大型国际赛会信息的新模式①。

在亚运会之后,广州市在2012年迎来另一个文化盛会,中国(广州)星海国际合唱锦标赛共吸引了来自43个国家和地区的164支合唱团队,超过7000人参加。在合唱锦标赛期间,广州市还组织了"走进星海的故乡——中外百团文化惠民合唱进社区活动",让来自世界各国的合唱艺术家走进社区、走近群众,以文化志愿者的身份与广州社区的群众文化团队同歌同舞,用歌声搭建起一座文化交流的桥梁②。广州星海国际合唱锦标赛的系列文化惠民活动激发了广大文艺爱好者参与志愿服务的热情,文化志愿服务也逐步从阵地深入到社区、学校、企业,成为广州公共文化服务的重要力量。

(三)文化和旅游志愿服务的制度化发展阶段

党的十八大以来,加快构建"现代公共文化服务体系"被纳入到全面深化改革的全局中,公共文化服务体系建设进入到一个新的发展阶段。2015年,中共中央办公厅、国务院办公厅印发的《关于加快构建现代公共文化服务体系的意见》中指出要大力推进文化志愿服务,提出要"大力弘扬志愿服务精神,坚持志愿服务与政府服务、市场服务相衔接,奉献社会与自我发展相统一,社会倡导和自愿参与相结合,构建参与广泛、内容丰富、形式多样、机制健全的文化志愿服务体系",同时要"完善文化志愿者注册招募、服务记录、管理评价和激励保障机制",进一步明确了文化志愿服务制度化和社会化的发展方向,提出了具体任务和要求。结合中央有关精神,文化部将2015年确定为"文化志愿服务制度建设年",提出加强文化志愿服务制度化建设,提高文化志愿服务的科学化、规范化、专业化和社会化水平,推动文化志愿服务事业规范有序、持续健康发展③。

---

① 谭建光. 广州亚运会志愿服务的创新与特色[J]. 广东青年干部学院学报, 2009, 23 (4): 8-15.

② 中华人民共和国文化部. 星海国际合唱锦标赛演绎国际合唱盛典[EB/OL]. (2012-08-08). https://www.mct.gov.cn/whzx/qgwhxxlb/gd/201208/t20120808_789960.htm.

③ 中央政府门户网站. 文化部部署2015年全国文化志愿服务工作[EB/OL]. (2015-01-21)[2022-08-03]. http://www.gov.cn/xinwen/2015-01/21/content_2807632.htm.

2016年，中宣部、中央文明办等7部门联合印发《关于公共文化设施开展学雷锋志愿服务的实施意见》（简称为《实施意见》），提出到2020年，基本建成公共文化设施志愿服务组织体系、志愿服务项目体系和志愿服务管理制度体系。《实施意见》从总体要求、壮大公共文化设施志愿者队伍、推进公共文化设施志愿服务、建立健全公共文化设施志愿服务制度、加强组织领导五个方面进行强调，为公共图书馆、博物馆、文化馆、美术馆、科技馆和革命纪念馆开展文化志愿服务提供了详细的指引和强有力的保障。同年7月，文化部印发《文化志愿服务管理办法》，对文化志愿服务的意义、概念、权利与义务、服务范围、激励保障等方面做出明确规定，有效引导各地制定具体实施办法，推动文化志愿服务规范化、制度化、常态化发展。2016年12月25日，第十二届全国人民代表大会常务委员会第二十五次会议通过了《中华人民共和国公共文化服务保障法》，为明确政府责任，更好地保障文化志愿服务开展提供了重要的法律依据。而在全国性文化志愿服务品牌工程建设方面，为了增强中西部农村文化建设水平，2016年，文化部、中央文明办以"行边疆、走基层、种文化"为主要内容，开始实施"阳光工程"——中西部农村文化志愿服务行动计划，面向中西部22个省（区、市）和新疆生产建设兵团招募农村文化志愿者开展文化建设工作。

在旅游志愿服务发展方面，2015年，全国首个"文明旅游志愿者服务总队"率先成立，深圳市在开展旅游志愿服务的先行先试中，形成了文明旅游志愿服务U站、旅游义工导游队伍等先进经验，被国家旅游局授予"全国文明旅游志愿服务示范市"称号。旅游志愿服务工作真正落实国家政策的重要标志是2015年国家旅游局发布《关于建立中国旅游志愿者队伍开展旅游志愿服务的通知》，在通知的《中国旅游志愿者工作实施方案》中明确提到了组织管理体系、管理保障激励制度、文化及形象系统、电子信息服务管理平台和旅游志愿服务工作站的"五个一"工作要求，随后全国各地组建起旅游志愿者队伍，依托景区开展文明引导、游览讲解、质量监督、旅游咨询、应急救援等志愿服务[①]。在2016年国务院印发的《"十三五"旅游业发展规划》中指出，"加强旅游志愿者队伍建设。推进旅游志愿服务制度体系建设，完善旅游志愿者管理激励制度。开展志愿服务公益行动，建立一批旅游志愿服务工作站。培育先进模范志愿者、志愿者组织，

---

① 国家旅游局. 国家旅游局关于建立中国旅游志愿者队伍开展旅游志愿服务的通知（旅发〔2015〕191号）[Z]. 2015.

树立中国旅游志愿者良好形象。依法登记管理旅游志愿者组织"①。在此引导下，各大旅游景区（点）的志愿服务从自发、零散向有组织、常态化转变，文明旅游得以有力推进。

2018年3月，中共中央印发《深化党和国家机构改革方案》，将文化部、国家旅游局的职责整合，组建文化和旅游部，文化和旅游志愿服务迎来了文旅融合的全新发展阶段。2019年，文化和旅游部、中央文明办首次以"文化和旅游志愿服务"命名年度工作方案，标志着文化志愿服务与旅游志愿服务在国家层面正式统一部署、统一规范、统一管理。新方案将原有各类志愿服务活动整合为四大项目，调整后的"春雨工程"拓展为"全国文化和旅游志愿服务行动计划"，实施新时代文明实践中心志愿服务、边疆民族地区志愿服务、基层公共文化机构志愿服务、文明旅游志愿服务等四个方面的项目，突出结合新时代文明实践中心、公共文化设施和旅游景区开展志愿服务的特点。同时，新方案还继续实施在2016年和2018年启动的"阳光工程"——中西部农村文化志愿服务行动计划和"圆梦工程"——农村未成年人文化志愿服务计划，向中西部、农村和基层社区倾斜优质服务资源，助力保障人民群众基本文化权益。2020年6月，全国志愿服务工作协调小组正式成立，在中央文明委领导下，由中央文明办牵头，19个有关成员单位组建。文化和旅游部是成员单位之一，负责文化和旅游领域内的志愿服务工作，根据《全国志愿服务工作协调小组及其办事机构工作规则》内容，文化和旅游部的工作职责一共是五条，涉及文化和旅游志愿服务的政策规划研究制定、重大项目组织实施、面向行业机构和社会个体的指导推动，以及文明旅游志愿服务②。

2021年，国家进入第十四个五年规划实施阶段，文化和旅游迈进以高质量发展为主题的新阶段，文化和旅游志愿服务被纳入"推动公共文化服务社会化发展"的重要板块，在促进城乡志愿服务交流、丰富特殊群体服务项目、利用数字化手段提升服务水平、打造区域志愿服务品牌等方面提出了新要求，使得文化和旅游志愿服务在"十四五"时期进入特色化、专业化、品牌化的发展轨道。

2023年，为深入贯彻落实党的二十大精神和中央民族工作会议精神，更好发挥文化和旅游工作在铸牢中华民族共同体意识、促进各民族交往交流交融中的

---

① 中华人民共和国国务院. 国务院关于印发"十三五"旅游业发展规划的通知（国发〔2016〕70号）[Z]. 2016.

② 资料来源：2023年全国文化志愿服务工作骨干培训班。

重要作用，文化和旅游部联合国家民委印发《"春雨工程"——文化和旅游志愿服务边疆行计划实施方案》，推动"春雨工程"改革升级，全面融入民族工作大局，服务"文化润疆"等重大战略，用文化拉紧凝神聚力、团结奋进的强大精神纽带，促进各民族广泛交往、全面交流、深度交融。

在地方层面，2015年，广州市文化广电新闻出版局首次印发《广州市文化志愿服务工作方案》（以下简称《工作方案》），参照广东省的做法对广州市文化志愿者总队的组织架构予以调整，进一步统筹文化志愿服务资源，初步建立覆盖全市的文化志愿服务网络。《工作方案》明确全市文化志愿服务实行统筹安排、分线负责的制度，开展文化志愿服务所需工作经费由各区各单位分别负责。至此，广州市文化志愿服务工作进入制度化、社会化和常态化发展，广州市文化志愿者总队每年结合国家文化志愿服务重点工作和本市实际，制定年度工作方案；定期组织全市文化志愿服务管理人员集中学习，搭建交流互动平台，提升志愿服务管理能力和水平；每年在"国际志愿者日"前后举行文化志愿服务先进典型评选和回馈专场活动，不断完善文化志愿服务激励保障机制。2019年，随着文化部门和旅游部门合并，"广州市文化志愿者总队"调整架构，更名为"广州市文化和旅游志愿者总队"，文化和旅游志愿服务工作正式并入统一管理，在全市层面对信息互通、人才流动、资源共享等融合发展方向进行了一系列的有益探索。2022年，为推进文化和旅游志愿服务高质量发展，广州市文化广电旅游局联合市文明办、市民政局和团市委共同发布了《广州市文化和旅游志愿服务管理办法》和《广州市文化和旅游志愿服务发展行动计划（2022—2025）》，为文化和旅游志愿服务提供了切实的制度保障和清晰的工作指引，将实现文化和旅游志愿服务与新时代文明实践等社会建设工作在更广范围、更深层次、更高水平上的深度融合，带动全市文化和旅游志愿服务规范化、专业化、品牌化发展。

二、广州市文化和旅游志愿服务的发展现状与趋势

（一）广州市文化和旅游志愿服务的发展现状

广州是中国改革开放的前沿阵地，创造了多个志愿服务"全国第一"。2010年以来，广州市就把文化和旅游志愿服务融入城市建设、管理和服务体系，使其成为奉献社会、服务群众的重要载体。经过多年的发展，广州的文化和旅游志愿服务已成为广大志愿者服务社群、提升自我、共建和谐的重要途径。

1. 文化和旅游志愿服务体系不断完善

广州市大力推进现代公共文化服务体系建设，引导社会力量参与文化和旅游公共服务，着力完善全市文化和旅游志愿服务工作组织体系。2019年，"广州市文化志愿者总队"更名为"广州市文化和旅游志愿者总队"，在全省率先完成组织架构（图1-6）调整。目前，全市文化和旅游志愿服务队伍由市、区、镇（街道）和旅游相关单位的志愿服务队组成，实行分级组建、分类管理和使用。广州市文化广电旅游局组建广州市文化和旅游志愿者总队，负责统筹规划、协调指导、督促检查全市文化和旅游志愿服务工作，保障志愿服务所需资金；总队下设的办公室在广州市文化馆，负责日常协调、统筹等工作；市局直属各单位、各区、旅游行业协会分别组建文化和旅游志愿者分队，组织实施文化和旅游志愿服务活动，纳入市文化和旅游志愿者总队统一指导。

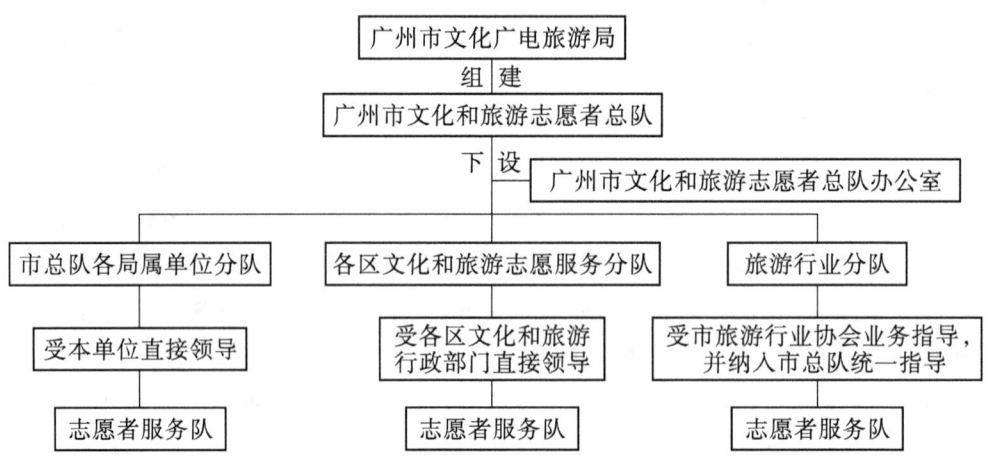

图1-6 广州市文化和旅游志愿者总队组织架构

在这一文化和旅游志愿服务网络下，全市文化和旅游志愿者数量稳步增长，据不完全统计，广州文化和旅游志愿者超15.8万人，文化和旅游志愿服务队伍560余支，市、区、镇（街道）公共文化机构志愿服务队伍组建实现全覆盖，超过75%的旅游景区（4A级及以上）已完成志愿服务队伍组建工作，党员志愿者发挥先锋模范作用，青年志愿者投身文明实践，社会志愿者践行雷锋精神服务社区，不断提升文化和旅游志愿服务的知晓度和影响力，逐步壮大文化和旅游志愿服务队伍。

2. 文化和旅游志愿服务机制日趋健全

开展文化和旅游志愿服务以来，广州市不断完善和优化志愿者招募注册、供需对接、培训管理、服务记录、表彰激励等工作机制，加强规范化管理。

首先，强化顶层设计，不断提升统筹管理水平。2022年，广州市就文化和旅游志愿服务出台了部门规范性文件——《广州市文化和旅游志愿服务管理办法》（简称《管理办法》），发布了全国首个《广州市文化和旅游志愿服务发展行动计划（2022—2025）》（简称《行动计划》），共同规划全市文旅志愿服务发展目标，确定工作任务，明确部门权责，规范组织管理，为文旅志愿服务和公共文化服务体系的高质量发展提供了强有力的政策支持和制度保障。其中《管理办法》梳理了文旅融合背景下文旅志愿服务组织与管理机制，创新性地把文旅志愿者划分为专家型、专业型和通用型三类，鼓励融入新时代志愿服务特色，进一步开拓文旅志愿服务工作路径。《行动计划》则是明确了新时期广州市文旅志愿服务体系构建的七大重点和四大保障机制，以"繁星行动"文旅志愿服务品牌为主轴，延伸出"满天星"基层文旅志愿服务组织者培育、"启明星"文旅专业志愿服务队发展、"北斗星"文旅志愿服务培训基地建设、文旅志愿服务十大专项培育等四个工作大方向，并辅以健全的政策法规标准体系、完善的文旅志愿服务工作机制、鲜明的文旅志愿服务宣传引导力等三大支持，构建起文旅志愿服务规范化、专业化、品牌化的提升体系。

其次，广州市积极开展文化和旅游志愿服务数字化建设，不断深化"互联网+文旅志愿服务"工作模式，打通文化与旅游志愿服务网络壁垒，推动实现志愿服务人员、组织、项目和资源等信息数据互联互通，统一汇集、共享应用。自开展文化和旅游志愿服务以来，依托广东省志愿者信息管理服务平台（i志愿）和"广州公益时间"平台进行统一信息化管理，实现注册登录，参与活动及培训报名，兼具记录时数、考核评估、数据统计等功能，有效提升志愿服务管理效率。2023年，广州市文化和旅游志愿者总队持续优化移动数字服务功能，推进"广州公共文化云"志愿服务管理系统建设，实现与"志愿时"系统共享开放、联通融合，打造以志愿服务岗位管理和项目管理为核心的工作流程，建设文化和旅游志愿服务数字资源库，建立志愿服务数据统计和分析机制，增强线上线下相结合的志愿服务供需对接调度功能，形成上下联通、便捷高效的数字化文化和旅游志愿服务体系。

再次，广州市着力提升文化和旅游志愿者个体综合素质，从教学资源、课程设计、培训形式三方面进行探索，构建文化和旅游志愿服务长效培训机制。教学资源方面，广州市文化和旅游志愿者总队广纳志愿服务领域专业力量，与广州市志愿者协会、广州志愿者学院达成友好合作，同时充分盘活大专院校、文旅机构、行业协会等资源，在2017年建立广州市文化志愿者培训基地，以每月常态化、特色化、专业化的培训，为全市文化和旅游志愿者提供了学习交流平台。课程设计方面，按照服务级别分类，实行集中—分散—再集中的培育模式，一是面向新加入的文旅志愿者开设初阶通用培训，由培训基地统筹采用定点或巡回方式开展，包含价值导向、礼仪沟通、情绪管理、应急救护等课程；二是面向有服务经验的文旅志愿者开设进阶专题培训，由各服务单位根据特色岗位需求组织，如非遗知识、图书分类与检索、景区导览等专题内容；三是面向资深的文旅志愿者开设高阶骨干培训，由培训基地定期开展，提供团队管理、项目策划、资源筹措等专项培训，建立起覆盖不同发展阶段及全流程服务过程的系统化、阶梯式文化和旅游志愿者培训体系。培训形式方面，发挥线上+线下培训特色，定期组织跨行业的参观交流和经验分享，全面提高文化和旅游志愿者的专业水平。

最后，广州市还重视典型示范引领作用，不断完善志愿服务的激励回馈机制。自2016年起，每年开展全市文化和旅游志愿服务优秀推选及宣传推广工作，形成了较为完善的文化和旅游志愿服务评价指标体系，成为广州市激励文化和旅游志愿服务的重要举措。广州市文化和旅游志愿者总队还每年在国际志愿者日前后举办全市文化和旅游志愿者总结及回馈专场演出，以颁奖表彰和高水平艺术演出相结合的形式，向来自各行各业的优秀文化和旅游志愿者致敬、致谢，进一步激发广大志愿者持续参与服务的热情，扩大文化和旅游志愿服务的社会影响力。此外，还有不少文化和旅游机构发挥行业优势，开展志愿者积分兑换活动，给予服务时间长、服务效果佳的志愿者优先兑换文化艺术类公益培训、讲座和演出、展览观摩、旅游景区门票的机会，让优秀志愿者共享文化惠民成果。

3. 文化和旅游志愿服务效能持续提升

近年来，广州市年均开展文化和旅游志愿服务活动1.8万余场，参与活动的志愿者超13.8万人次，以文化馆、图书馆、博物馆、景点景区为主要服务阵地，各文化和旅游志愿服务队伍围绕文化和旅游发展中心工作，坚持需求导向、项目带动，合力推进"春雨工程""阳光工程""圆梦工程"等国家重点文化和旅游志愿服务工程，大力发展艺术普及、阅读推广、传统文化保护和传承、特殊群体权益保障、文明旅游等特色文化和旅游志愿服务项目，培育文化和旅游志愿服务品牌，多次获评国家、省、市志愿服务先进典型，持续推动文化和旅游志愿服务事业提质增效、蓬勃发展。

广州市近年来涌现出一批特色鲜明、服务效果显著的文化和旅游志愿服务项目。从志愿服务阵地划分，文化馆、图书馆、博物馆、旅游景区景点的服务实践各具特色。各级文化馆立足全民艺术普及，活跃百姓文化生活。打造孵化了志愿者讲师服务基层的"文化有约——广州文化志愿服务春雨滴灌工程"、展示优秀新生代风采的"小小导赏员——青少年文旅导赏志愿服务项目"、"非遗+法律"跨界融合的广州非遗法律援助志愿服务项目、广纳社会力量参与非遗传播的"非遗推荐官"计划、关爱外来务工人员子女的"爱心艺术培训班"、送戏下乡下基层的"红色文艺轻骑兵惠民巡演"等项目，用贴近生活、形式新颖、内容丰富的文化志愿活动，不断增强市民的文化获得感和幸福感。

各大图书馆以全民阅读为中心，让知识与关爱同行。策划青少年"诗韵霓裳——经典素读坊""与星星的孩子共读时光"绘本伴读融合活动、"童心向党"小红棉亲子志愿服务项目等，不断丰富阅读形式，拓展青少年阅读视野；开展文化助残志愿服务，为视障人士策划"口述电影""朗诵沙龙""触读世界""非视觉摄影"等多感官阅读志愿服务项目；引入律师、心理咨询师等专家型读者开展"专家志愿者咨询服务"项目，推出"疫"路同行、聚焦民法典、普法漫谈、心理课堂、谈"心"说"法"五大系列活动，突破图书馆传统服务边界，实现社会合作双赢。

各类博物馆传承城市历史记忆，推广本土文化，探索馆校共建、云上服务等新模式。在常态化组织义务讲解、宣传文明旅游志愿服务活动外，与中小学共建青少年导赏志愿服务队，携手高校支教志愿者深入乡村地区送教送展；利用"互联网+"打破时空限制，推出志愿者"云讲解""云课堂""云直播"服务，文化志愿者化身带货主播，介绍文创产品，以情景剧的方式穿越古今，制作动画和短视频等新媒体作品普及历史文化；还有将党史学习教育融入青少年文化志愿活动，组建"红色史迹宣讲队伍"，开展红色经典分享、红色歌曲赏析、红色文艺展演等志愿活动，建立起广大群众"家门口的红色学堂"，为弘扬红色文化助力添彩。

文明旅游志愿服务稳步推进。在重大节假日期间，各大景区景点依托旅游志愿服务站点组织开展文明旅游宣导志愿活动，向市民派发旅游资讯、热点旅游信息单张，提供旅游景点导赏、周边信息咨询，进行文明劝导和秩序维护等服务，为广大市民和游客提供便利、舒心的旅游体验。志愿者成为"文明旅游使者"，

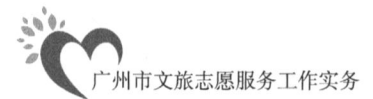

既保障了景区有序运营，更传播了文明旅游的社会风尚。

4. 文化和旅游志愿服务融合不断深入

在文旅融合的探索方面，广州市各大文化和旅游机构的志愿服务工作呈现出多种发展趋势。

文化传承融入旅游振兴发展。全市各级文化馆（站）以其丰富的群众文化和非遗资源，将艺术普及和优秀传统文化向各个旅游环节延伸，提升城市文化品位。广州市文化馆探索"非遗＋旅游"创新模式，陆续组织西关十三行非遗游、沙湾古镇非遗游、地铁沿线非遗游等"广州非遗体验游"活动，同时组建起"广州非遗视频团队"，志愿者以"非遗推荐官"的身份，用"非遗＋直播"和"非遗＋短视频"的全新志愿服务模式拓展体验游的宣传广度，让更多的人有机会认识非遗、体验非遗、感受非遗。

以书为媒讲述文化旅游新鲜事。图书馆作为知识传播和交流的中心，正向城市文化旅游宣传平台方向层层推进。为增进多元文化交流融合，广州少年儿童图书馆自2016年起策划开展"一个故事 一国文化——各国领事讲故事"系列活动，定期邀请驻穗领事与羊城少儿读者分享具有本国特色的童书故事，打造属于广州的国际化少儿阅读活动品牌。广州图书馆的阅读推广活动融入各国主题图书推荐，邀请资深导游、旅游达人以公益讲师的身份，开展"旅游分享会""旅游达人talk""新生活·分享会"等既有各国文化介绍又有旅游攻略元素的公益活动，将文化知识融入旅游活动，拓展读者阅读视野。

以历史文化资源打造城市旅游新名片。广州市各大博物馆积极创建A级旅游景区，同时挂牌3A或4A景区的超过15家[①]。博物馆充分发挥文博志愿者的专业优势，深入挖掘文物资源，策划和组织主题性文化研学活动，如农讲所纪念馆的"游红色旧址 读党史故事——青少年研学活动"，联动高校和导游协会等多个志愿团队，策划"瞻仰旧址＋参观展览＋红色小课堂＋小主播体验＋手工作坊"的综合体验研学活动，促进红色文化传承与旅游体验的深入融合。广州市文化馆的"小小导赏员——青少年文旅导赏志愿服务项目"，与广州最具代表性的旅游景点合作开展"文旅小小导赏员"夏令营活动，将弘扬志愿精神、宣传本地文化与推广旅游品牌有机结合。

旅游引入文化体验提升服务品质。除各公共文化机构组织的文旅志愿活动

---

① 广州市文化广电旅游局官网. 广州市A级景区名录（2023年8月更新）[EB/OL]. http://wglj.gz.gov.cn/zlxz/content/post_9158095.html.

外，以北京路、越秀公园、花城广场等为首的 30 个 "广州旅游志愿驿站"，以及分布在全市商业旺地和热门景区的旅游信息咨询中心，也在创新志愿服务形式，融入文化导赏、展览、体验活动等，从多角度宣传广州文化旅游。广州旅游志愿服务队策划 "文明旅游·志行羊城" 广州旅游志愿服务项目徒步活动，通过 "徒步 + 文化旅游宣传" 的形式向市民游客普及广州著名旅游景点及旅游文化信息，传播旅游文化新风尚；广州城市旅游问询救援服务中心积极打造 "文化导航，i 游广州" 文旅志愿服务项目，在咨询网点开展红色文化志愿宣讲、非遗宣传体验活动等，引导市民游客感受花城魅力。

5. 文化和旅游志愿服务品牌逐步形成

2022 年，广州市文化和旅游志愿者总队启动了为期 4 年、覆盖全市的 "繁星行动" 文旅志愿服务品牌项目，通过组建 "启明星" 文旅专业志愿服务队、培育 "满天星" 基层文旅志愿服务组织者、建设 "北斗星" 文旅志愿服务培训实践基地、打造十大文旅志愿服务专项，推动建立以志愿项目为核心、队伍建设为保障，多元协同的文旅志愿服务高质量发展体系。

"繁星行动" 一方面以服务基层为重心，通过提升基层文旅志愿服务组织者的综合能力，带动其队伍建设，扶持其服务项目，切实做到以人民为中心，回应基层群众需求。另一方面致力于提升文化治理能力，贯彻 "公共文化共同体" 工作理念，通过加强文旅志愿服务的横向整合、纵向提升和基层夯实，探索文旅志愿服务参与基层社会治理的长效机制，促进基层社区文化共创、环境共建、服务共享，真正做到文化赋能基层、专业力量辐射基层，提升基层共建共治共享水平。

推动 "启明星" 文旅专业志愿服务队发展计划。创新构建文旅志愿服务组织人才培育模式，搭建 "专家智库指导—专业服务队帮扶—基层服务队实践" 的跨部门跨层级对接帮扶机制。2022 年已建立起由文化、旅游、志愿服务等多元领域专家共同组成的 "广州市文化和旅游志愿服务专家智库"，成立了广州市 10 支文旅专业志愿服务队，覆盖艺术普及、阅读推广、文化遗产保护、传统工艺振兴等原有的公共文化服务领域，又融入了文旅宣讲、新媒体推广、街舞、游戏、动漫等新兴领域，推动文旅志愿服务破圈融合发展。

开展 "满天星" 基层文旅志愿服务组织者培育计划。以夯实基层文旅志愿服务组织力量为目标，以项目共创营为核心，创新采用 "共创培育" 模式全面提升组织者综合能力水平，经集中培训、结对研讨、分组指导、路演评审，认定并授予一批基层文旅志愿服务优秀组织者"文化新乡贤""街坊公益文化能人"和"都市文化志愿达人"个人称号。基层文旅志愿服务组织者以问题为导向，策划出一批形式多样、特色鲜明、紧贴基层的志愿服务项目，集中回应了基层社区文化治理、特殊群体关怀、乡村文化振兴等社会关切话题，为文化融入社区治理提供新思路和新举措。

建设"北斗星"文旅志愿服务培训基地。依托广州市内各类文化和旅游机构，联合高校、志愿服务枢纽组织、培训机构等共建文旅志愿服务的分类培训和实践基地，以通用和全民艺术普及、少儿阅读推广、乡村文化振兴、文明旅游等为方向进行选点挂牌、培训教材编写、师资体系组建、教学实践等工作，从"软""硬"两方面推进文旅志愿服务培训基地建设，打造集提高文旅志愿者能力、促进文旅志愿团队专业化发展、深化文旅志愿服务项目品牌建设三大功能为一体的支持型枢纽平台。

实行"繁星行动"十大文旅志愿服务专项扶持计划。发挥"总队统筹扶持—专业服务队结对帮扶—各区文旅志愿者分队协助实施"的联动机制作用，对基层文旅志愿服务组织者围绕十大方向（艺术普及、阅读推广、红色文化传承、历史文化遗产保护、新时代文明实践、乡村文化振兴、文旅融合发展、关爱未成年人、关爱残障人士、关爱来穗人员）策划的志愿服务项目予以重点培育和宣传，采取结对指导、资金支持、提供活动空间、开展联动宣传、组织交流学习等多种方式，推动一批切实惠及基层群众、具有地区和时代特色、富有社会示范效应的基层特色文旅志愿服务项目深度融入基层社区综合性服务中心、公共文化新型空间、新时代文明实践所（站），促进基层公共文化服务品质进一步提升。

"繁星行动"的实施将发挥示范效应，推动基层文化和旅游志愿服务的品牌建设，提升文化和旅游志愿服务的社会效益与群众参与度，推动广州市文化和旅游志愿服务向规范化、专业化、品牌化发展。

（二）广州市文化和旅游志愿服务的发展目标和趋势

构建文旅志愿服务共同体，推动广州市文化和旅游志愿服务体系进一步完善，横向协同、纵向联动、社会发动能力不断增强，各级文化和旅游志愿服务队伍管理运行更加规范有效，文化和旅游志愿服务专业化和品牌化水平显著提高，探索形成国内领先的文化和旅游志愿服务发展模式，为形成可复制可推广的"广州经验"贡献志愿力量。

文化和旅游志愿服务体系更加健全。建立广州市文化和旅游志愿者总队统筹协调、文化和旅游专业志愿服务队示范引领、基层文旅志愿服务组织者策划主导、基层文旅志愿服务队伍践行实施,文旅志愿者注册招募、服务记录、管理评价、激励保障工作机制健全,社会各方力量共同参与,形式多样、灵活高效的文旅志愿服务体系。

文化和旅游志愿服务水平显著增强。以文化和旅游志愿服务专业化促进特色化发展,通过"繁星行动"的示范引领,文化和旅游专业志愿服务队伍持续壮大,基层文旅志愿服务组织者综合能力不断提高,特色化文化和旅游志愿服务培训实践基地不断涌现,文化和旅游志愿服务项目品牌化凸显,多级媒体参与、网络媒体与传统媒体双重架构、宣传功能与服务功能相结合的文化和旅游志愿服务传播矩阵基本形成。

文化和旅游志愿服务深度融入社会治理。聚焦文化赋能,探索文化和旅游志愿服务参与基层社会治理的长效机制,发挥文化和旅游志愿服务在促进基层文明养成、社群共识、社区共生的功能,推动一批基层文化和旅游志愿服务队伍深入参与新时代文明实践中心建设、党建思想宣传、社区文化建设、弱势群体关爱、城乡文化交流等多种基层社会治理活动。文化和旅游志愿服务与社会治理并行互促、共建共治共享的基层治理新格局基本形成。

第三节 文化和旅游志愿服务法律法规及政策

为了宣传和弘扬志愿服务精神,保障和维护志愿者和志愿组织的合法权益,鼓励和规范志愿服务活动,促进志愿服务事业发展,制定志愿服务方面的相关法律法规、出台相关政策是非常必要的。志愿服务方面的法规政策出台,广东、广州在全国较为领先。1999年8月,广东省人大通过了国内第一部省级青年志愿服务条例《广东省志愿服务条例》。广州市率先在副省级城市中立法规范志愿服务,于2009年出台《广州市志愿服务条例》。2015年,《广州市公共图书馆条例》作为全国第一个副省级城市图书馆立法,规定公共图书馆应当建立常态化志愿服务机制。

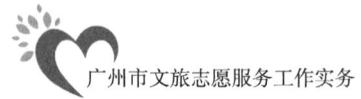

一、法律法规

（一）国家层面法律法规

1. 全国范围普适性的志愿服务法律法规

2017年6月7日，《中华人民共和国志愿服务条例》经国务院第175次常务会议通过，由国务院于2017年8月22日发布，自2017年12月1日起施行，规定国家和地方精神文明建设指导机构建立志愿服务工作协调机制。这是我国第一部关于志愿服务的全国性专门法规，是为了保障志愿者、志愿服务组织、志愿服务对象的合法权益，鼓励和规范志愿服务，发展志愿服务事业，培育和践行社会主义核心价值观，促进社会文明进步而制定的法规。

2. 全国文化和旅游方面法律法规对志愿服务的相关规定

2017年3月1日起施行的《中华人民共和国公共文化服务保障法》（第四十三条）和2018年1月1日起施行的《中华人民共和国公共图书馆法》（第四十六条）均提出，国家倡导和鼓励公民、法人和其他组织参与文化志愿服务。县级以上地方人民政府有关部门应当对文化志愿服务活动给予必要的指导和支持。

（二）地方法律法规

1. 普适性的地方志愿服务法律法规

1999年8月，广东省人大通过了国内第一部省级青年志愿服务条例《广东省志愿服务条例》，并于2020年11月27日由广东省第十三届人民代表大会常务委员会第二十六次会议修订通过，自2021年1月1日起施行，充分吸收当前广东志愿服务实践中的有益经验和做法，将近年来广东在志愿服务的创新实践成果转化为法律法规，为广东志愿者的合法权益提供了更加充分的法律保障，为广东志愿服务工作提供了强有力的法律支撑。

广州市于2009年3月5日出台《广州市志愿服务条例》，根据广州市的实际情况制定，旨在全市范围内倡导和弘扬奉献、友爱、互助、进步的志愿服务精神，增强公民的志愿服务意识，规范志愿服务活动，保障志愿者的合法权益，促进志愿服务事业发展。经2022年11月25日广州市第十六届人民代表大会常务委员会第八次会议通过、2023年1月9日广东省第十三届人民代表大会常务委员会第四十八次会议批准,《广州市志愿服务规定》于2023年3月5日起施行,《广州市志愿服务条例》同时废止。

2. 地方文化和旅游方面法律法规对志愿服务的相关规定

2015年5月1日起施行的《广州市公共图书馆条例》第五十条规定,公共图书馆应当建立常态化志愿服务机制,加强与志愿服务组织的合作,根据需要,组织志愿者参与公共图书馆的日常运行和服务工作。

2017年12月1日起施行的《广州市博物馆规定》第四十二条规定,博物馆应当建立常态化志愿服务机制,加强与志愿服务组织、学校等的合作,根据需要,组织志愿者参与博物馆的宣传、导览等日常运行和服务工作。

二、规范性文件

伴随着中国特色社会主义历史进程,我国志愿服务事业快速发展,志愿服务组织不断涌现,对促进志愿服务活动广泛开展、推进精神文明建设、推动社会治理创新、维护社会和谐稳定发挥了重要作用。

(一)全国范围的规范性文件

1. 普适性的志愿服务规范性文件

我国志愿服务在快速发展中,凸显出志愿服务制度化不够、组织数量不足和能力不强、志愿服务发展环境有待优化等问题。为解决这一系列问题,中央各部委相继印发规范性文件,指导和规范志愿服务事业发展。

2008年,中央文明委印发《关于深入开展志愿服务活动的意见》,要求在中央文明委统一领导下,成立由有关部门和单位共同参加的全国志愿服务工作协调小组,负责全国志愿服务活动的总体规划和协调指导。

2014年2月,中央文明委印发《关于推进志愿服务制度化的意见》,强调推进志愿服务制度化,对于推动志愿服务持续健康发展、促进学雷锋活动常态化,对于培育和践行社会主义核心价值观、在全社会形成向上向善的力量,具有十分重要的意义;指出要规范志愿者招募注册,要加强志愿者培训管理,要建立志愿服务记录制度,要健全志愿服务激励机制,要完善政策和法律保障。

2016年,是中央各部委出台志愿服务相关规范性文件最多的一年。同年5月,中共中央宣传部、中央文明办、民政部、教育部、财政部、全国总工会、共青团中央、全国妇联等八部门联合印发《关于支持和发展志愿服务组织的意见》（文明办〔2016〕10号）；7月，文化部印发《全国文化志愿服务管理办法》；10月，中共中央宣传部、中央文明办、文化部等七部门联合印发《关于公共文化设施开展学雷锋志愿服务的实施意见》，大力推动我国志愿服务制度化、规范化、常态化发展。

2022年，党的二十大报告中提出要"完善志愿服务制度和工作体系"。2023年，按照《党和国家机构改革方案》，成立中央社会工作部，划入中央精神文明建设指导委员会办公室的全国志愿服务工作的统筹规划、协调指导、督促检查等职责。

2. 文化和旅游范畴的志愿服务规范性文件

文化和旅游领域的志愿服务规范性文件起步早、出台多。早在2012年9月，文化部、中央文明办联合印发《关于广泛开展基层文化志愿服务活动的意见》，提出了开展基层公共文化志愿服务活动的重要意义、指导思想和基本原则，建立和完善基层文化志愿服务活动的领导机制和运行机制，强调依托公益性文化设施、重点文化惠民工程、重要节日纪念日，广泛开展丰富多彩的基层文化志愿服务活动，依托内地对边疆民族地区对口支援工作开展文化志愿者边疆行活动。

为深入贯彻落实党的十八届三中全会和习近平总书记关于文明旅游工作所作的一系列重要批示精神，推动旅游行业文明旅游工作的深入开展，充分发挥旅游志愿服务在提高旅游服务质量、推动旅游业创新发展等方面的特殊作用，2015年国家旅游局决定在全国范围内建立一支由支持旅游事业、热心公益事业人士组成的旅游志愿者队伍。2015年国家旅游局印发了《关于建立中国旅游志愿者队伍开展旅游志愿服务的通知》，同时制定了《中国旅游志愿者工作实施方案（2016）》作为规范。

为发挥文化志愿服务在构建现代公共文化服务体系中的积极作用，鼓励和引导文化志愿服务活动广泛深入开展，推动文化志愿服务常态化、规范化、制度化，构建参与广泛、内容丰富、形式多样、机制健全的文化志愿服务体系。2016年7月，文化部制定《文化志愿服务管理办法》（文公共发〔2016〕15号），于11月25日公布开始施行。2016年12月，中宣部、中央文明办、教育部、民政部、文化部、国家文物局和中国科协等七部门联合印发了《关于公共文化设施开展学雷锋志愿服务的实施意见》，深入推进公共图书馆、博物馆、文化馆、美术馆、科技馆和革命纪念馆学雷锋志愿服务，发挥公共文化设施培育和弘扬社会主义核心价值观、传播社会主义先进文化的重要作用。

3. 文化和旅游方面规范性文件对志愿服务的相关规定

2015年1月，由中共中央办公厅、国务院办公厅印发《关于加快构建现代公共文化服务体系的意见》，提出大力弘扬志愿服务精神，构建参与广泛、内容丰富、形式多样、机制健全的问候志愿服务体系，完善文化志愿者注册招募、服务记录、管理评价和激励保障机制，加强对文化志愿队伍的培训，提升文化志愿者的服务意识、服务能力和服务水平。

2021年，文化和旅游部、国家发展改革委、财政部联合印发《关于推动公共文化服务高质量发展的意见》，指出促进文化志愿服务特色化发展。实施全民阅读推广人和全民艺术普及推广人培育计划，发挥"春雨工程"等志愿服务项目的示范引领作用，打造具有区域影响力的文化志愿服务品牌和项目，进一步规范文化志愿者的招募，分类对文化志愿者进行培训辅导，推动建立各类文化志愿团体，完善文化志愿服务记录和激励制度，逐步建立星级文化志愿者认证制度，对优秀文化志愿服务团队和个人按国家有关规定给予表彰奖励。

（二）地方规范性文件

1. 普适性的地方志愿服务规范性文件

为适应广东省志愿服务事业快速发展的形势，推进志愿服务制度化，2014年2月，广东省文明办、团广东省委等发布《广东省星级志愿者资质认证管理办法》（团粤联发〔2014〕15号），授权各级志愿者组织按照管理权限和操作规范开展星级志愿者资质认证工作，进一步完善志愿者评价激励机制。

2019年，广州市印发《关于进一步加强广州志愿服务建设的实施方案》，明确全市各部门在志愿服务工作中的分工和职责，调整优化了全市志愿服务工作体系，形成全市志愿服务"一盘棋"格局。

2022年7月，广东省精神文明建设委员会印发《关于加快建设"志愿广东"推进志愿服务事业高质量发展的意见》，倡导大力弘扬奉献、友爱、互助、进步的志愿精神，激励广大公民积极投身志愿服务，动员广大志愿者、志愿服务组织、志愿服务工作者立足新时代、展现新作为，以实际行动书写新时代雷锋故事，为广东在全面建设社会主义现代化国家新征程中走在全国前列、创造新的辉煌做出应有贡献。

2023年，广州市精神文明建设委员会印发《关于加快建设"志愿之城"推

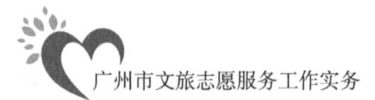

进志愿服务事业高质量发展的实施意见》，提出了完善志愿服务制度和工作体系、提升志愿服务阵地效能、夯实志愿服务力量、推进志愿服务专业化发展、加强志愿服务宣传交流和加强志愿服务组织领导六大任务，为更好地读懂广州、热爱广州、奉献广州，打造志愿服务人人可为、处处可为、时时可为的"志愿之城"指明了努力方向。

2. 地方文化和旅游志愿服务方面的规范性文件

2016年5月，广东省精神文明建设委员会办公室、广东省文化厅印发《广东省文化志愿服务规范指引》，规范和促进广东省文化志愿服务工作，推动全省文化志愿服务规范化、制度化、专业化。

2022年5月，广州市文化广电旅游局、广州市精神文明建设委员会办公室、广州市民政局、共青团广州市委员会联合印发《广州市文化和旅游志愿服务管理办法》（穗文广旅规字〔2022〕1号），发挥文化和旅游志愿服务在构建现代公共文化服务体系中的积极作用，为文化和旅游志愿服务工作提供切实可行的制度保障。

3. 地方其他文化和旅游规范性文件对志愿服务的规定

2017年，广州市文化广电新闻出版局印发的《广州市公共图书馆服务规范》（穗文广新规字〔2017〕1号）第四十二条提出，公共图书馆应当建立常态化志愿服务机制，加强与志愿服务组织的合作，组织志愿者参与公共图书馆的借阅、咨询、讲座、展览等过程以及大型文化活动等，为志愿者服务社会、参与社会实践提供平台。

2019年，广州市文化广电旅游局印发的《广州市公共文化设施管理办法》（穗文广旅规字〔2019〕1号）第二十五条提出，公共文化设施管理单位应建立健全文化志愿服务机制，推进公共文化设施志愿服务站点建设，建设完善文化志愿者注册招募、指导培训、管理评价和激励制度，为文化志愿服务提供必要的经费保障，推动文化志愿服务工作规范、健康、持续发展。

2020年，广州市文化广电旅游局印发的《广州市文化馆、站（室）服务规范》（穗文广旅规字〔2020〕1号）第十六条、第十七条提出，大力推进文化志愿服务。文化馆、站（室）应当鼓励社会力量参与公共文化服务，招募、培训、评估文化志愿者，提高文化志愿服务效能；动员社会专业人士参与文化馆、站（室）服务规范管理运行。

2022年，广州市文化广电旅游局、广州市发展和改革委员会、广州市财政局联合印发的《关于推进现代公共文化服务高质量发展的实施意见》（穗文广旅〔2022〕14号）提出，完善文化志愿服务管理和激励制度，发展壮大文旅志愿服务专业队伍，建设基层文化志愿服务培训基地，培育基层文化志愿服务组织者，打造、扶持有影响力的文旅志愿服务项目和品牌，推动文化和旅游志愿服务规范化、专业化、特色化发展。

三、政策规划

（一）文化和旅游志愿服务方面的政策规划

2022年5月，广州市文化广电旅游局、广州市精神文明建设委员会办公室、广州市民政局、共青团广州市委员会印发《广州市文化和旅游志愿服务发展行动计划（2022—2025）》，提出了"十四五"期间广州市文旅志愿服务发展的七大重点和四大保障机制，广州将以文旅志愿服务为重要抓手，统筹建设"繁星行动"文旅志愿服务品牌项目，推进广州文化和旅游志愿服务高质量发展。

（二）文化和旅游其他方面政策规划对志愿服务的政策指引

2011年，广州市文化广电新闻出版（版权）局印发的《广州市文化广电新闻出版（版权）第十二个五年发展规划实施意见》（穗文广新〔2011〕316号）提出，大力发展公共文化服务的辅助队伍，与团市委合作组建文化志愿者队伍。

2015年，广州市文化广电新闻出版（版权）局印发的《广州市"图书馆之城"建设规划（2015—2020）》提出，大力倡导志愿者服务。建立常态化志愿服务机制，加强与志愿者服务组织的合作，根据需要，组织志愿者参与公共图书馆的日常运行和服务工作，使志愿者服务成为图书馆服务的有机组成部分。

2021年10月，广州市文化广电旅游局印发的《广州市文化和旅游发展"十四五"规划》提出，构建参与广泛、形式多样、机制健全、服务多元的文化志愿服务体系，促进文化志愿服务特色化发展。

2022年8月，广州市文化广电旅游局印发的《广州市"图书馆之城"建设五年行动计划（2022—2026）》指出，探索基层文化服务网络、文化志愿服务、城乡公共文化空间的联动管理和统筹运行，加强公共图书馆志愿服务制度等的改革探索和政策制定，设立全市通用的公共图书馆志愿服务积分、图书馆志愿者感谢日等激励和回报制度。探索志愿服务特色模式，重点加强阅读推广志愿服务、信息素养提升志愿服务、粤港澳青少年志愿服务交流、文化服务研习等具有图书馆特色的志愿服务品牌活动。

第四节 广州市历史文化概述

一、广州历史沿革[①]

广州,濒临南海,毗邻港澳,是中国通往世界的南大门,是国家中心城市、综合性门户城市、"一带一路"的枢纽城市,是国务院公布的首批国家历史文化名城。

早在七八千年前的新石器时代,已有先民在这里繁衍生息。西周至战国时期,广州地区农业有了进一步发展,促进了人口繁衍,"五羊衔谷,萃于楚庭"的传说,即是这种情况的反映,"五羊城""穗城""羊城"也由此得名。到秦汉时期,人们逐渐迁移至今天广州老城区一带,开启了延续 2200 多年的建城历史。

秦始皇三十三年(公元前 214 年)设南海郡,郡治番禺,任嚣筑城,此为广州建城开始。番禺地处三江交汇处,是岭南都会,秦汉时期已成为海外珍宝的集散地,是中国境内最早通往南海的港口城市。

公元前 203 年,秦南海尉赵佗自立为南越武王,建南越国,定都番禺。公元前 111 年,汉武帝灭南越国,在岭南分置九郡,番禺也由南越国都变回南海郡治。西汉中后期到东汉后期,为满足日常生活需求,人们在城外(珠江南岸今海珠区同福路海幢寺一带)开设窑场,烧造生活器具、模型器、陶塑和建筑材料。

东汉末年,孙权命步骘为交州刺史。217 年,迁交州治至番禺,筑立城郭。226 年,"分交州,置广州",辖南海、苍梧、郁林、合浦四郡,治所番禺,广州由是得名。之后,广州取代番禺的指称。

魏晋南北朝时期,广州地处南部边陲,避免了自汉末以来地主豪强逐鹿中原的战乱之苦,逐渐成为中原人南迁之所。

六朝时期,海上丝绸之路迅速发展,沿途国家通过海路与中国进行贸易往

[①] 资料来源:广州市文化广电旅游局修编的《广州历史文化简明读本》。

来，来自印度的高僧和来往南海及印度洋沿岸的各国商人及商船在广州登陆。晋末宋初，掀起的西行求法运动，广州成为佛教东传、翻译佛经的重要场所。光孝寺（当时称为王园寺）作为广州现存年代最早的佛寺，是当时岭南地区著名的译经场所。

隋文帝开皇九年（589年）废除南海郡建制，原郡地改设广州部总管府，在原南海郡治所在地番禺县设置南海县，南海县的行政区划从此开始，县治设于广州，直到北宋才又复置番禺县。这是影响广州管理格局的重要举措，后来甚至以南海代称广府。

广州的地位在唐代进一步提升。唐朝设岭南道，在广州设都督府，广州是岭南道的道治与都督府的府治所在地。岭南45州分属广州、桂州、容州、邕州、安南5个都督府（又称岭南五管），五府皆隶于广州，长官称为五府（管）经略使，由广州刺史兼任。后来升五府经略使为岭南节度使。唐末，岭南道分为东、西两道，东道治广州，西道治邕州（今南宁），这也是两广东西分治的开始。广州都督（节度使）是岭南最高行政长官，广州都督府时称广府，位置在今北京路、中山四路一带。

唐代，广州成为东方第一大港，是我国唯一设市舶使管理蕃货海贸的港口城市。唐玄宗开元年间设置市舶使，市舶使驿馆在广州城下的珠江岸边。日本和尚真人元开随高僧鉴真第五次东渡日本，海上遇飓风漂至海南振州，辗转至广州，见珠江中"有婆罗门（印度）、波斯（阿拉伯）、昆仑（东南亚）等舶，不知其数；并载香药、珍宝，积载如山"。《广州通海夷道》记述航船由广州出发，通西亚和东非，经历30余个国家和地区。随着海外贸易繁荣，不少来自阿拉伯、印度、东南亚以及中亚的蕃商、蕃客留居广州，州城的西面成为蕃人聚居之所，并建有宗教场所。

917年，原唐清海军节度使刘岩（后改名龑）据岭南称帝，建立南汉国，以广州为都城，改称兴王府。南汉皇帝信奉佛教，曾应天上二十八宿之数，在兴王府的四个方位各建七间佛寺，合称"南汉二十八寺"。

宋代是广州城重大变革时期，由子城向东西两侧扩展，东城、子城和西城并列，称为广州三城，南宋时又增建南城。子城开四门，东、西各一门，南有二门，城北为行政管理区，不设门，其核心在今中山四路的南越国宫署遗址。今北京路是子城镇南门入城主道，也是中轴大街。西城界到今人民路，范围比子城和东城都大，是蕃汉杂居、宝货汇聚的商业区。当时，通过对广州城市水系治理，形成六条南北走向的水渠，号称"六脉渠"。六脉渠汇集城市北部的来水与东西两濠和玉带濠相连，流入江海，具有通舟楫、给水与排水、防火等多种功能，一直沿用至明清。

北宋初年，在广州设立第一个市舶司，广州港成为全国对外贸易的中心。从宋太祖开宝四年（971年）一直运作到南宋末祥兴元年（1278年），前后三百余年。元祐二年（1087年）在泉州增置福建路市舶司。唐宋时期，广州一直是中国通往南海的第一大港。

北宋时期的广州，形成了"与海中蕃夷、四方商贾杂居"的人口特色。在西城，以今天光塔、怀圣清真寺为中心，成为以阿拉伯客商为主的蕃客聚居地，即史上著名的"蕃坊"。光塔，既是宣礼塔，也是航海设施，处于珠江北岸，是当时的航标。怀圣寺是中国最早的清真寺，与光塔共同见证了伊斯兰教沿海上丝绸之路初传中国并与中国文化相互影响的历史进程。

1279年，元军南下，南宋灭亡。广州军民奋力抵抗，元军三进三出，直至崖山海战后才被平定。元统一后恢复三城格局，重修城池。宋代首次订立的市舶条例被元代所承袭，宋元时期海外贸易分官府经营和私商经营两种方式，是民间海外贸易最兴盛的时期。据陈大震《大德南海志》所载，从广州出洋涉及国家达147个，远超前代。

明洪武二年（1369年）广东成为明朝的十三行省之一，广州作为行中书省治所，是广东最大的商业城市，又是当时中国最重要的对外贸易口岸。洪武三年大规模修城，将宋元三城连为一城，填淤三城之间濠池，将城墙扩展至观音山（今越秀山）东北山麓，在山上建五层楼，时称望海楼（嘉靖年改称镇海楼）。现越秀山上的明城墙，即是这次扩建的城垣遗迹。由大北门至归德门的直街，即大北直街（今解放路），形成城区中轴线的雏形，由此奠定了广州城"六脉皆通海，青山半入城"的格局。直到清代中后期，三百余年间，除增筑东西鸡翼城之外，广州城池"后倚越秀，前临珠江"的格局没有改变。汤显祖目睹了珠江上洋商夷舶及各省商船云集的繁华盛景，写下了"临江喧万井，立地涌千艘。气脉雄如此，由来是广州"的诗句。

明清两朝，称广州为省城，延续至今。西方人称广州为Canton，而Canton正是粤语"广东"的音译，畅行国际，通用至今。

清顺治七年（1650年），清军兵临广州城下，开始了长达九个月的围城攻坚。至十一月破城，对据城死守的广州居民进行了长达12天的屠杀，史称"庚寅之劫"。清朝时期，广州城分属两县，西属南海县，东属番禺县，两县大概以城中南北主干道大北门直街、归德门直街（今解放路）为界。

乾隆二十二年（1757年）颁旨："嗣后口岸定于广东，不得再赴浙省。"闽、浙、江三地海关停止中西贸易，"四口通商"变成了"一口通商"，欧美船只全部集中到粤海关。粤海关成立后，清廷规定，由官府指定若干家洋货行与外国商人开展进出口贸易。官府指定的广州商行数量并不固定，有"公行""洋行"等称谓，统称"十三行"。广州粤海关的关税收入占全国关税收入的近一半。近百年的垄断进出口贸易，是广州港对外贸易最繁盛的时期。道光二十三年（1843年），十三行毁于一场大火。

1841年，在第一次鸦片战争中，英军占领广州。1842年中英《南京条约》签订，中国被迫开放上海、广州、福州、厦门、宁波为通商口岸，广州"一口通商"的局面结束。1859年，英法两国胁迫广州地方官员重新划定租地，"选定"十三行西南面的沙面为租界。英国驻广州领事馆迁入沙面，法、德、意、荷、葡等国也设立驻广州领事馆，各种公共设施、楼堂馆舍以及各国商行、银行等机构大都迁入沙面。

1911年11月，设立广东军政府，南海县署从广州迁至佛山，番禺县移至市桥镇。1918年10月，广州成立"广州城厢市政公所"，第一次使用"广州市"称谓。1921年2月，正式成立"广州市政厅"，制定《广州市暂行条例》，划定广州市区。广州市政厅作为广州市最高权力机关的建立，标志着广州作为近代建制城市的完成。广州成为民国时期广东省第一个建制市，也是近代中国最早建立的市。新成立的市政公所发出第一号公告，拆除城墙及城门，古城墙仅遗越秀山一段。

第一次世界大战后，欧美华侨纷纷回国避乱，兴建欧美风格的房子。从此，东山与西关，形成了两种迥然不同的生活模式。民国初年，珠江以南的河南岛是广州城市扩张的主要方向。市政部门将河南岛纳入市区范围，大量建设市政工程，兴建市区马路、建造珠江铁桥，经济迅速发展。

广州是一座英雄的城市，具有光荣的革命传统。鸦片战争时期，中国近代史上第一位民族英雄林则徐，在广州领导了震惊世界的禁烟运动。三元里人民高举反抗侵略的大旗，英勇抗击英国侵略军。

伟大的民主革命先行者孙中山在这里从事革命活动，先后三次在广州建立政权。1917年7月和1920年11月，孙中山率革命党人两次到广州开展护法运动，均遭失败，但为中华民国政府成立奠定了基础。护法运动是广州现代史的开端。1921年5月5日，孙中山在广州就任中华民国大总统。

1919年，"五四运动"进一步促进了广州工人运动的发展和马克思主义的传播，杨匏安在广州宣传马克思主义，是华南地区系统介绍马克思主义的第一人。1921年，中国共产党成立后，广州共产党组织积极宣传马列主义，大力开展工农运动，广州成为工农运动的中心和大革命的根据地。在中国共产党的领导下，先后在广州召开了中国社会主义青年团第一次全国代表大会、第一次全国劳动大会，成立了中华全国总工会，组织开展了世界工运史上时间最长的罢工——省港大罢工，创办了农民运动讲习所。1923年，中共中央局南迁广州，中国共产党第三次全国代表大会在广州召开，会议决定与孙中山领导的国民党合作。1924年1月，国民党第一次全国代表大会在广州召开，确定了联俄、联共、扶助农工的三大政策，实现了国共两党第一次合作。1926年7月，国民革命军从广州出发，发动北伐战争。1927年，"四·一二"反革命政变后，广州人民在中国共产党的领导下，于12月11日举行广州起义。

1932年1月28日，驻沪日军制造"一·二八"事变，十九路军奋起抗击。战后，在广州沙河顶修建了淞沪抗战中英勇牺牲将士的陵园。1945年，经过全体军民的卓绝努力，抗战取得全面胜利。9月16日，广州地区的日军签字投降仪式在中山纪念堂举行。

广州人民在中国共产党领导下，经过二十余年的艰苦斗争，终于在1949年10月14日迎来了解放。10月28日，广州市人民政府正式成立，叶剑英为市长。

1957年4月25日，首届中国出口商品交易会在广州开幕，周恩来总理提议简称"广交会"。广交会被誉为"中国第一展"，开辟了中国与世界的贸易通道。

中华人民共和国成立后的前29年，广州和全国各地一样，在建设社会主义现代化的道路上，进行了艰辛的探索，尽管受到政治运动和"左"的错误思想的影响，但经济社会发展仍取得了可喜的成就。

1978年12月，党的十一届三中全会召开，开创了中国改革开放和现代化建设的新时代，处于改革开放前沿的广州，先行一步，为广东和中国的改革开放探索了新路，提供了经验。

1984年5月，国务院决定开放包括广州在内的14个沿海港口城市和海南岛，广州各方面的建设事业生机勃勃，迅速发展，成为全国经济发展最快的城市之一，国内生产总值大幅度增加，综合经济实力在全国大城市排名不断前移，是全国经济最发达的地区之一。

党的十八大以来，习近平总书记先后四次到广东视察，对广州的发展寄予厚望。2018年10月，习近平总书记在广州市荔湾区西关历史文化街区永庆坊考察时指出，城市规划和建设要高度重视历史文化保护，不急功近利，不大拆大建。

要突出地方特色，注重人居环境改善，更多采用微改造这种"绣花"功夫，注重文明传承、文化延续，让城市留下记忆，让人们记住乡愁。① 全市党员干部和人民群众，始终牢记总书记的嘱托，加快推动实现老城市新活力，在综合城市功能、城市文化综合实力、现代服务业、国际化营商环境方面不断出新出彩。

二、广州文物

悠久的历史，为广州积淀了数量丰富、种类繁多的文物。目前，全市有全国重点文物保护单位33处，广东省文物保护单位63处，广州市文物保护单位362处，各区文物保护单位364处②，尚未核定公布为文物保护单位的不可移动文物2613处。

广州作为中国近代民主革命的策源地，是一座具有光荣革命传统的英雄城市，是全国最早系统传播马克思主义、中国工人阶级产生最早的城市之一，也是全国最早建立共产党早期组织的六座城市之一，是大革命的策源地和中心。从1839年林则徐到广州禁烟，第一次鸦片战争爆发以来，广州一直是反侵略、反封建斗争的前沿。英勇斗争的历史，留下了丰富的革命文物遗存，广州是国内革命文物延续年代最长、序列最完整、种类最齐全的城市。目前，全市已核定公布不可移动革命文物221处③、可移动革命文物8112件/套，其中全国重点文物保护单位革命文物15处，占全省一半。

20世纪初，法国学者沙畹指出，"丝路有陆、海两道。北道出康居，南道为印度诸港之海道"，形成了"海上丝绸之路"这一概念。海上丝绸之路以古代中国为起点，起始于秦汉，至"大航海时代"（15世纪末至16世纪初）逐渐衰弱，是连接东亚、东南亚、南亚、西亚、北非及地中海等沿岸国家的海上通路。

广州作为全国唯一延续两千多年从未间断对外贸易交流的港口城市，是海上

---

① 人民网. 以坚定的信心有力的措施 把改革开放不断推向深入——习近平总书记广东考察重要讲话引发热烈反响[EB/OL]. (2018 – 10 – 29)[2022 – 08 – 03]. http://politics.people.com.cn/n1/2018/1029/c1001 – 30367313.html.

② 大洋网. 听民声看转变⑤ | 文物定期"体检""健康"更有保障[EB/OL]. (2023 – 10 – 17). https://news.dayoo.com/guangzhou/202310/17/139995_ 54596597.htm.

③ 广州市文化广电旅游局. 广州市文化广电旅游局关于政协十四届广州市委员会第二次会议第4021号提案答复的函[EB/OL]. (2023 – 08 – 02). http://wglj.gz.gov.cn/gkmlpt/content/9/9140/post_ 9140760.html#919.

丝绸之路的重要发祥地，在海上丝绸之路和中外海上交通贸易史上占有极为重要的地位。目前，广州市南越国宫署遗址等 6 处文物保护单位被纳入海上丝绸之路史迹申报世界文化遗产预备名单，莲花塔、琶洲塔、赤岗塔被列入候选史迹点。

2018 年 4 月，在国家文物局的指导下，由广州牵头，24 座中国城市成立了海上丝绸之路保护和联合申报世界文化遗产城市联盟。目前，联盟成员已有广州、上海、澳门、南京、宁波、福州等 28 个城市。

（一）不可移动文物

1. 全国重点文物保护单位（共 33 处）

三元里平英团遗址、黄花岗七十二烈士墓、广州农民运动讲习所旧址、广州公社旧址、光孝寺、虎门炮台（南沙部分：上横档炮台、大角炮台、蒲洲炮台、下横档炮台、大虎炮台遗址）、洪秀全故居、中华全国总工会旧址、国民党"一大"旧址、黄埔军校旧址（含东征阵亡烈士墓）、黄埔军校燕塘分校旧址、陈家祠堂、秦代造船遗址、南越国宫署遗址、南越文王墓、南越国木构水闸遗址、怀圣寺光塔、广州沙面建筑群、广州圣心大教堂、广州大元帅府旧址、莲花山古采石场、广州中山纪念堂、中山纪念碑、余荫山房、南汉二陵（德陵、康陵）、六榕寺塔、广裕祠、粤海关旧址、广东咨议局旧址、清真先贤古墓、五仙观及岭南第一楼、镇海楼与广州明城墙、南海神庙、中国共产党第三次全国代表大会会址（含春园、简园、逵园）、沙湾留耕堂、万木草堂、中国共产党广东区执行委员会旧址、广东省农民协会旧址。

2. 广东省文物保护单位（共 63 处）

古遗址：药洲遗址。

古墓葬：屈大均墓、湛若水墓、云从龙墓。

古文化遗址：北京路古道遗址。

古建筑：五岳殿、纶生白公祠、石井桥、资政大夫祠建筑群、通福桥、锦纶会馆、玉喦书院与萝峰寺、大佛寺大殿、沥滘卫氏大宗祠、仁威庙、藏书院村谭氏宗祠、茶塘村古建筑、塱头村古建筑群、善世堂、赤岗塔。

古建筑及历史纪念建筑：莲花塔、琶洲塔、万寿寺大殿、莲花城。

石窟寺及石刻：飞泉洞摩崖石刻。

革命旧址和革命纪念建筑物：周恩来同志主持的中共两广区委军委旧址、白云楼鲁迅故居。

革命遗址及革命纪念建筑物：升平学社旧址、"三·二九"起义指择部旧址、广州起义烈士陵园、广东贡院明远楼与中山大学天文台旧址。

近现代重要史迹及代表性建筑：省港罢工委员会旧址、冯云山故居、仲恺农校旧址、外国人公墓、广雅书院旧址、广东财政厅旧址、广东邮务管理局旧址、中央银行旧址、康乐园早期建筑群、十九路军淞沪抗日阵亡将士坟园、邓氏宗祠、刘氏家庙、越南青年政治训练班旧址及越南青年革命同志会旧址、卢廉若墓、金锁排灯塔、舢舨洲灯塔、新一军印缅阵亡将士公墓、平和大押旧址、沙路炮台旧址、杨匏安旧居、柯拜船坞旧址、四烈士墓、史坚如墓、第一次全国劳动大会旧址、南石头监狱遗址、仲元图书馆旧址、广州市立中山图书馆旧址、粤军第一师诸先烈纪念碑、中国致公党中央党部旧址、五羊石雕、柏园、永安堂。

（二）可移动文物

广州馆藏可移动文物数量丰富，目前，全市各博物馆藏品总量达 138 万件（套），其中文物 16.37 万件（套），珍贵文物 1.86 万（套）。

三、广州地区博物馆

1929 年 2 月，华南地区第一座博物馆——广州市市立博物院在广州越秀山镇海楼正式成立，从此开启了广州地区博物馆的建设历史。博物馆作为社会教育机构和公共文化服务机构，在启迪民智、传播知识、美育教育、思想教育、科学研究、文化交流等多方面具有无可替代的社会文化价值[①]。

近年来，广州以建设"博物馆之城"为目标，全面提升博物馆的专业化、现代化、数字化水平，推动博物馆事业取得长足发展。出台了全国第一部地方性博物馆专项法规《广州市博物馆规定》，制定了《广州市博物馆扶持资金管理办法》。市属各博物馆建立了理事会制度，探索政府、社会力量共同管理博物馆的新路子。市属博物馆与非国有博物馆结对，帮扶非国有博物馆发展，基本形成以国有文化部门所属博物馆为主体、行业和非国有博物馆为重要补充的博物馆体

---

① 广州市文化广电旅游局. 广州地区博物馆寻踪［M］. 广州：广州出版社，2022.

系①。广州地区拥有备案登记的博物馆73家。其中，国家一级博物馆8家、二级博物馆6家、三级博物馆7家，另有一批已经建成的博物馆正在办理备案登记手续。这些博物馆涵盖了历史、艺术、自然、体育、科技、非遗等门类，形成主体多元、类型丰富、特色鲜明、专题突出的发展格局。博物馆公共服务水平不断提升，日益成为人民美好生活不可或缺的一部分。

根据《广州市博物馆事业"十四五"发展规划和2035年远景目标》，广州地区博物馆事业将迎来大发展阶段。广大文博工作者将以建设"博物馆之城"为目标，以打造"红色文化、岭南文化、海丝文化、创新文化"品牌为主线，完善优化具有中国气派、岭南风格、广州特色的高质量博物馆体系。力争到2035年，全市博物馆数量达到300家以上，其中，国家一、二、三级博物馆数量翻一番，创建1家中国特色世界一流博物馆、3~5家卓越博物馆。各区域、各类别博物馆协调发展，形成布局合理、结构优化、特色鲜明、体制完善、功能完备的博物馆发展格局。文化遗产得到有效保护、价值全面激活，博物馆事业发展富有活力，为广州建成社会主义文化强国城市范例提供有力支撑。博物馆高质量文化服务充分满足人民群众美好文化生活需要。广州成为走在全国前列、引领粤港澳大湾区、具有国际知名度的名副其实的"博物馆之城"。

（一）国家一级博物馆

1. 广东省博物馆（广州鲁迅纪念馆）

广东省博物馆（广州鲁迅纪念馆）（图1-7）是一座省级综合性博物馆，于1959年10月1日正式开放，是首批国家一级博物馆和大湾区重要的文化旅游地标。现有珠江新城馆区和文明路馆区，建筑总面积7.7万平方米。珠江新城馆区建筑外观设计理念来源于传统漆盒，空间概念借鉴广东传统工艺品象牙球，整体创意为"绿色飘带上盛满珍宝的容器"；文明路馆区包括广州鲁迅纪念馆、中国国民党第一次全国代表大会旧址和广东贡院明远楼。

广东省博物馆（广州鲁迅纪念馆）馆藏集岭南文物之大成，汇聚历史、艺术、革命、自然等诸多种类于一体，是华南地区藏品数量最多、品类最丰富、特色最鲜明的博物馆。现有藏品总数32万余件（套），包括自然标本、化石等5.3

---

① 广东省文化和旅游厅. 广州大力推进"博物馆之城"建设 博物馆总数位居全省第一[EB/OL].（2022-05-19）[2022-08-10]. https://whly.gd.gov.cn/gkmlpt/content/3/3933/post_3933035.html#2628.

万余件（套）。其中，古代书画和陶瓷两类文物的数量和质量居于全国博物馆前列，外销艺术品、出水文物、华侨文物、潮州木雕、端砚等特色文物收藏在全国首屈一指。

图 1-7　广东省博物馆（广州鲁迅纪念馆）

2. 南越王博物院

南越王博物院（图 1-8）是以南越国重要考古遗存为依托的大型遗址类博物院，国家一级博物馆，分为王墓和王宫两个展区，下辖 3 个全国重点文物保护单位。王墓展区以 1983 年发现的南越文王墓为核心，该墓是岭南地区等级最高、规模最大、保存最好的汉代彩绘石室墓，墓中共出土一千多件（套）文物，被誉为"岭南文化之光"。王宫展区以南越国宫署遗址为核心，遗址叠压了自秦汉至民国共 13 个历史时期的文化层。其中由 1995 年发现的"石构水池"和 1997 年发现的"曲流石渠"组成的南越国御苑遗址，是目前发现年代最早、保存较为完好的秦汉宫苑实例，被誉为"广州历史文化名城的精华所在"。

a. 王宫展区　　　　　　　　　　　b. 王墓展区

图 1-8　南越王博物院

3. 广州博物馆

广州博物馆（图1-9）成立于1929年，是华南地区首座博物馆，是收藏、研究、展示、宣传广州历史文化的综合性城市博物馆，现为国家一级博物馆，全国、省、市爱国主义教育基地。主馆址镇海楼是广州老城标，始建于1380年，见证广州城市历史变迁，为第七批全国重点文物保护单位。

图1-9　广州博物馆

4. 广东民间工艺博物馆

广东民间工艺博物馆（图1-10）以广东地区最负盛名的清代建筑、全国重点文物保护单位陈家祠堂为馆址，国家一级博物馆，是收藏、研究和展览民间工艺的艺术类博物馆，收藏各类珍贵文物与现代工艺精品共计数万件，包括陶瓷、

图1-10　广东民间工艺博物馆

刺绣、剪纸、雕刻、漆器等多个种类，其中尤以石湾陶器、广州彩瓷、广绣、潮绣、象牙雕刻、潮州木雕、端砚、剪纸等最为丰富。馆里设有5个常设展览厅、3个专题展览厅、2个临时展览厅，围绕"民间工艺"这个主题，从不同角度和侧面反映广东地区民间工艺发展历史、文化内涵和现实状况。

5. 广州艺术博物院（广州美术馆）

广州美术馆成立于1957年，是中华人民共和国成立后的第一批美术馆之一。2000年，广州美术馆扩建为广州艺术博物院，并于麓湖之滨建成开放，于2015年和2020年先后被评为"国家重点美术馆"和"国家一级博物馆"，成为迄今为止全国唯一兼有这两个称号的艺术机构。2023年，坐落于海珠区艺苑路的广州艺术博物院（广州美术馆）（图1-11）新馆建成。

经过60多年的积累和发展，广州艺术博物院（广州美术馆）现有藏品33 000余件（套），珍贵文物4533件（套），其中一级文物118件（套），二级文物1845件（套），三级文物2570件（套）。藏品以中国历代书画为基础，以岭南绘画为重点，兼顾其他各类艺术品，其中以来自社会各界人士的捐赠为大宗。多年来，艺博院举办的展览、收藏项目等多次获评国家级奖项。

图1-11 广州艺术博物院（广州美术馆）

6. 广东革命历史博物馆（广州近代史博物馆）

广东革命历史博物馆（广州近代史博物馆）（图1-12）于1959年10月1日正式建馆并对外开放，馆名由叶剑英元帅题词，是国家一级博物馆，管辖广东咨议局旧址、广州公社旧址、中华全国总工会旧址、越南青年政治训练班旧址等多处革命旧址、古建筑和近代历史文化遗迹。其中，广东咨议局旧址、广州公社旧址、中华全国总工会旧址为国家重点文物保护单位，同时也是全国爱国主义教育示范基地、全国职工爱国主义教育基地、党员教育基地、粤港澳青年交流基地。现有文物文献藏品6.5万多件（套），历史照片2.5万多张。

图1-12　广东革命历史博物馆（广州近代史博物馆）

7. 孙中山大元帅府纪念馆

孙中山大元帅府纪念馆（图1-13）坐落在珠江南岸，毗邻海珠桥，是依托1996年国务院公布的全国重点文物保护单位广州大元帅府旧址而建的纪念馆，2024年被评为国家一级博物馆。1917—1925年，孙中山三次在广东建立革命政权，其中两次在此开府办公，这里是孙中山护法运动的大本营，国民革命的策源地，更是中国共产党第一次成功运用统一战线这一革命法宝并取得辉煌成就的重要见证地。

广州大元帅府旧址是全球现存孙中山与宋庆龄共同生活时间最长、规模最宏伟的旧址，其前身为兴建于1906年的广东士敏土厂，现存门楼、两栋中西合璧的外廊式建筑。

图1-13 孙中山大元帅府纪念馆

8. 辛亥革命纪念馆

辛亥革命纪念馆（图1-14）成立于2011年10月，为纪念辛亥革命100周年而建。它通过"开辟共和新纪元——辛亥革命主题展"和"辛亥革命时期广东名人展"，阐述辛亥革命为中国的进步打开闸门的历史意义；它通过共和大道上的每一位辛亥革命先贤，讲述中国人在民族复兴的求索之路上披荆斩棘、历尽艰辛、坚贞不渝的精神；它通过收藏文物和举办社会教育活动，让革命历史精神、红色文化血脉代代相传、铸魂育人。

目前，辛亥革命纪念馆是国家一级博物馆、广东省和广州市爱国主义教育基地、广州市优秀党员教育基地、海峡两岸交流基地（辛亥革命纪念馆交流点）、粤港澳青少年交流活动基地、国家级AAA旅游景区。

图1-14 辛亥革命纪念馆

（二）广州地区博物馆名录（表1-1）

表1-1 广州地区博物馆名录

序号	总馆名称	分馆名称	馆舍地址	级别
1	广东省博物馆（广州鲁迅纪念馆）	广东省博物馆	天河区珠江东路2号	一级
2		广州鲁迅纪念馆	越秀区文明路215号	
3	南越王博物院	南越王博物院（王墓展区）	越秀区解放北路867号	一级
4		南越王博物院（王宫展区）	越秀区中山四路316号	
5	广州博物馆	广州博物馆	越秀山镇海楼	一级
6		三元里人民抗英斗争纪念馆	白云区广园中路34号	
7		三·二九起义指挥部旧址纪念馆	越秀区越华路小东营5号	
8	广东民间工艺博物馆		中山七路恩龙里34号	一级
9	广州艺术博物院		海珠区艺苑路198号	一级
10	广东革命历史博物馆	广东革命历史博物馆	越秀区陵园西路二号大院2号	一级
11		黄埔军校旧址纪念馆	黄埔区长洲岛军校路170号	
12		中华全国总工会旧址纪念馆	越秀区越秀南路89号	
13		广州起义纪念馆	越秀区广州起义路200号之一	
14		团一大纪念馆	越秀区越秀南路	
15	孙中山大元帅府纪念馆		海珠区纺织路东沙街18号	一级
16	辛亥革命纪念馆		黄埔区金洲北路563号	一级
17	毛泽东同志主办农民运动讲习所旧址纪念馆		越秀区中山四路42号	二级
18	番禺博物馆		番禺区沙头街银平路121号	二级

续上表

序号	总馆名称	分馆名称	馆舍地址	级别
19	粤剧艺术博物馆		荔湾区恩宁路127号	二级
20	广东中医药博物馆		番禺区广州大学城外环东路232号广州中医药大学综合楼北楼	二级
21	中山大学博物馆（校史馆）		海珠区新港西路135号中山大学543栋和马文辉堂	二级
22	广州东方博物馆		番禺区石楼镇浮莲路118号	二级
23	广州市越秀区博物馆		越秀区惠福西路五仙观内	三级
24	广州市花都区博物馆（洪秀全纪念馆）	广州市花都区博物馆	花都区秀全街大埗村大埗吉祥街1号	三级
25		广州民俗博物馆	花都区新华街道三华村三华路40号	
26	广州市海珠博物馆（邓世昌纪念馆）	广州市海珠博物馆	海珠区宝岗大道中龙涎里2号	三级
27		粤海第一关纪念馆	海珠区新港东路石基村黄埔古港	
28		十香园纪念馆	海珠区江南大道中怀德大街3号	
29	广州货币金融博物馆		天河区迎福路527号广东金融学院	三级
30	广州体育文化博物馆（广州亚运会亚残运会博物馆）		天河区天河路299号	三级
31	广州十三行博物馆		荔湾区西堤二马路37号	三级
32	广东环亚美容化妆品博物馆		广州科学城南云一路18号	三级
33	中国共产党第三次全国代表大会会址纪念馆	中国共产党第三次全国代表大会会址纪念馆	越秀区恤孤院路3号	
34		杨匏安旧居陈列馆	越秀区越华路116号	

续上表

序号	总馆名称	分馆名称	馆舍地址	级别
35	南汉二陵博物馆		番禺区大学城华师一路8号	
36	广州海事博物馆		黄埔区穗东街庙头旭日街22号	
37	广州市黄埔区博物馆		黄埔区电厂西路	
38	广州市从化区博物馆		城郊街河滨北路616号	
39	广州市增城区博物馆		增城荔城街府佑路138号	
40	广州市荔湾区博物馆		荔湾区龙津西路逢源北街84号	
41	陈树人纪念馆		越秀区署前路10号	
42	广州市白云区博物馆		白云区均禾街均和墟均和一街1号	
43	广州市天河区博物馆		天河区汇彩北路8号3楼	
44	中山大学人类学博物馆		海珠区新港西路135号334栋三层	
45	中山大学医学博物馆		越秀区中山二路74号中山大学北校园	
46	粤海关博物馆		荔湾区沿江西路29号	
47	广东外事博物馆		荔湾区沙面南街20号	
48	广东华侨博物馆		越秀区二沙岛海山街8号	
49	广东省工艺美术博物馆		海珠区新港东路2519号自编32号	
50	廖仲恺何香凝纪念馆		海珠区仲恺农业工程学院内	
51	广州市岭南金融博物馆		越秀区西湖路流水井29号	
52	陈李济中药博物馆		海珠区广州大道南1688号	
53	珠江—英博国际啤酒博物馆		新港东路磨碟沙大街118号	
54	高剑父纪念馆		越秀区解放北路861号首层	
55	詹天佑故居纪念馆		荔湾区恩宁路十二甫西街	
56	广州神农草堂中医药博物馆		白云区沙太北路389号	

续上表

序号	总馆名称	分馆名称	馆舍地址	级别
57	广东省凉茶博物馆		黄埔区广州开发区科学城金峰园路2号	
58	广州市南华珠宝矿物博物馆		番禺区石楼镇华山路珠江3号6栋1层	
59	广州市迪士普音响博物馆		白云区江高镇夏荷路1号	
60	广州市天河区正佳自然科学博物馆		天河区天河路228号601房	
61	广州市东平典当博物馆		越秀区中山四路1号	
62	广州恒福茶文化博物馆		天河区金穗路719号中海观园国际3楼	
63	广州市普公古陶瓷博物馆		越秀区德政南路53号	
64	广州好普艺术博物馆		黄埔区科学城观虹路12号兴普大厦A座4楼	
65	广州从都博物馆		从化区从都大道1号	
66	广州市番禺区明珠古陶瓷标本博物馆		番禺区沙湾镇龙岐村岐头环村路2巷1号	
67	广州市松园广作家具博物馆		白云区江高镇大岭南路78号	
68	广州市赵氏天水堂博物馆		花都区狮岭镇龙泉西路四号	
69	广州地铁博物馆		海珠区万胜围万胜广场C塔裙楼负一层至二层	
70	广州花园酒店博物馆		越秀区华乐街道环市东路368号花园酒店1号楼西南侧P层（3层）	
71	广州铁路博物馆		荔湾区黄沙大道誉江路3号	
72	广州华侨博物馆		越秀区沿江西路183号	
73	华南农业博物馆		天河区五山路483号华南农业大学16号楼	

（以上数据截至2023年10月）

四、广州非物质文化遗产①

非物质文化遗产是优秀传统文化的重要组成部分,是活态传承的文化遗产。非物质文化遗产简称"非遗",是联合国教科文组织的统一用语,与物质文化遗产相对应。非遗是通过物质载体让人视觉、听觉或味觉等能感受到的可传承的无形遗产。非遗项目分十大类别,涵盖生活的各个方面,包括民间文学、传统戏剧、传统音乐、传统舞蹈、曲艺、传统美术、传统技艺、传统医药、传统体育和民俗等。

广州是岭南文化重要发祥地和海上丝绸之路起点之一,有"千年商都"之称。在这片土地上孕育的非遗资源,是中华优秀传统文化的重要组成部分。当前,广州市非遗保护工作发展态势良好,形成了党委领导、政府统筹、部门协同、社会参与的非遗保护新格局;实现着助力一线城市高质量发展、满足人民群众美好生活升级需求、推动粤港澳大湾区建设、服务国家重大战略的非遗保护新作为;注重活化利用,"非遗+"、非遗"五在"等富有特色的"广州经验"为非遗传承发展带来新活力。这些新格局、新作为、新活力,为新时期非遗保护提速升级和可持续发展奠定了坚实基础,让非遗绽放出更加迷人的光彩。

(一)新格局:搭建非遗保护的四梁八柱

自 2007 年起,市、区两级非遗主管机构和非遗保护中心纷纷设立。其中,广州市非遗保护中心于 2007 年 2 月在广州市文化馆挂牌成立,2015 年广州市文化广电新闻出版局(现广州市文化广电旅游局)成立非遗处,各区也相应设立区非遗科和区非遗保护中心,非遗保护机构得以不断完善。

2006 年,广州市建立市级非遗保护工作联席会议制度,成立了广州市非遗保护工作专家委员会。近年来,先后出台《广州市非物质文化遗产保护办法》《广州市市级非物质文化遗产代表性传承人认定与管理办法》《广州市关于进一步加强非物质文化遗产保护工作的实施方案》等政府规章和规范性文件,逐步健全非遗制度体系,为全面提升广州非遗保护工作的规范化、制度化、专业化水平提供了有力的制度支撑。

---

① 资料来源:广州市非物质文化遗产保护中心编修的《非遗保护的广州经验》。

迄今，广州市已认定八批市级非遗代表性项目和八批代表性传承人，共有市级非遗代表性项目216项（含扩展项目），其中人类非遗代表作2项［粤剧和古琴艺术（岭南派）］，国家级项目21项，省级项目95项；现有市级非遗代表性传承人267名，其中国家级传承人12名，省级传承人74名。在全省率先开展非遗工作站建设，并已认定21个市级非遗工作站，成功申报1个省级非遗工作站。认定4批次市级非遗传承基地，其中2024—2026年度认定传承基地154个。成功创建了广府文化（越秀）生态保护实验区和粤剧粤曲文化（荔湾）生态保护实验区2个省级文化生态保护区，加强文化遗产整体保护。目前广州市已对所有的市级非遗代表性项目和代表性传承人分门别类建立档案，同时以数字化手段进行抢救性保护。依托丰富的高校和研究机构资源，广州出版了多部非遗专著，开展多项具有引领性、前瞻性的课题研究，保持非遗理论研究处于全国前沿。

近年来，广州市大力推动建设多层次的非遗传承体验设施体系。除在广州市文化馆广州非遗展示中心、广州粤剧院新院、广东非物质文化遗产展示中心等开展专业场馆建设外，还在西关永庆坊景区、北京路文化旅游区两个4A景区先后设立广州非遗街区，引导非遗集聚化发展。

广州市在非遗保护工作中注重社会力量联动。在2024—2026年度认定的154个传承基地中，有110所是各类学校，还有多家景区、博物馆、文化传媒机构等，搭建了社会各界参与非遗传承的平台。在市级工作站的建设中，旨在打造多方联动共同保护非遗的开放性平台，正佳广正街、广州古玩城、广州日报、新华书店等社会各行业力量以及多所高校都成为建站牵头单位。合作共建方面，有广州市文广旅局与恭王府博物馆合作建设"国家非物质文化遗产展览展示研究中心（华南展示基地）"与"中国传统工艺振兴计划（广州）协同创新中心"两个国字号非遗中心的学术机构。

（二）新作为：增强人民群众对非遗的参与感、获得感、认同感

《广州市进一步加强非物质文化遗产保护工作的实施方案》提出目标："到2025年，人民群众对非遗的参与感、获得感、认同感显著增强。""到2035年，非遗得到全面有效保护。充分发挥岭南优秀传统文化在实现人文湾区建设中赓续血脉、增强认同的积极作用，充分体现非遗在推动经济社会可持续发展和服务国家重大战略中的重要作用，全面提升非遗在建设社会主义文化强国城市范例中的突出作用。"

广州非遗保护工作长期致力于服务广州作为一线城市的高质量发展。2018年在永庆坊建立第一条非遗街区，2021年举办庆祝中国共产党成立100周年的"记录我们的新时代——广州非遗新作品宣传展示活动"，多年来，广州市还培育了"文化和自然遗产日非遗宣传展示系列活动""广州市青少年醒狮大赛""非遗课来了""广作华章系列展""广州非遗开放日""广州非遗体验游""广州非遗购物节""广州非遗新生代研培"等品牌活动，不断满足人民群众美好生活升级需求，同时通过"请进来"和"走出去"两种途径，积极开展非遗助力乡村振兴工作。

（三）新活力：实现非遗的创造性转化和创新性发展

早在2016年广州推出的首部地市非遗蓝皮书《广州市非物质文化遗产保护发展报告》中，就已经提出"重视活化利用"的广州经验，这一提法在当时已走在全国前列。如今，广州市全面启动广州非遗活化利用工程，秉持创造性转化、创新性发展的理念，开展广绣传统图案转化应用、广式家具余料创新利用等实践，同时在非遗文创商品开发方面亦取得显著成果。

当前，广州正在快速推动"非遗+各行业"融合发展，如非遗+时装、非遗+教育、非遗+旅游、非遗+演艺、非遗+电影、非遗+交通、非遗+科技、非遗+游戏等，更加充分地发挥起非遗服务当代、造福人民的作用。比如，"非遗+演艺"方面，大型舞剧《醒·狮》将民族舞蹈与广东狮舞相融合，于2019年荣获第11届中国舞蹈"荷花奖"舞剧奖；"非遗+电影"方面，广州粤剧院出品的粤剧电影《南越宫词》用电影语言彰显粤剧之美，于2021年底一举斩获第34届中国电影金鸡奖最佳戏曲片奖。

在广州，非遗从"五进"提升到"五在"新阶段，即"非遗在校园""非遗在社区""非遗在商圈""非遗在景区""非遗在博物馆"，不断强化大众参与。其中，"非遗在校园"方面，据不完全统计，全市至少有500所学校长期开展非遗活动，自2019年开展全国"非遗进校园"十大优秀案例评选活动以来，广州市申报的案例连续两年分别入选十大优秀实践案例和十大创新实践案例，成为全国唯一连续两届双入选的城市。

历经多年的传承保护与发展振兴，如今广州非遗的发展，是依托更强的传承活力，推进非遗与社会各界的深度跨界合作，并将非遗充分融入旧城改造、新型城镇化建设、城市基层治理、乡村振兴、粤港澳大湾区建设、营商环境改善等城市发展重大事项中,让非遗保护成果更好地惠及人民群众,在更高起点上推动岭南优秀传统文化高质量、高水平发展振兴。

四、广州历史文化名城[①]

历史文化是城市的灵魂,历史文化名城是中华文脉的集中承载。广州自古就是我国南方重镇,自公元前214年赵佗建城至今,广州始终作为岭南政治、经济、文化中心。1982年,广州市成为国务院批准公布的第一批国家历史文化名城,自此国家历史文化名城的定位均被纳入历版城市总体规划的城市性质。广州历史文化名城保护与中国历史文化名城制度建设共同成长,历经四十二年,不断探索融入城市发展的保护范式。广州不断提升历史文化名城治理能力,建章立制,规划引领,逐步形成包含市域、历史城区、历史文化街区、历史文化名镇名村、历史风貌区、传统村落、不可移动文物、历史建筑、传统风貌建筑等物质文化遗产和非物质文化遗产的保护体系,探索保护历史文化遗产的多元化路径,倡导历史文化资源的合理利用。

作为国家首批历史文化名城,广州以敬畏历史、敬畏文化和敬畏生态的理念,用心用情保护延续历史文脉,推动历史文化与城乡可持续发展相融合。保护理念、保护范式从"底线保护"1.0时代、"保用结合"2.0时代,迈向"融入城乡发展"的3.0时代,从关注建筑风貌到关注街巷肌理,从历史文化遗产静态保护到以用促保,再到城市微改造有机更新,愈发重视人的情感和体验。

广州保护利用成效不断涌现。以规划引领实施,采用"绣花功夫"进行微改造,以"小规模、渐进式"有机更新方式,推进恩宁路、泮塘五约、北京路、沙面等重点历史文化街区和广州铁路博物馆、TIT创意园等历史建筑活化利用,成功打造一批历史文化保护传承典范区域和精品项目。

广州名城保护制度不断完善。以《广州市历史文化名城保护条例》为主干,持续出台促进历史建筑合理利用、历史建筑修缮监督管理与补助、文物活化利用、城市更新中加强历史文化保护传承等多项政策。2021年,在全国率先制定出台《广州市关于在城乡建设中加强历史文化保护传承的实施意见》,并以此为

---

① 广州市人民政府. 广州历史文化名城保护与发展高端峰会举行[EB/OL]. (2022 – 05 – 19)[2022 – 08 – 10]. https://www.gz.gov.cn/zlgz/wlzx/content/post_ 9058980.html.

纲领，以4项创新政策文件、20余项技术及工作指引为配套，构建了"1+1+4+N"的政策法规体系。

广州名城保护传承体系不断丰富。全市已划定20.39平方千米的历史城区，共有国家级历史文化名镇1个（广州市番禺区沙湾镇）、国家级历史文化名村2个（番禺区石楼镇大岭村、花都区炭步镇塱头村）、省级历史文化名村4个（天河区珠村、番禺区化龙镇潭山村、花都区花东镇高溪村、黄埔区九佛街道莲塘村）、传统村落91个，历史文化街区26片、历史风貌区19片、历史建筑828处，传统风貌建筑1206处。

广州历史文化保护力量不断壮大。恩宁路、新河浦历史文化街区先后创办"共同缔造委员会""路段居民互助会"，制定广州首个历史街区"共同缔造"委员会工作方案，推进建立规划设计、建设监管、公众参与等专家委员会制度。组织招募"名城守护官"志愿者和社区设计师，成立名城保护联盟，号召更多社会力量为广州名城保护建言献策。

近年来，广州的名城保护逐步得到全国乃至世界的认可，向世界生动讲述中国故事、广州故事。例如，恩宁路永庆坊入选《2020年上海手册》全球20个城市实践案例；"新河浦保护利用"项目荣获联合国人居署2019亚洲都市景观奖；2022年底，"'广州记忆'：历史文化名城数字平台建设"项目获评2022年"全球世界遗产教育创新案例奖"卓越之星奖。

在新的起点上，广州名城保护有了新目标。2022年底，《广州市历史文化名城保护五年行动计划（2022—2026年）》发布，提出到2026年，广州将促进优秀传统文化和现代都市文明交相辉映，推动实现老城市新活力、"四个出新出彩"取得阶段性成就，推动广州有序迈向"世界文化名城"。

（一）国家级历史文化名镇——沙湾镇

沙湾镇（图1-15）位于番禺区西部，镇区面积37.45平方千米，目前是广州市唯一的中国历史文化名镇，拥有着悠久的历史、得天独厚的自然环境和丰富的历史文化资源。

沙湾镇始建于南宋，是一个有着近800年历史的岭南文化古镇，原名善乡，因地处古海湾半月形的沙滩之畔，故名"沙湾"。沙湾镇保存了大量明、清、民国时期的古建筑，现存以留耕堂为典型代表的明清古祠堂70多座，还有三间两廊、镬耳屋、高楼、西式住宅、自由式民居等建筑，以及大量砖雕、木雕、石

图 1-15 沙湾镇

雕、灰塑、壁画等艺术精品。

沙湾镇拥有龙狮、飘色、广东音乐等多项国家及省级非遗项目,"广东音乐""沙湾飘色""沙坑醒狮"和"沙湾兰花"已成为沙湾镇的四大文化名片,此外诸如北帝诞、鳌鱼舞、扒龙舟、养兰、私伙局等传统文化至今活跃在民间,沙湾镇成为广府文化的集中展示地。

(二)国家级历史文化名村

1. 大岭村

石楼镇大岭村(图 1-16)原名菩山村,位于番禺区,其背靠菩山,面朝玉带河,石桥、古塔、祠堂、门楼、牌坊古迹环绕,拥有较完好的古建筑。自宋朝开村迄今已有近 900 年历史,是广州首个中国历史文化名村、第一批中国传统村落、首个全国美丽乡村示范村[①]。内有古塔立于村西南,祠堂、门楼、牌坊、古石桥、麻石巷随处可见,现存龙津桥、显宗祠、大魁阁塔、贞寿之门坊等文物古迹。大岭村钟灵毓秀,名人官宦众多,赋予古村深厚的人文气息。

---

① 广州市人民政府. 广州首个国家级历史文化名村大岭村保护规划公示[EB/OL]. (2022-06-01). https://www.gz.gov.cn/xw/zwlb/gqdt/fzq/content/post_ 8316371.html.

图 1-16 大岭村

2. 塱头村

塱头村（图 1-17）位于花都区炭步镇，紧依南粤珠江流域巴江河，村落河泊、水塘众多，具有珠江三角洲传统水乡的环境特色，是珠三角地区著名的"进士村""乡贤故里"，保留大量古建筑，其中明清时期青砖建筑有近200座，占地面积64 700平方米，为广州保存规模最大、极具岭南特色的古村落。村内有国家级非遗1项（广州灰塑）、省级非遗2项（元宵灯会投灯、中彩珐琅）。另有塱头三大祭、百老做寿、舞狮贺年、楹联文化、耕读文化、名人轶事和饮食文化等非遗7项。

图 1-17 塱头村

第五节　广州市旅游资源概述

一、旅游概述

旅游，是人类社会经济发展到一定阶段的产物。随着社会政治经济的发展，旅游已经成为人们日常生活不可或缺的重要物质需求和精神享受。现代旅游活动的广度、深度已经大大超越以往任何一个时代，大众旅游全面发展，旅游活动从单一景区景点向全域旅游、休闲旅游发展。党的十八大以来，红色旅游、乡村旅游、休闲度假旅游共同成为近年来旅游业发展的亮点。

自改革开放以来，广州作为国家级历史文化名城、旅游胜地，吸引了众多海内外旅游者，旅游业蓬勃发展，旅游经济呈现持续、快速、健康发展的良好态势，旅游总收入、综合竞争力居全国旅游城市前列。

广州旅游资源丰富多样，拥有积淀深厚的历史文化古迹，独具特色的广府文化遗产，典型的岭南自然风光，灵动的现代化都市新景观，共同构成广州丰富、立体、多样性的，以历史文化特色为主题的旅游产业。

（一）旅游的概念

旅游是旅行和游览相结合的活动，以旅行为手段，达到游览的目的，一般的原则是"旅速游缓"。

根据世界旅游组织的定义，旅游是指人们为休闲、商务或其他目的，离开惯常环境，到其他地方访问，连续停留的时间不超过一年的活动。

（二）旅游的特征

现代旅游具有明显的异地性、暂时性、享受性、综合性的特点，旅游已经成为一种涉及多领域的、内容丰富多彩的社会交往方式，是现代社会生活的重要组成部分。

（三）旅游的分类

根据旅游目的，旅游划分为消遣性旅游和事务性旅游两类。

消遣性旅游是以休闲享受为目的的旅游，包括观光、度假、娱乐、文化、宗教、探险、疗养、体育、保健、生态旅游等，事务性旅游是以公事或个人事务为主的外出旅游，包括公务、商务、会议、考察、专项、探亲访友、研学旅游等。

二、旅游活动的主体和客体

现代旅游活动是由旅游者、旅游资源、旅游业三大要素构成的。

（一）旅游者

旅游活动的主体是旅游者。旅游者是离开自己的居住地到另一个地方旅行，停留时间超过 24 小时以上的人。

要成为现实的旅游者，必须具备三个条件：对旅游的兴趣、拥有可自由支配的收入、闲暇的时间。

（二）旅游资源

旅游活动的客体是旅游资源，是旅游业发展的前提和基础。旅游活动的内容主要包括了旅游过程中的六大方面，即行、住、吃、游、购、娱，它涵盖了人们的物质需求和精神享受，其中"游"是最重要的核心要素，是旅游者的最终目的，游览是整个旅游活动最基本、最重要的内容，它最终是由旅游目的地的吸引物即旅游资源决定的。

1. 旅游资源的概念

旅游资源是自然界和人类社会对旅游者产生吸引力，可以为旅游业开发利用，并产生经济效益、社会效益和环境效益的各种事物和现象。

2. 旅游资源的分类

根据旅游资源的基本属性，它是由不同的要素组成的综合体，主要包括自然旅游资源和人文旅游资源两大类。

自然旅游资源是大自然赋予的，令旅游者产生美感或兴趣，由各种地理环境或生物构成的自然景观。它分为地文景观、水域景观、生物景观、天象与气候景观四大类。

人文旅游资源是人类创造的，反映各时代各民族政治、经济、文化和社会风俗民情状况，具有旅游功能的事物和因素，它分为建筑与设施、历史遗迹、旅游购品、人文活动四大类。

旅游资源虽然分为两大类，但并没有纯粹的自然资源和人文资源，它们两者互相渗透、互相影响，既有联系又有区别。为增加对旅游者的吸引力，在旅游资源实际开发中，常将不同类型的旅游资源结合起来共同开发，形成优势互补。如广州的旅游资源开发，已经从单一的景点或景区，向综合周边景点或景区发展，以文化为特色主题，形成有吸引力的全域旅游资源。

《广州构建世界级旅游目的地三年行动计划（2021—2023 年）》提出，坚持全域发展，文旅、景城、城乡、产城一体，以核心景区创建推动全域旅游发展，以全域旅游发展助力广州城市文化综合实力提升。

3. 旅游资源的特点

与传统资源不同，旅游资源一般具有综合性、地域性、不可移动性、文化性、可重复开发等特点。

三、旅游业

旅游活动的中介是旅游业，为旅游者提供各种旅游设施和服务，如交通运输业、旅行社业、酒店住宿业等。

（一）旅游业的概念、构成

旅游业是以旅游资源为凭借，以旅游设施为物质条件，从事招徕、接待旅游者，并提供交通、游览、住宿、餐饮、购物、文娱等劳务服务的综合性行业，又称无烟工业。

旅游业主要由旅行社、旅游景区、旅游饭店、交通运输、游乐场所、餐饮业、各级旅游管理组织等构成，具有明显的社会性、综合性，其中旅游业、交通运输业、住宿业是旅游业的三大支柱。

自 20 世纪 80 年代以来，我国旅游经济快速增长，产业格局日趋完善，市场规模品质同步提升，旅游业已成为国民经济的战略性支柱产业。

（二）旅游业的性质、特点

从旅游业的定义可以看出，旅游业不是生产实物形态的产业，旅游活动的本质和文化消费属性决定了旅游业是以出售劳务为特征的服务性行业，它属于第三产业，是无烟贸易。经营旅游业不可缺少三个因素，即旅游资源、旅游设施、旅游服务。旅游资源为经营旅游业提供吸引力，旅游设施为经营旅游业提供接待能力，旅游服务包括各种劳务和管理相结合的经营管理接待系统，是旅游接待重要的软件组成，而其中的导游服务是旅游业的灵魂。

旅游业具有综合性、服务性、文化性、涉外性的特点。

（三）旅游服务功能

旅游服务是旅游从业人员在接待旅游者过程中所提供的各种服务，主要包括导游服务、饭店服务、交通服务、组织管理方面的劳务活动。

四、广州市旅游资源的现状及开发情况

广州是首批国家级历史文化名城，是岭南文化的中心地、广府文化的发祥地。广州是古代海上丝绸之路的始发地，是全国唯一延续两千多年从未间断对外贸易交流的港口城市，素有"千年商都"的美誉。广州气候宜人，山明水秀，鲜花常年开放，被联合国评为"国际花园城市"，获联合国改善人居环境最佳范例奖。

从古至今，居住在广州的人民，创造了灿烂辉煌的文明。广州文化底蕴深厚，名胜古迹种类繁多，拥有灿若星辰的文物古迹、红色革命遗址、古建园林、名人旧居、非遗项目等，与广州日益发展的综合经济实力、综合城市功能、现代服务业、国际化营商环境方面不断交错融合，综合构成广州市多元化、多层次、立体化的丰富又独特的旅游资源。近年来，重点建设以岭南文化内涵为主体的广州全域旅游模式，文化与旅游深度结合，以旅游传播文化，以文化推广旅游，整体提升广州的旅游吸引力。

（一）全域旅游示范区

全域旅游重点打造整个区域为旅游区，是旅游发展的载体和平台，令旅游成为常态化的生活方式；从全要素、全行业、全过程、全方位、全时空等角度推进旅游产业发展，旨在实现旅游景观全域优化、旅游服务全域配套、旅游治理全域覆盖、旅游产业全域联动、旅游成果全民共享的目标。

目前，广州市的全域旅游示范区如下：国家级别的是番禺区，省级有增城区、从化区、越秀区、海珠区、天河区。市政府的发展重点是强化番禺作为国家全域旅游示范区的带动作用，引领全域旅游发展走在全国前列。

（二）广州市 A 级景区①

5A 级景区 2 家，4A 级景区 36 家，3A 级景区 57 家（截至 2023 年 8 月），见表 1-2。

表 1-2　广州市 A 级景区名录

A 级景区名录（5A　2 家）				
序号	数量	类别	所在区	名称	详细地址
1	2	5A	番禺	长隆旅游度假区	广州市番禺区迎宾路
2		5A	白云	白云山风景名胜区	广州市广园中路
A 级景区名录（4A　36 家）				
序号	数量	类别	所在区	名称	详细地址
1	10	4A	越秀	中山纪念堂	广州市东风中路 259 号
2		4A	越秀	西汉南越王博物馆	广州市解放北路 867 号
3		4A	越秀	黄花岗公园	广州市先烈中路 79 号
4		4A	越秀	越秀公园	广州市解放北路 988 号
5		4A	越秀	广州动物园	广州市先烈中路 120 号
6		4A	越秀	广州烈士陵园	广州市中山二路 92 号
7		4A	越秀	北京路文化旅游区（含南越王宫博物馆）	广州市北京路
8		4A	越秀	广州市中国共产党第三次全国代表大会会址纪念馆旅游区	广州市越秀区恤孤院路 3 号
9		4A	越秀	广州市毛泽东同志主办农民运动讲习所旧址纪念馆旅游区	广州市中山四路 42 号
10		4A	越秀	广州市广州起义纪念馆旅游区	广州市越秀区起义路 200-1 号

---

① 广州市文化广电旅游局. 广州市 A 级景区名录（2023 年 8 月更新）[EB/OL]. (2023-08-14). http://wglj.gz.gov.cn/zlxz/content/post_9158095.html.

续上表

序号	数量	类别	所在区	名称	详细地址
11	2	4A	海珠	广州塔	广州市海珠区阅江西路222号
12		4A	海珠	广州市海珠湿地公园景区	广州市海珠区新滘中路168号
13	6	4A	番禺	莲花山旅游区	广州市番禺区石楼镇西门路18号
14		4A	番禺	宝墨园	广州市番禺区沙湾镇紫坭村
15		4A	番禺	广东科学中心	广州市大学城西六路168号
16		4A	番禺	岭南印象园	广州市大学城外环西路
17		4A	番禺	沙湾古镇	广州市番禺区沙湾大巷涌路10号沙湾古镇
18		4A	番禺	广州市余荫山房景区	广州番禺区南村镇北大街
19	2	4A	从化	碧水湾温泉度假村	广州市从化流溪温泉旅游度假区（良口）
20		4A	从化	广州市石门国家森林公园景区	广州市从化区温泉镇石门国家森林公园
21	2	4A	天河	华南植物园	广州市天河区天源路1190号
22		4A	天河	正佳广场商贸旅游区	广州市天河路228号
23	2	4A	荔湾	陈家祠	广州市中山七路恩龙里34号
24		4A	荔湾	广州市西关永庆坊旅游区	广州市荔湾区恩宁路99号
25	4	4A	花都	九龙湖旅游度假区	广州市花都区花东镇九龙湖社
26		4A	花都	石头记矿物园	广州市花都区珠宝城大观路1号
27		4A	花都	圆玄道观	广州市花都区迎宾大道西38号
28		4A	花都	广州市融创文旅城旅游区	广州市花都区凤凰北路78号
29	2	4A	黄埔	南海神庙	广州市黄埔区庙头旭日街22号
30		4A	黄埔	广州市黄埔军校旧址纪念馆旅游区	广州市黄埔区长洲岛军校路170号大院
31	1	4A	增城	白水寨旅游度假区	广州市增城区派潭镇
32	3	4A	南沙	南沙滨海湿地景区	广州市南沙区万顷沙镇新垦18涌
33		4A	南沙	百万葵园	广州市南沙区万顷沙镇生态大道15涌
34		4A	南沙	南沙天后宫	广州市南沙区天后路88号

续上表

序号	数量	类别	所在区	名称	详细地址
35	2	4A	白云	广州神农草堂中医药博物馆	广州市沙太北路389号白云山和记黄埔中药有限公司
36		4A	白云	广州市城市规划展览中心旅游区	广州市白云区展览路1号

A级景区名录（3A 57家）

序号	数量	类别	所在区	名称	详细地址
1	5	3A	越秀	广州博物馆	广州市越秀区越秀公园内镇海楼
2		3A	越秀	广州艺术博物院	广州市越秀区麓湖路13号
3		3A	越秀	广州近代史博物馆	广州市越秀区陵园西路2号大院
4		3A	越秀	广州市南粤先贤馆—五仙古观文化旅游区	广州市越秀区惠福西路233号
5		3A	越秀	中国（广州）超高清视频创新产业示范园旅游区	广州市越秀区环市中路233号
6	9	3A	增城	增城何仙姑景区	广州市增城区小楼镇泰安路16号
7		3A	增城	大埔围美丽乡村景区	广州市增城区增江街大埔围村
8		3A	增城	广州二龙山花园	广州市增城区小楼镇邓山村
9		3A	增城	1978电影小镇	广州市增城增江街沿江东三路15号
10		3A	增城	广州市七彩澳游世界旅游区	广州市增城区珠村街联兴村金兴路北旁
11		3A	增城	广州市正果老街旅游区	广州市增城区正果镇正宁街16号
12		3A	增城	广州市仙村循环经济园旅游区	广州市增城区仙村镇碧潭村广州环投增城环保能源有限公司
13		3A	增城	广州市增城区瓜岭村——岭南古韵水乡文化旅游景区	广州市增城区新塘镇瓜岭村
14		3A	增城	广州市白江湖森林公园景区	广州市增城区正果镇浪拔村
15	1	3A	天河	十九路军淞沪抗日阵亡将士陵园	广州市水荫路113号
16	4	3A	黄埔	广东环亚美容化妆品博物馆	广州市黄埔区科学城南云一路18号
17		3A	黄埔	广东省凉茶博物馆	广州市黄埔区广州开发区科学城金峰园路2号

续上表

序号	数量	类别	所在区	名称	详细地址
18		3A	黄埔	辛亥革命纪念馆	广州市黄埔区长洲岛金洲北路563号
19		3A	黄埔	广州市福山循环经济产业园	广州市黄埔区新龙镇福山村福山循环经济产业园
20		3A	花都	洪秀全故居	广州市花都区新华街新华路52号
21		3A	花都	梯面红山村	广州市花都区梯面镇红山村
22		3A	花都	塱头古村	广州市花都区炭步镇塱头村
23		3A	花都	中国皮具产业文化创意园	广州市花都区狮岭镇阳光路6号
24		3A	花都	广州市世间香境七溪地景区	广州市花都区花东镇狮前村七溪路1号
25	8	3A	花都	广州市花都宝桑园景区	广东省广州市花都区缠岗村山前大道宝桑园
26		3A	花都	广州市赤坭循环经济园旅游区	广州市花都区赤坭镇鲤塘村广州环投花城环保能源有限公司
27		3A	花都	广州市资政大夫祠景区	广州市花都区新华街三华村三华路40号资政大夫祠
28		3A	海珠	邓世昌纪念馆	广州市宝岗大道龙涎里2号
29		3A	海珠	十香园纪念馆	广州市江南大道中怀德大街3号
30		3A	海珠	潘鹤雕塑艺术园	广州市广州大道南后滘西大街57号
31		3A	海珠	珠江琶醍啤酒文化创意艺术区（珠江—英博国际啤酒博物馆）	广州市海珠区新港东路磨碟沙大街118号
32		3A	海珠	太古仓码头景区	广州市海珠区革新路124号
33		3A	海珠	陈李济中药文化园	广州市海珠区广州大道南1688号
34	11	3A	海珠	广州地铁博物馆	广州市海珠区新港东路1228号万胜广场C塔裙楼
35		3A	海珠	孙中山大元帅府纪念馆	广州市海珠区纺织路东沙街18号
36		3A	海珠	广州市咏声动画科技馆旅游区	广州市海珠区南华东路草芳围2-1号
37		3A	海珠	广州市黄埔古港景区	广州市海珠区琶洲街道石基路512号
38		3A	海珠	广州市文化馆旅游区	广州市海珠区新滘中路288号

续上表

序号	数量	类别	所在区	名称	详细地址
39	3	3A	番禺	永华艺术馆	广州市番禺区石基镇市莲路南浦村段3号
40		3A	番禺	广州市紫泥堂文化创意园景区	广州番禺区沙湾镇紫坭西安路7号
41		3A	番禺	广州西坊大院文化旅游景区	广州番禺区市桥街环城西路264号
42	10	3A	从化	从化宝趣玫瑰世界	广州市从化区城郊街西和村
43		3A	从化	从化溪头旅游村	广州市从化区良口镇溪头村
44		3A	从化	客天下·广州国际旅游区	广州市从化区江埔街锦三村大金峰径666号
45		3A	从化	广州市流溪河森林公园景区	广州市从化区良口镇流溪河林场香雪大街48号
46		3A	从化	广州市南平静修小镇旅游区	广州市从化区温泉镇南平村
47		3A	从化	广州市西塘稻草农业公园景区	广州市从化区鳌头镇西塘村一队
48		3A	从化	广州市香蜜山生态旅游区	广州市从化区吕田镇安山村大塘社23号
49		3A	从化	广州市麦田生态园旅游区	广州市从化区鳌头镇横坑村新三社55号
50		3A	从化	广州市天人山水旅游区	广州市从化区太平镇上清幽街1号
51		3A	从化	广州市从化国医园景区	广州市从化区太平镇格塘村8号
52	3	3A	白云	广东修学旅游体验园	广州市白云区同泰路1111号
53		3A	白云	广州市迪士普音响博物馆	广州市白云区江高镇夏荷路1号
54		3A	白云	广州市帽峰山森林公园景区	广州市白云区头陂路168号
55	1	3A	荔湾	广州市沙面·西堤旅游区	广州市荔湾区黄沙大道192号
56	2	3A	南沙	广州市南沙十八罗汉山森林公园景区	广州市南沙区大岗镇繁荣路十八罗汉山森林公园
57		3A	南沙	广州市云纱星韵非遗文化园景区	广州市南沙区榄核镇星海路40号之二

（三）旅游休闲街区

国家级：广州市荔湾区永庆坊。

省级：广州市荔湾区永庆坊、潮州市湘桥区牌坊街、中山市石岐街道孙文西路、惠州市惠城区水东街、江门市蓬江区启明里、深圳市南头古城、东莞三十三文化创意休闲街区、佛山市南风古灶旅游休闲街区、珠海市斗门旧街、惠州市祝屋巷、江门市新会冈州文化旅游商业步行街区、广州市1978电影小镇、深圳市大鹏所城旅游休闲街区、佛山创意产业园。

（四）5C级自驾车旅居车营地

北纬23°8′森林营地。

（五）工业旅游精品线路

药醉之旅、观星康美之旅、热电力与珠江钢琴工业之旅、福山园区与黄埔乳业之旅、"广州热电力与珠江钢琴工业之旅"线路、广州绿色环保工业生态之旅。

（六）历史文化游径

历史文化游径是文旅部门依托广东丰富的文化遗产资源，有效整合沿线的历史文化和旅游资料，以历史文化专题为主，串联区域内价值突出、保存较好的历史文化遗产，以及沿线重要的文化遗产和自然资源景观，构成以历史文化为主题的旅游区域线路。历史文化游径有力促进广州市文化遗产的保护与传承，推动文旅融合发展，加快文旅强市的建设。

1. 广东省历史文化游径

2020年4月，广东省文化和旅游厅公布了广东省历史文化游径第一批64条，广州有3条；2021年6月，公布了广东省第二批粤港澳大湾区文化遗产游径18条，广州有5条；2023年4月，发布4条考古游径，其中广州1条。

第一批：广州南国红豆鉴赏历史文化游径、广州红色羊城主题历史文化游径、广州广府古驿道历史文化游径。

第二批：广州西医东渐游径、广州近代工业遗产游径、广州近代商埠游径、广州粤剧名伶纪念游径、广州虎门炮台游径。

第三批：珠三角考古游径。

2. 广州市历史文化游径

2022年6月，广州市文物局根据广州市丰富的历史文化资源遗产，深入挖掘国家级历史文化名城的内涵，推出传统中轴线、古城印记线、鲁迅足迹共三条历史文化游径，旨在让游客深入了解广州的悠久历史文化，读懂广州，领略广州千年古城的历史风貌。

传统中轴线（图1-18）：人民公园—南越王博物院（王宫展区）—北京路古道遗址—南越国木构水闸遗址—文明路（原明清广州城墙南段）—玉带濠（原南城濠）—万福路（原明清广州外城墙南段）—天字码头。

图1-18 传统中轴线游踪

古城印记线（图1-19）：四方炮台遗址—镇海楼—广州明城墙—石牌坊—光孝寺—西门瓮城遗址。

图 1-19 古城印记线游踪

鲁迅足迹（图 1-20）：北园酒家喝早茶—鲁迅创办的北新书屋旧址—鲁迅纪念馆（钟楼）—白云楼鲁迅故居—永汉电影院—许地—太平馆西餐厅。

图 1-20 鲁迅足迹游踪

（七）"读懂广州"文化旅游精品线路

2022年1月至6月，广州市文化广电旅游局分四期推出"读懂广州"文化旅游精品线路。

首期推出30条，以"读懂红色广州""读懂千年广州""读懂商贸广州"为主题；第二期以"读懂食在广州""读懂生态广州""读懂乡愁广州"为主题，推出31条；第三期以"读懂甜蜜广州""读懂活力广州"为主题，推出20条；第四期以"读懂艺术广州""读懂民俗广州"为主题，推出20条。四期合计101条线路。

"读懂广州"文化旅游精品线路是在深入研究、发掘和开发广州的红色文化、悠久历史、商旅文化、特色民俗、艺术风采、非遗项目、自然生态等特色资源的基础上，倾力打造的文旅产品。游客通过游览、体验、度假、慢生活等沉浸式参与，全方位、多维度感悟千年古城广州的风韵，读懂广州，熟悉广州，热爱广州，进而宣传广州，领略、传承和创新广州数千年的传统、文化、精神。

2023年的5·19中国旅游日，广州市文化广电旅游局正式发布2023"读懂广州"文化旅游精品线路，包括读懂红色广州、读懂千年广州、读懂海丝广州、读懂商贸广州、读懂艺术广州、读懂活力广州、读懂民俗广州、读懂甜蜜广州、读懂食在广州、读懂生态广州、读懂湾北广州、读懂乡愁广州，共12个主题112条线路，涵盖11个区、95个A级旅游景区和全市重要的文博场馆，彰显了广州"向往之城"的魅力。

（八）红色旅游精品线路

红色旅游，是以中国共产党领导人民群众在革命战争过程中所形成的纪念地、标志物为载体，以革命历史、革命事迹和革命精神为内涵，组织接待旅游者开展缅怀学习、传承精神、参观游览的旅游活动。

广州是中国近现代革命策源地，是中国改革开放的前沿地，是一座具有光荣革命传统的英雄城市。近现代史上的众多重要历史事件，最早都在广州发生，并产生深远的影响。如林则徐禁烟、三元里抗英斗争、康梁变法的宣传、洪秀全早期活动、孙中山三次建立革命政权、同盟会领导的广州起义、国民党一大召开、黄埔军校的创立、东征北伐等。中国共产党人和革命志士为了争取民族独立和人民解放，实现国家富强和民族复兴，在广州开展了一系列重要的革命活动，如召开中共三大、领导广州起义建立第一个城市红色政权、领导工人运动、开展省港大罢工、领导农民运动等。革命先辈经过艰苦卓绝的斗争，留下无数宝贵的红色革命遗址。

目前，广州有红色革命遗址 115 处、广州市爱国主义教育基地 85 个。通过一系列文物史迹、红色革命遗址，反映了辛亥革命、广州起义、中国共产党早期活动等重大历史事件，展示了广州作为中国近现代革命策源地的英雄城市形象，激发爱国热情、振奋民族精神，传承文化核心价值。作为文旅志愿者，更要在工作中积极推动红色文化旅游，主动开展爱国主义和革命传统教育，延续红色文脉，传承红色基因。

2021 年，为庆祝中国共产党成立 100 周年，文化旅游部等部门联合发布"建党百年红色旅游百条精品线路"，广州市的"红色广州·革命之城"精品线路入选"重温红色历史、传承奋斗精神"的主题线路，展示了中国共产党在多个历史时期的重要标识和中国共产党百年来"为中国人民谋幸福、为中华民族谋复兴"的光辉历程。

"红色广州·革命之城"精品线路：广州市黄花岗七十二烈士墓—黄埔陆军军官学校旧址—中共三大会址纪念馆—毛泽东同志主办农民运动讲习所旧址—广州起义纪念馆和烈士陵园。

这条线路融合了辛亥革命、中共三大、农民运动、建立第一个苏维埃政权等重要历史事件，游览中油然生出对革命先辈的缅怀、敬仰之情，感念和平生活来之不易，加深对中国历史、中国革命史的了解和感悟，接受了生动的爱国主义、革命传统教育。

2023 年 2 月，广州推出"读懂红色广州" 10 条文化旅游精品线路，分别为"红色广州·革命之城"精品线路、中国革命统一战线史迹之旅、"广州起义"红色之旅、广州抗战史迹之旅、改革开放窗口之旅、毛泽东足迹之旅、周恩来足迹之旅、寻迹大革命历史之旅、工人运动之旅、青年运动之旅。倡导广大市民游客通过深体验、微度假、慢生活的方式，多维度、全方位读懂千年古城风韵，积极赋能广州建设成为世界级旅游目的地，推动文化旅游市场持续繁荣，再创新绩。

（九）乡村旅游线路

乡村旅游是指以乡村空间环境为依托，以乡村独特的生产形态、民俗风情、生活形式、乡村风光、乡村居所和乡村文化等为对象规划设计和组合产品，集观光、游览、娱乐、休闲、度假和购物于一体的旅游形式。

目前，广州市有全国乡村旅游重点村 5 个、广东省文化和旅游特色村 23 个、广州市旅游文化特色村 17 个、旅游风情小镇 2 个、国家乡村振兴示范县 1 个、广州市的省级乡村旅游精品线路 14 条。作为文旅志愿者，要熟悉每条线路的特色和优势，做好线路的宣传推广工作，根据实际情况优化讲解和反馈，确保乡村旅游精品线路的品质。

全国乡村旅游重点村：从化区温泉镇南平村、从化区吕田镇莲麻村、番禺区石楼镇大岭村、从化区城郊街西和村、增城区增江街大埔围村。

广东省文化和旅游特色村：从化区吕田镇莲麻村、从化区城郊街西和村、从化区鳌头镇西塘村、从化区温泉镇南平村、增城区增江街大埔围村、增城区荔城街莲塘村、花都区梯面镇红山村、番禺区石楼镇大岭村、增城区新塘镇瓜岭村、增城区正果镇蒙花布村、从化区良口镇米埗村、南沙区东涌镇大稳村、白云区人和镇凤和村、海珠区琶洲街道黄埔村、从化区江埔街凤二村、从化区江埔街锦二村、番禺区沙湾镇紫坭村、花都区花东镇港头村、番禺区沙湾街道沙湾北村、从化区江埔街道锦三村、从化区江埔街道罗洞村、花都区赤坭镇竹洞村、增城区正果镇畲族村。

广州市旅游文化特色村：从化区城郊街西和村、从化区吕田镇莲麻村、从化区鳌头镇西塘村、增城区增江街大埔围村、花都区梯面镇红山村、番禺区石楼镇大岭村、从化区温泉镇南平村、花都区炭步镇塱头古村、增城区荔城街莲塘村、白云区人和镇凤和村、增城区新塘镇瓜岭村、南沙区东涌镇大稳村、增城区正果镇蒙花布村、从化区良口镇米埗村、荔湾区聚龙古村、花都区花山镇洛场村、从化区江埔街道锦三村。

旅游风情小镇：番禺区沙湾镇、花都区梯面镇。

国家乡村振兴示范县：从化区。

广东省乡村旅游精品线路：从化慢享康养休闲游、海珠黄埔古港古村海丝文化游、黄埔长洲慢岛文化游、花都乡村文化遗产游、番禺水乡文化游、南沙水乡生态游、从化红色文化田园风光游、增城绿道乡韵游、增城乡村粤菜寻味游、番禺山水园林美食、从化生态休闲游、从化区乡村生态文化研学游、番禺美丽乡村红色游、增城生态乡村精品潮玩线路。

2023 年，文化和旅游部推出了 2023 年第二期"乡村四时好风光"全国乡村旅游精品线路 143 条，其中，广州市增城"亲子研学田园之旅"成功入选。具体路线：仙泉湖牧场—仙湖农耕文化基地—仙基荔枝文化博览园—风行牛奶石滩加工厂—大埔围美丽乡村景区。

（十）研学线路

中小学生研学旅行是由教育部门和学校有计划组织安排，通过集体旅行、集中食宿方式开展的研究性学习和旅行体验相结合的校外教育活动，是学校教育和校外教育衔接的创新形式，是教育教学的重要内容，是综合实践育人的有效途径。

开展研学旅行，有利于促进学生培育和践行社会主义核心价值观，激发学生对党、对国家、对人民的热爱之情；有利于推动全面实施素质教育，创新人才培养模式，引导学生主动适应社会，促进书本知识和生活经验的深度融合；有利于加快提高人民生活质量，满足学生的旅游需求，从小培养学生文明旅游意识，养成文明旅游行为习惯。

2017年9月教育部印发《中小学综合实践活动课程指导纲要》，将研学课程纳入中小学必修课程，与学科课程并列设置，成为基础教育课程体系的重要组成部分，自小学一年级至高中三年级全面实施。

1. 六大主题研学线路

2022年7月，广州市教育局、市文广旅局等以"喜迎二十大　新时代好少年走读广州"为题，发布红色之城、智造之城、文化之城、生态之城、商贸之城、文明之城六大主题研学路线，引领穗港澳青少年读懂广州、热爱广州、奉献广州，讲好广州故事，为广州未来的发展凝聚更多青春之力。

2. "读懂研学广州"研学课程

2022年8月，广州市文化广电旅游局和华南国家植物园启动主题为"读懂研学广州"的研学季，深挖和拓展"读懂广州"内涵，推出劳动体验、体育健康、科技制造、历史人文、红色文化、社会生活、自然地理、职业体验、乡村体验、植物科普十大领域七十组精品研学课程，倡议学生"读万卷书，行万里路"，在研学体验中"读懂广州"。

3. 港澳青少年研学实践教育基地

2023年7月，为加强粤港澳青少年交流合作，支持港澳青少年融入国家、参与国家建设，广州市教育局、市文化广电旅游局优先选出涵盖爱国主义教育、国情教育、人文历史、国防科工、劳动教育等内容的15个基地。

（十）国家级夜间旅游文化和旅游消费集聚区

2021年、2022年，文旅部分别公布了两批国家级夜间文化和旅游消费集聚区名单，广州市北京路、广州市正佳广场、广州市长隆旅游度假区、广州市广州塔旅游区（图1-21）入选。

图1-21 广州塔

思考题：

1. 文化和旅游志愿服务有哪些功能和意义？
2. 文化和旅游志愿服务与文化和旅游公共服务的区别在哪里？
3. 我国文化和旅游志愿服务发展经历了哪几个阶段？
4. 结合广州市文旅志愿服务发展目标和工作实际，谈谈如何做好文旅志愿服务工作？
5. 广州市地方规范性文件有哪些？
6. 谈谈如何结合广州的文物、博物馆、非物质文化遗产以及历史文化名城建设工作，开展志愿服务？
7. 什么是全域旅游？如何结合志愿服务工作将广州打造成全域旅游示范区？

（撰稿人：赖皓贤、郑小炉、董帅、柯欢玲、黄珩）

第二章
文化和旅游志愿服务工作者实务

2019年7月,在中国志愿服务联合会第二届会员代表大会召开之际,习近平总书记致以贺信,信中提及,"希望广大志愿者、志愿服务组织、志愿服务工作者立足新时代、展现新作为,弘扬奉献、友爱、互助、进步的志愿精神,继续以实际行动书写新时代的雷锋故事"。贺信中首次提出"志愿服务工作者"的概念,从此,从事志愿服务相关工作的专职人员拥有独立的身份,成为推动志愿服务事业发展的重要主体。

作为新近出现的一个群体,通常而言,志愿服务工作者主要是指围绕志愿者与志愿服务,开展统筹协调、组织管理、培训研究、激励保障等工作的职业人员,对于工作者而言,志愿服务是他们的本职工作,甚至是专职工作。文旅志愿服务工作者是指在文化和旅游机构,包括政府部门、群团组织、行业性机构,负责统筹管理、制定总体目标、培训研究工作的人员。

志愿服务工作者来源较广,根据广东省志愿者联合会2023年6月发布的《广东省志愿服务人才培训指导大纲(试行)》,志愿服务工作者主要指:①各级志愿者联合会(青年志愿者协会、义工联)、行业志愿服务组织相关负责人;②机关、企事业单位中负责志愿服务工作的专职人员及相关负责人;③各类社会组织中从事志愿服务管理工作的专职人员;④各高等院校团委负责志愿服务工作的指导老师,以及青年志愿者协会等高校志愿服务社团负责人。[1]

本章主要介绍文旅志愿服务工作者的主要职责、素质与能力以及应掌握的主要技能。

---

[1] 广东省志愿者联合会. 广东省志愿服务人才培训指导大纲(试行)[Z]. 2023.

第一节　文化和旅游志愿服务工作者的主要职责

志愿服务工作者作为志愿服务事业发展的决策者与管理者，承担着统筹、协调、组织、服务的职责。文旅志愿服务覆盖范围广，服务群体多，团队构成多元，包括各类文化机构、文艺院团、旅游景区、社会团体。不同类型、不同层级的志愿服务工作者的主要职责不同。根据岗位设置与工作内容，具体有以下职责：

在行业或一定区域范围内开展文旅志愿服务管理工作，处于较高管理层级的文旅志愿服务工作者通常负责以下工作：

（1）负责本行业、本系统、本区域内志愿服务工作的统筹、规划和指导，制定出台相应政策文件和标准规范。

（2）完善文旅志愿者招募注册、供需对接、培训管理、服务记录、激励保障等工作机制，建设和管理文旅志愿服务数字平台，建立文旅志愿服务社会参与协同机制，开展文旅志愿服务跨专业跨领域合作和研究。

（3）制订文旅志愿服务工作计划，统筹管理和使用文旅志愿服务经费，组织实施重大志愿服务项目，加强文旅志愿服务组织建设。

（4）建设文旅志愿服务培训体系，提出培训计划，编写培训教材，建立培训师资库，加强培训质量评估，为不同行业、不同单位的志愿服务工作者提供培训学习交流，并推动行业志愿服务持续性发展。

（5）健全文旅志愿服务考核激励制度，建立文旅志愿服务组织、志愿服务项目的评估机制，做好志愿服务过程、结果及效果监督评估。统筹建立文旅志愿服务激励回馈和嘉许制度。

（6）构建文旅志愿服务数字化传播体系，宣传推广和动员社会参与文旅志愿服务工作。

其他层级工作者主要面向志愿者骨干、专业志愿者等，开展相应的文旅志愿服务管理工作，主要有以下要求：

（1）设立文旅志愿服务团体内部岗位及文旅志愿服务岗位，明确各岗位的职责与权限。

（2）制定年度工作目标和服务规划，结合实际工作需要，策划文旅志愿服务活动与项目，并负责活动项目的实施与完成。

（3）依法筹集、管理和使用文旅志愿服务经费、物资等。

（4）负责文旅志愿者的招募、分类、注册、录用、培训、保障激励、考核、服务记录等工作。

（5）定期开展文旅志愿服务宣传、交流与合作。

（6）建立文旅志愿服务档案，开展志愿服务评价工作。

（7）负责文旅志愿服务有关保障工作（包括但不限于沟通联络、服务排班、用餐饮水、补贴发放等）。

（8）承担其他专项工作。

第二节　文化和旅游志愿服务工作者的素质与能力

弘扬志愿精神，推进志愿服务事业，实现中国式现代化是志愿服务工作者的职责使命。除具备志愿服务工作者基本素质与能力外，文化和旅游志愿服务工作者还需要掌握基础的文化、艺术、旅游等专业知识，应具备的素质与能力如下：

（1）拥有服务大局的政治觉悟，坚持文化惠民，以文化人、以文育人。

（2）具备志愿情怀，热爱志愿服务事业，具有使命感。

（3）了解文化和旅游志愿服务相关政策法规，具备基本的法治素养和法治精神。

（4）拥有领导管理能力，具备良好的组织、协调、沟通能力，掌握组织建设、项目管理、资源整合、风险应对等主要技能，对志愿服务进行全流程、全周期参与和把控。

（5）具备一定的文化艺术才能和旅游基础知识。

（6）具备奉献精神，拥有爱心，具备较强的社会责任感。

第三节　文化和旅游志愿服务工作者的主要能力

文旅志愿服务工作者作为上传下达、内联外通的桥梁和纽带，不仅要具备基础的文化艺术旅游等业务知识，还需要掌握志愿者团队管理、志愿服务项目管理、资源整合、风险应对等主要技能。

一、团队管理能力

志愿服务人员数量不断增加、规模持续壮大、专业能力日益突显，是文旅志愿服务工作的重要支撑，截至 2023 年 12 月，广州市文化和旅游志愿者超 15.8 万人，文化和旅游志愿服务队伍 560 余支。因此，文旅志愿服务工作者不仅要具备专业的实务能力，还需要具备一定的管理水平和组织建设能力。

（一）找准志愿服务团队的定位

文旅志愿服务工作者作为志愿服务组织、团队的领导者和管理者，首先需要协助不同类型的组织根据自身的价值明确定位，明晰组织的目标和发展方向，不仅为文旅志愿服务组织的常态化、专业化发展奠定基础，也更有利于实现文旅志愿服务事业规范化、可持续发展。

1. 明确组织的使命愿景

志愿服务组织的价值体系是指一个组织所认可和倡导的发展理念、价值取向与行动指南[1]，它往往是由组织的愿景、使命、价值观等内容构成，是这个组织文化的基石和核心。

使命和愿景是组织发展的旗帜和方向，也决定着组织未来发展的方向与目标。根据文旅志愿服务组织团队的能力特长、社会价值、公共责任等，找到组织的使命担当，制定组织的美好愿景，有助于志愿服务工作者更好地明确不同组织的定位，团结凝聚在一起共谋文旅志愿服务事业的发展。志愿服务工作者在引导组织团队制定使命愿景时，一般需要明晰以下几点：

一是组织可以满足某一特定的文化和旅游服务需求，能够解决现有公共文化和旅游服务的不足之处，甚至能实现和创造新的社会价值。

二是组织应清楚自身的规模、能力和特色，以及未来的发展潜力、能调动整合的社会资源等。

三是组织想要实现的任务目标与未来的发展方向，要得到组织全体成员的一致认可，并且能够实现每一位成员的社会价值。

四是无论是组织负责人、志愿者骨干还是普通志愿者，在组织发展的使命愿

---

[1] 广东省志愿者联合会，广州志愿者学院. 做优秀的志愿服务带领者 [M]. 广州：中山大学出版社，2021.

景下，都能找到自己的岗位职责，明确自己能做什么。

2. 明确组织的发展规划

知晓共同使命愿景之后，为通力合作实现目标，周详的计划就必不可缺。志愿服务工作者应引导带领团队骨干对组织未来的发展目标做出战略规划，借助头脑风暴、小组研讨、工作坊等方法，制定短期、中期、长期等不同阶段的目标，并根据相关的目标分解成具体可行的工作方案。在条件允许的情况下，可以邀请相关专家、经验人士进行可行性论证。制定具有前瞻性、战略性的发展规划，应考虑以下因素：

第一，战略规划中的目标制定应符合 SMART 原则（图 2-1），即发展目标应该是具体特定的、可测量的、可达到的、考虑现实因素的、有明确期限的目标。

图 2-1 SMART 原则

第二，全体成员广泛参与、共同讨论并群策群力制定战略规划，确定发展目标。

第三，充分评估研判组织内部、外部环境，运用 SWOT 分析方法（图 2-2），即从优势、劣势、机会、威胁四个纬度进行分析，根据分析结果进一步优化完善规划。

图 2-2 SWOT 分析法

（二）规范志愿服务组织的法人治理

治理是志愿服务组织长远发展的重要保障。治理结构是否完善也成为衡量一个志愿组织是否成熟的标志。为此，志愿服务工作者要实现文旅志愿服务常态化发展，要加强对志愿服务团队的规范管理与内部治理。根据 2022 年《广州市文化和旅游志愿服务管理办法》，市文化和旅游行政部门直属各单位、各区、旅游行业分别组建文化和旅游志愿者分队，受广州市文化和旅游志愿者总队（以下简称"市总队"）统一指导。各分队可以结合工作下设志愿者服务队，服务队接受分队的指导。

1. 组建专业队伍

近年来，市总队开展"启明星"文旅专业志愿服务队建设，截至 2023 年 12 月共组建 11 支文旅专业志愿服务队（以下简称"专业队"），这些专业队通过组织发动和社会发动，以自愿申请、注册编队的方式组建，既可以由总队推荐相关文旅单位发起组建专业队，也可以由文化和旅游相关领域企事业单位、人民团体、社会组织等自行申请成为发起单位，经总队审核组建专业队。组建流程如下：组建申报—资格审核—注册登记—成员招募—队伍命名—成立授牌。各专业队接受市总队统一指导监督，包括资格审核、管理培训、激励保障、评价考核。值得注意的是，专业队评价考核连续 2 年不合格的，该队伍视为自动解散。队员可自行选择加入其他服务队。专业队成员享有自愿退出的权利，队员在当年度参与志愿服务活动少于 2 场次的，视为自动退出。

表 2-1　广州市文旅专业志愿服务队申报表

单位/组织名称					
上级主管单位	若"无"可不填				
队伍名称					
队伍通讯地址					
队伍负责人	姓名		性别		单位
	手机		职务		
队伍联系人	姓名		性别		单位
	手机		职务		

续上表

队伍简介	
团体服务内容（专业倾向及拟开展项目）	
信息化建设情况	是否使用"志愿服务信息管理平台"：是□　否□
	是否已经注册团队：是□　否□
	已有注册志愿者数量：
申请单位意见	签字/盖章： 　　年　　月　　日	审核单位意见	签字/盖章： 　　年　　月　　日
注册登记	年　　月　　日已注册登记

此外，各专业队在完成注册登记后可面向社会公开招募具有相应专业资质的志愿者或者团队。以申请团队为例，申请者需要如实完整填写《××专业志愿服务队申请表》（表2-1），经审批同意，获准以团队名义加入××专业队。一般申请加入哪个专业志愿服务队，就由对应的专业队审核，审批时间和加入年限由各个专业队根据章程自行决定。

2. 科学制定章程

无论是专业志愿服务队还是一般志愿服务队伍，应围绕文化和旅游行业的具体领域确定专业服务定位，制定志愿服务团队章程。章程，是组织、社团经特定的程序制定的关于组织规程和办事规则的法规文书，是一种根本性的规章制度。[1] 作为团体的基本纲领和行动准则，章程一经制定，在一定时期内不宜轻易

---

[1] 共青团广州市委员会. 从0到1：青年社会组织组建及运行攻略 [M]. 广州：广州出版社，2014.

变动，并且要求内部全体成员共同遵守与执行，如需更改或修订，应履行特定的程序与手续（比如需要组织全体人员审议通过）。可见，章程通常具有稳定性和约束性两大特点。

1）章程内容

参照1998年10月25日国务院颁布的《社会团体登记管理条例》，并根据2016年2月6日《国务院关于修改部分行政法规的决定》以及国家相关政策，作为法人的社会团体章程应当包含以下内容：

——名称、住所；
——宗旨、业务范围和活动地域；
——党建工作；
——会员资格及其权利、义务；
——组织机构和负责人产生、罢免；
——资产管理、使用原则；
——章程的修改程序；
——分支机构、代表机构的设立办法；
——终止程序及终止后的资产处理；
——由章程规定的其他事项。

2）章程写法

——内容完整。文旅志愿服务团队章程的内容应包括社团名称、宗旨使命、业务范围、组织结构、志愿者招募与注册、权利与义务、管理和考核、激励和保障等，具体见《广州市文旅专业志愿服务队章程（模板）》。

——结构清晰。章程不仅要求内容完整，而且必须是有机统一的整体。即按照一定逻辑顺序排列内容，比如先讲成员，后讲组织，先讲内部管理，后讲外部管理等，确保结构的严谨性。同时，章程每一个条款，明确表示一个意思，既不要将一个完整内容分成几条来表达，也不要将几个不同意思合并一个条款来体现，确保结构的统一。

——语言简洁。章程需要简单清楚地表述，语言高度概括提炼，意思一目了然，不使用夸张、拟人、举例、比喻等修辞手法。章程用断裂行文法，用条文表示，句与名、段与段之间有一定的跳跃性。[①]

[①] 共青团广州市委员会. 从0到1：青年社会组织组建及运行攻略 [M]. 广州：广州出版社，2014.

案例：

广州市文旅专业志愿服务队章程
（模板）

第一章 总则

第一条 为深入推进广州市文旅志愿服务专业化、特色化发展，规范志愿服务管理，根据有关法律法规规定，并结合实际，特制定本章程。

第二条 ××专业志愿服务队吸收具备××专业技能的人士开展志愿服务，共同致力专业服务内容。

第三条 章程所称××专业志愿服务队队员，是指按照本章程规定的程序登记注册，利用自己的时间、知识、技能，自愿为那些特定的服务群体提供公益服务的个人。章程所称××专业志愿服务，是指由本服务队组织的，队员自愿、公益地参与专业服务内容的志愿服务行为。

第四条 服务队接受广州市文化和旅游志愿者总队（以下称"总队"）的业务指导和监督管理，由发起单位负责日常联络和管理工作。

第二章 招募与注册

第五条 服务队每年根据志愿工作发展情况和需求，面向社会开展集中招募，对申请者进行筛选、面试、培训与考核。通过考核的申请者，方可成为本服务队志愿者。可接受个人及团队两种申请形式。

第六条 个人招募条件

1. 遵守国家有关法律、法规和政策的规定，热心公益事业，自愿从事具体志愿服务活动；

2. 具有良好的思想道德品质和社会奉献精神，能坚持参加志愿服务活动；

3. 原则上年龄不超过65周岁，身体健康，能够胜任相关工作。

第七条 团队招募条件

1. 拥有5名（含）以上符合前文第六条志愿者条件的团队均可报名。

2. 团队至少有1名管理人员，团队制度健全、管理科学、运行良好，吸引力凝聚力较强。

3. 在专业领域具有一定的理论水平或实践经验，所开展的活动项目具有一定社会影响力，社会反响好。

第八条 注册程序

1. 提出申请：申请对象需填写《××专业志愿服务队个人（团队）申请表》进行申请。

2. 资格审核：服务队对申请对象的专业技能和专业资格进行审核，确定是否接受申请。

3. 注册录用：审核通过的人员需在指定志愿服务信息管理平台完成注册和归属，并在归属队伍选择加入"××专业志愿服务队"。由总队对志愿者进行统一编号，建档备案，发放《广州文旅志愿者证》等标识。

第三章 权利与义务

第九条 队员权利

1. 根据自己的意愿、时间和能力提供专业志愿服务；
2. 参加文旅志愿培训，深入了解志愿精神和服务流程；
3. 参加专业能力素养提升计划，获得行业专家指导和项目扶持；
4. 获得总队的嘉奖激励和志愿服务证明；
5. 获得开展志愿服务的必要条件和安全保障；
6. 就志愿服务工作对服务队提出意见和建议；
7. 自愿退出志愿服务队；
8. 相关法律、法规及规章制度所赋予的其他权利。

第十条 队员义务

1. 自觉维护文旅志愿者的形象和声誉；
2. 履行志愿服务承诺或协议，积极参加服务队组织的专业文旅志愿服务；
3. 队员每年需完成的具体的服务时长及相关要求；
4. 因故不能参与或完成文旅志愿服务活动时，履行合理告知的义务；
5. 不得以文旅志愿者身份从事任何以营利为目的或违背社会公德的活动；
6. 相关法律、法规及规章制度规定的其他义务。

第四章 志愿服务与管理

第十一条 服务内容

根据每个专业服务队服务内容自行拟定。

第十二条 服务记录

队员参与服务前，在志愿服务平台报名对应活动，服务队审核录用后，队员在服务期间按照志愿服务平台要求完成签到和签退操作，完成志愿服务时间登记。若队员参与线上服务，需保留志愿服务记录和服务照片，在活动结束后统一交由服务队进行补录。

第十三条 服务形象

提供志愿服务时，应仪表端庄、穿着整洁、真诚热情，佩戴广州市文旅志愿者统一标识，并根据需要规范使用普通话或其他语言。

第十四条 服务纪律

1. 服从服务队的指导和安排，履行文旅志愿服务承诺，加强团队合作；
2. 坚持服务的公益性，不得索取除志愿者补助以外的任何形式的报酬；
3. 不得泄露文旅志愿服务活动中获悉的依法应当保密的信息。

第十五条 服务保障

服务队以服务类型、服务地点等因素为依据，为队员开展志愿服务活动提供必要的交通、安全、卫生等工作条件和补助，并统一办理人身意外伤害保险。

第十六条 建档制度

服务队根据不同服务岗位实行分类建档，建立健全志愿者及其服务活动档案制度，按年度做好服务时间统计和绩效评价，作为考核和激励表彰的依据。

第十七条 年度考核

服务队每年开展队员考核工作，根据队员服务记录、活动参与情况等进行综合评价，作为激励回馈、续证的依据。

第十八条 退出机制

队员享有自愿退出的权利。自愿退出者，应经书面申请确认，并办理退出注销手续。有以下行为之一，服务队可取消队员资格，并办理退出注销手续，书面通知本人，并保留追究其相关责任的权利：

1. 违反国家法律行为的；
2. 不能遵守志愿者管理的各项规章制度的；
3. 未达到前文第十条第三款的服务要求、参与文旅志愿服务活动不积极达3次以上的、无法胜任工作职责的；
4. 其他不适宜的情形。

志愿者退出时，应交回所有标识和资料。

第五章 激励与回馈

第十九条 服务队将结合队员专业特长，定期邀请相关领域专家学者开展专业指导和交流学习活动。

第二十条 总队对服务队提出的特色志愿服务项目予以专家指导、资金支持、提供活动空间、开展联动宣传等多种方式的支持。重点支持产生良好社会效益、具有一定示范性、推广性的服务项目。

第二十一条 总队建立文旅志愿服务嘉许制度。对服务时间较长、业绩突出、社会影响较大的服务队及队员给予表扬嘉许。优先推荐参与每年全市开展的文化和旅游志愿服务典型评选，并择优推荐参与"全国学雷锋志愿服务'四个100'先进典型""全国文化和旅游志愿服务项目大赛"等全国评选活动。

第二十二条 总队定期开展文旅志愿服务交流展示活动，通过开设文旅志愿者宣传专栏、举办文旅志愿服务展示月活动、志愿服务成果巡展等方式，展示专业文旅志愿服务队的风采，增强文旅志愿服务的荣誉感、归属感。

第六章 附则

第二十三条 本章程自公布之日起生效。

第二十四条 服务队将根据条文执行之适用性和有效性，适时做出修改。

（三）有效建立管理架构

《志愿服务条例》明确规定，志愿服务组织是指"依法成立，以开展志愿服务为宗旨的非营利性组织"，可以采取社会团体、社会服务机构、基金会等组织形式。

1. 搭建组织架构

组织结构是组织管理分工的一种形式。志愿服务工作者协助团队组建，找准定位，制定章程之后，就要指导搭建组织架构，明确部门设置与个体职责，确定组织内部的决策、汇报、沟通、管理工作机制。一般而言，志愿服务组织内部机构通常涵盖权力机构（如会员大会、会员代表大会）、决策机构（理事会）、监察机构（监事会、顾问团、专家团）、执行管理机构（秘书处、财务部、项目部、培训部等）。① 结合文旅志愿服务团队的特点，突显志愿服务工作者的上传下达职能，培育一批核心志愿者骨干，实施"管理层—志愿服务工作者—志愿者骨干—志愿者"的管理模式。

2. 明确管理策略

根据布鲁斯·塔克曼（Bruce Tuckman）团队发展阶段模型（表2-2），团队发展以组织目标为参照可分为三个阶段，即形成期、发展期、稳定期。结合文旅志愿服务组织团队管理不同阶段，志愿服务组织工作者以及团队负责人也需要根据阶段性目标与特征，掌握不同的团队发展管理策略与方法。

表2-2 团队发展阶段模型

时期	特征	目标	方法
形成期	团队成员的想法、性格各不相同；成员尚不熟悉，缺乏共同愿景；各类规范尚未建立，矛盾频繁发生，内耗较多	管理团队、保持状态、减少变动	加强管理，制定目标，充分沟通；强调互相支持、信任与帮助；迅速建立各种必要规范制度
发展期	互相了解，产生默契；违规较少；重大决策仍需领导者指示	培养骨干能力，及时授权，发布明确的权责指南	以合适方式加快新成员融入团队，赋权骨干，授权决策；领导者保持控制；配合培训
稳定期	目标转化成团队愿景；团队从客套生疏变成依赖信任；由制度约束转为自我约束	描绘愿景，构筑团队文化，强调凝聚力	创造有利于贡献的环境，宽容不同声音存在；确立团队愿景，实现任务目标（或转型升级发展）

3. 做好日常管理

志愿服务组织团队要运行通畅，就应当重视日常管理，除了搭建组织架构、明确行动计划，还必须做好日常管理和运营。规范化的制度建设是组织有序管理

---

① 广东省志愿者联合会，广州志愿者学院. 做优秀的志愿服务带领者 [M]. 广州：中山大学出版社，2021.

运营的重要基础。一般来说，志愿服务组织日常管理制度包括组织章程、志愿服务制度、财务管理制度、法人证书管理使用制度、人事管理制度、信息公开制度、印章保管使用制度、议事规则与会议制度、物资管理制度、应急风险管理制度等。[①] 不同的文旅志愿服务组织根据自身特点与需要，建立不同的制度，比如华南植物园制定执行《华南植物园志愿者章程（试行）》《华南国家植物园讲解志愿者服务规范》，黄埔区文化馆有《黄埔区图书馆志愿者管理手册》《黄埔区图书馆文化志愿者工作守则》《黄埔区图书馆文化志愿者工作守则》。

（四）高效做好团队管理

文旅志愿服务事业对志愿者专业水平、志愿服务效能的要求较高，因此，加强文旅志愿服务团队的管理能力，打造高绩效的志愿服务团队，促进文旅志愿服务专业人才队伍健康有序发展，成为志愿服务工作者必须掌握的重要技能。志愿服务团队日常管理通常包括招募、录取、分工、培训、上岗、后勤、离岗等步骤。因工作所需，当前较多文旅志愿服务工作者同时履行着组织负责人、骨干的职责，因此，也需要了解并掌握日常流程。具体流程内容可参见第三章"文化和旅游志愿者骨干实务"。除做好团队流程管理外，志愿服务工作者还需要重点掌握以下两项能力。

1. 评估督导

文旅志愿服务工作者应当定期对文化和旅游志愿者开展以服务态度、服务时间、服务内容、服务效果和服务对象满意度等为主要内容的综合评价，作为考核和表彰志愿者、志愿服务团队的依据。对于评价结果为优秀的予以表扬及宣传推广，对于评价结果不及格要予以警告并及时整改，评价考核连续 2 年不合格的团队，可视为自动解散。评估方式可分为内部督导评估（志愿者评估、团队自我评估）、外部督导评估（管理者评估、服务对象评估）、第三方督导评估（委托第三方督导评估）。

1）内部督导评估

内部督导评估是志愿服务团队较常用的服务效能评估方式。这种评估方式包括志愿者评估、团队自我评估，是形式直接、反馈简单、比较容易开展的督导评估方式。

---

① 广东省志愿者联合会，广州志愿者学院. 做优秀的志愿服务带领者［M］. 广州：中山大学出版社，2021.

2) 外部督导评估

外部督导评估作为比较正式的督导评估方式，包括管理者评估、服务对象评估。这种方式能了解更多与志愿服务相关的外界评价，同时对团队行为和能力进行观察评估。

3) 第三方督导评估

第三方督导评估是委托文化和旅游领域内权威的专家、资深的志愿服务工作者等开展，相对客观公正，其意见或建议对团队服务质量评估有着决定性意义。

2. 激励保障

一方面，激励是凝聚志愿者、维系团队的有效途径，是志愿服务工作者非常重要的能力。激励的对象既包括志愿者也包括志愿服务团队。在激励形式上，物质嘉许与精神激励并存，以精神鼓励为主，以物质奖励为辅。常见的激励方式包括核发志愿时、团队内授权、星级评定、颁发荣誉证书、赠予纪念品、培训机会、实物兑换、演出观摩、关怀问候、上岗打气、就业推荐信等。志愿服务团队应针对不同层级的志愿者予以对应级别的激励，打造属于自己团队特色的激励机制。同时，文旅志愿服务工作者应当对各志愿服务队给予必要的指导和支持，包括专家指导、专题培训、孵化培育、交流分享、宣传推广。如《广州市文旅专业志愿服务队伍建设工作方案》中，广州市文化和旅游志愿者总队对各专业志愿服务队的"激励机制"内容包括：

（1）**培训提升**。总队定期组织文旅志愿服务名家和专家开展指导交流活动和专题培训行动，加强专业志愿服务队的管理能力，提升服务效能和专业水平，促进文旅志愿服务专业人才队伍健康有序发展。

（2）**扶持建设**。专业志愿服务队可根据总队相关要求在"广州公共文化云"平台申报特色文旅志愿服务项目，总队将对专业志愿服务队提出的特色志愿服务项目予以专家指导、资金支持、提供活动空间、开展联动宣传等多种方式的支持，重点培育和扶持产生明显社会效益、具有一定示范性、有助于文化旅游志愿服务创新发展的项目。

（3）**宣传推广**。总队定期开展文旅专业志愿服务展示活动，通过开设文旅志愿者宣传专栏、举办文旅志愿服务展示月活动、志愿服务成果巡展等方式，总队将联动各大纸媒、电视媒体及新媒体平台，展示各专业志愿服务队的风采。对产生广泛社会影响力的先进专业志愿服务队及个人予以表彰推广。

（4）**交流学习**。总队定期为专业志愿服务队管理人员及骨干志愿者提供专家指导、经验交流、参观学习等机会，提升专业志愿服务队管理水平，增强文旅志愿服务的荣誉感、归属感。

（5）褒扬嘉奖。总队建立文旅志愿服务嘉许制度，对服务时间较长、业绩突出、社会影响较大的专业志愿服务队及队员给予表扬嘉许。优先推荐参与每年全市开展的文化和旅游志愿服务典型评选，并择优推荐参与省级、全国评选活动。

另一方面，保障是志愿服务事业健康发展的必要条件，志愿服务工作者的职责之一就是"负责志愿服务有关保障工作"。为此，志愿服务工作者应当引导各志愿服务队合理制定并执行保障机制，具体内容如下：

①应当根据志愿服务实际需要，为志愿者统一购买相应的人身意外伤害保险。

②应当根据实际情况，就志愿服务活动的内容、方式、期限以及各方的权利义务等签订书面或电子协议。

③应当根据志愿服务活动的需要，向志愿者提供必要的场所、设备、物资等硬件保障与资金支持。

④应当及时、无偿、如实为志愿者出具志愿服务记录证明，加强对志愿服务时数记录和服务证明的监督审核。

⑤应当在志愿者正式上岗前提供必要的相应培训。

⑥未经志愿者本人同意，不得公开或者泄露其有关信息。

二、项目管理能力

新时代志愿服务的发展，从"活动"向"项目"的延伸成为显著趋势。近年来，文化和旅游部从顶层设计文旅志愿服务，以体系化、社会化、精细化、项目化、信息化等形式，打造如"春雨工程""阳光工程""圆梦工程"等品牌志愿服务项目，全国各地文旅部门结合本土特色，以开展系列项目作为志愿服务创新性、持续性发展的重要载体。

（一）志愿服务项目的概念与特征

1. 什么是文旅志愿服务项目

项目是志愿服务的重要载体。志愿服务项目是由志愿服务组织（团队）开展的具有明确目标和周期的一系列相互关联的公益服务活动或工作。志愿服务项目有着明确的计划、目标、周期和成果,是由一系列的志愿活动组成的。志愿服务项目是志愿服务从临时活动型到长效机制型转变的重要标志。

文旅志愿服务项目就是指文旅志愿服务以项目化理念与形式来运作,有着明确的活动目标与周期、活动保障机制、规范管理模式,由一系列相关联的活动构成,能够让更多人受益于文旅志愿服务,进一步彰显文化和旅游志愿服务的社会价值,满足社会与群众的多样化精神文化需求。

2. 文旅志愿服务项目的特征

志愿服务项目是为指定的公益目标和成果所做的阶段性志愿服务。为此,有着以下三个特征:

(1) 特定的目标:以志愿服务组织团队使命相对应的某一类(个)独特的社会问题或社会服务为项目目标。

(2) 取得的成果:在满足某个社会需求,或解决某一类(个)独特的社会问题之后,服务对象所发生的变化。

(3) 阶段性服务:有明确的开始和结束时间,在一定的时间期限之内开展志愿服务。

(二) 志愿服务项目的策划实施

一般志愿服务项目的开发、设计、组织与实施同样适用于文化和旅游志愿服务项目的组织开展。从项目特有的成长周期来看,结合文旅行业的鲜明特征、项目属性、服务形态等,文旅志愿服务项目可以分为项目设计策划阶段、实施管理阶段和评估评价阶段。

在设计策划阶段,需要调查研究并掌握志愿服务实际需求,分析项目的可操作性,经过比较选择确定最优的项目,并撰写项目书(或者项目策划书)。

1. 评估需求,确定目标

志愿服务以真实社会需求为前提。文旅志愿服务项目包括两层需求:第一层需求也就是最直接的目标,文旅志愿服务项目应满足人民群众的精神文化需求,保障各类群体文化权益,提高全民文化素质。第二层需求,即间接目标,是为了传播先进文化思想,增强文化自信自强。特别是近几年文旅志愿者通过服务,不仅讲好中国文化故事,展示新时代中国人的精气神,还阐释中华文化丰富内涵,展现可信、可爱、可敬的中国形象。基于此,项目既要了解党和国家对文化建设、旅游事业有哪些最新要求、最新部署，也要把握服务人群的需要或回应的问题，既要清楚组织的使命与战略需求，又要考虑参与实际服务的志愿者的期待与需求。

为此，在志愿服务项目开始前，要紧密围绕国家战略部署，契合文旅志愿组织、志愿团队的使命与愿景，通过社会调查与实地走访，借助科学的调查方法，常常借用观察法、问卷法、访谈法、座谈会、文献法、互联网调查等方法，尽可能收集足够数量、有代表性的各类信息、不同资料，然后进行资料的处理与信息的分析，经过梳理找到最需要服务的群体，根据不同实际情况明确目标人群最迫切、最核心的需求，结合不同项目的组织类型、项目领域与范围等，进而确定志愿服务项目的具体目标。一个优秀的志愿服务项目目标应是志愿者组织本身的使命、服务对象的需求、志愿者成长发展诉求这三者的结合点。在进行需求分析时，要尽量区别真需求与伪需求、志愿服务需求与其他服务需求、能实现的需求与不能实现的需求。

2. 撰写项目策划书

撰写项目策划书是文旅志愿服务项目开始实施的基础，也是参加各种志愿服务项目申报、项目比赛、项目创投、项目资助等活动的根本前提，因此在确定项目目标之后，就要制订项目实施计划，形成项目策划书，既展示项目的主要情况及运营管理全过程，同时让组织成员明晰项目的背景、目的、意义、步骤等。因此，一个完整的志愿服务项目策划书，主要包括项目名称、项目类别、实施时间、服务区域、受益对象、参与志愿者人数、项目实施方案、团队构成、支持保障等。其中项目实施方案是项目策划书的主体部分，包含了项目需求分析、受益对象描述、项目目标及内容、项目实施进度安排、项目创新性分析、项目可持续性分析以及项目宣传方案，每一部分内容都需要具体如实阐释、准确清楚表述。下面以"黑暗中的那根陪跑绳"文旅设施关爱视障人士服务提升项目策划书（表2-3）为例，重点展示项目实施方案。

表2-3 "黑暗中的那根陪跑绳"文旅设施关爱视障人士服务提升项目策划书

项目需求分析	视障人员由于视力低下甚至完全看不见，长期生活在黑暗中，除了谋求生计就业于盲人按摩店，他们大部分人员都因身体情况特殊存在病耻感，甚少拥有社交生活，更无法进行体育锻炼，无法享受身边美好生活、美景、美食。本项目力求让视障人员实现无障碍运动，增强体质提高免疫力，实现无障碍出行，促进视障人员融入社会，实现无障碍交流，提高视障人员的社交能力。 通过调研和初步探索，增城区长跑运动协会以"黑暗中的那根陪跑绳"为纽带开展"一对一"服务，为视障人员陪跑，帮助视障人士实现奔跑的梦想，走出家门，走进文旅景区，享受身边的美好生活。同时，通过视障人士体验文旅景区的无障碍设施，收集意见，为景区无障碍设施建设提供参考，促进无障碍服务的提升
受益对象描述	增城视障人员基本就业于盲人按摩店，有些视力低下，有些甚至完全看不见，他们生活在黑暗中，工作和家庭两点一线，无法像正常人一样进行社交和体育锻炼，他们也渴望出外走走，融入社会，走进大自然进行跑步健身。通过本项目，既可以促进残障人士参与健康运动，也可以扩大他们的社会交往圈子，通过沉浸式的体验感受大自然的风光以及来自社会爱心人士的温暖
项目目标及内容	项目目标：培育一支多元化、综合性的爱心助跑志愿服务队伍，通过沉浸式体验的方式为视障人士及其他残障人士提供助跑服务以及文化旅游体验服务等，以促进残障人士的身心得以健康发展，陪伴视障人士走出家门，走近梦想，在黑暗中无畏奔跑，在奔跑中"看见梦想"；为视障者进一步实现无障碍运动、无障碍出行、无障碍生活，并在此过程中推动文旅场所的无障碍设施建设，为残障人士提供更加便利的休闲运动、出行游玩的环境。 服务内容：以"黑暗中的那根陪跑绳"牵起爱与责任，以"一程陪跑"让视障人士看见黑暗中的光芒与希望，以"每月生日会"温暖他们平淡烦琐的生活，以"爱心接送"保驾护航，以"景区文化介绍"丰富视障人士的旅游文化生活，以"体验式培训——戴上眼罩，我便成了你"让志愿者感受视障人士的生活，以"陪跑技能培训""景区讲解技能培训"培育更多文旅志愿者。结合视障人士和志愿者自身技能和兴趣，发挥所长，参与推动文旅领域无障碍化建设和体验民俗文化活动，为景区输送志愿服务人才

续上表

项目创新性分析	以手中1根陪跑绳、1对1服务陪跑、多人后勤保障为基础，组建一支包括专职社工、医护人员、马拉松爱好者、摄影爱好者在内的志愿服务队伍，以非营利性公益服务为目的，用实际行动为视（残）障人士提供公益陪跑服务，带领他们奔跑于增城风景秀丽的文旅景区。结合增城当地部分文旅场所的优美风景进行介绍，丰富视障人士的文化生活，开阔他们的视野，提升其体育锻炼水平和社交能力。 对残障人士亲身体验文旅场所的无障碍设施进行调研，生成可行性调研报告，为文旅场所优化无障碍设施建设提供贴近实际的参考数据；培育出若干名文旅场所志愿讲解员，服务于增城当地文旅景区
项目可持续性分析	充足的志愿者及后勤资源保障。由广州市增城区长跑运动协会、广东凯一体育与爱心人士联合发起"增城无障碍公益陪跑"活动，前期自筹活动经费，开展非营利性活动，免费进行报名、培训，提供保险、补给、拍摄等后勤保障，通过培训的志愿者52人、视障人士13名（其中全盲4人）、肢体残疾2人。 项目组织经验丰富，社会宣传面广，活动可持续性强。志愿者参与人数稳步提升，服务对象从视障人士辐射到肢残人士，2023年1—5月累计开展17期无障碍公益陪跑活动，吸引到当地专职社工、媒体、爱心人士的关注，越来越多专职社工、医护人员、马拉松爱好者加入到增城无障碍公益陪跑活动中来，媒体宣传越来越广泛，影响力逐步提升。 探索可推广、可持续的助跑运动路线及服务模式，推动项目的可持续发展。今后将加大对多条跑步线路所涉及的文旅场所的介绍力度，丰富视（残）障人士文化和旅游生活，培训若干名志愿讲解员服务于增城当地文旅景区，估计将培育公益陪跑志愿者200人，服务对象含志愿者和视障人士500人
项目宣传方案	初期每期活动安排摄影爱好者进行拍照、视频剪辑，发布到"增城跑协""凯一跑酷"和增城文旅景区相关微信公众号、视频号、抖音等新媒体平台，不少于30篇。 进入成熟期后，联系当地电视台、报纸进行采访报道不少于2次，吸引更多有需要的视（残）障人士加入无障碍公益陪跑运动，为民办实事，提高志愿服务水平。 邀请周边地区跑团联谊，增加后勤保障力量，培育更多公益陪跑人和文旅讲解志愿者，输送到增城文旅景区。 结合当地文旅场所，把无障碍公益陪跑落实到各镇街各村居，进行文旅场所无障碍设施建设调研，鼓励残障人士参与民俗文化生活，以调研报告促进文旅场所提升无障碍设施建设水平

（三）志愿服务项目的运行管理

志愿服务项目管理是通过与利益相关者合作，将各种资源应用于项目活动之中，以满足各类需求，从而达到文旅志愿服务和文旅事业共同发展的目标。因此，对志愿服务项目的全过程和各个环节应进行系统有序地管理。

1. 项目管理主要内容

志愿服务项目管理的内容主要包括项目相关方、内容、时间（进度）、质量、人力资源、风险、成本等。其中，志愿服务项目管理过程最重要的是权衡时间、内容、成本三大因素。项目管理阶段有着明确的时间表，在实际过程中要特别注意时间、内容与成本（人、财、物）的合理有效配置与管理。一方面，因为志愿服务项目要求在固定时间内完成，因此必须严格按照计划里各项活动时间的节点与进度推进，确保顺利完成；另一方面，系列活动的数量是否合理，能不能实现阶段性目标，并最终达到预期成果，如果活动数量不合理，活动效果偏离实际需求，要及时调整实施策略，修正项目计划。在项目实施中，志愿者是开展项目的主体，要对志愿者进行合理的岗位分配，让他们了解自己岗位的权利范围和责任明细，对志愿者提供进行志愿服务所需要的法律政策保障（人身意外伤害保险等）、组织管理保障和物质设施保障，服务过程中还要对志愿者进行必要的激励，这是促进志愿服务项目顺利完成的重要环节。

2. 项目管理基本流程

志愿服务项目完成立项后，可进入实施管理阶段，一般包括项目规划、实施、控制以及收尾等过程。

规划：制订项目实施计划，主要是对项目范围、时间进度、分工安排、资源管理、成本预算、风险管理等做相应的规划工作。常常借助项目运作流程图、甘特图、项目行动计划表等工具来制订规划。

实施：根据项目规划的内容，动员组织志愿者开展系列志愿活动，产出阶段性成果，并推进项目完成。项目在实施过程中，要求将时间进度和成本控制在可接受的限制范围内。

监控：按照项目规划与志愿服务要求，对项目实施全过程进行定期或不定期的观察、调查与分析，发现有违背志愿精神的现象，或项目内容与规划目标不符的情况，要及时跟踪反馈，并提出应对策略。

收尾：根据项目期限和内容对项目进行后期管理，包括项目资料整理与归档、项目成果交付与验收等。项目收尾工作不仅对顺利完成的项目很有必要,对未按计划完成的不成功的项目进行适当的收尾,总结经验教训也是很有价值的。

值得关注的是,在实施管理阶段,尽管志愿服务是自愿、无偿的公益性服务,但作为一个完整的项目而言,仍然要注意运营过程中的风险、时间、人力、物料、设备等成本的控制,以及项目资源的合理运用,因此,要充分考虑"项目控制的可接受限制","因为有些组织在项目进展情况中设置了很严格的限制,有些组织则不那么严格。研究显示,项目如果与基线偏离的比例高于15%(不管是成本还是进度),则几乎不能恢复到比原有计划接近10%的水平。换句话说,与基线偏离10%应作为项目负责人要保持对项目控制的限制"。[①] 为此,要对志愿服务项目实施过程进行管理,不断规范志愿服务开展的各个流程,实现志愿服务项目的科学化管理。

(四)志愿服务项目的评估评价

文旅志愿服务项目的评估评价,是从多角度对志愿服务项目的实施及效果进行科学、系统、客观的分析与总结,评估的主要功能在于确定项目目标是否达成,以衡量项目绩效,并对存在的问题提出改进意见及建议。志愿服务项目的评估应体现在整个项目实施过程中。在开发策划阶段,需要评估服务群体的需求、组织拥有的资源、志愿者的构成、项目目标的合理性等;在实施运行阶段,需要考虑志愿者的岗位开发、志愿者招募、培训与保障、项目实施策略的合理性等,以便实时跟踪评估,及时反馈修正。

关键性的项目评估是指对项目收尾阶段的成果进行交付与验收,其目的在于系统、客观、有针对性地了解项目的完成情况与效果。与此同时,验收评估后的重要工作是要把评估的结果向利益相关方交流、分享、通报,以便总结工作成果,交流项目经验,为未来的工作和计划提供借鉴和参考。通常而言,评估主体包括以下五个方面:

(1)利益相关方,包括服务对象、政府部门、社会机构等,对志愿者服务过程和志愿活动效果的评价。

(2)专家对志愿服务项目实施情况的评价。

(3)文旅志愿服务组织、团队对志愿服务项目实施情况的自我评价。

---

① 广州志愿者学院. 志愿服务岗位能力培训教材(骨干级)[M]. 广州:广东人民出版社,2014:75.

(4) 总结出志愿服务项目的经验与不足。

优秀的志愿服务项目一般可以从五个标准来衡量，这些标准同样适用于对优秀的文旅志愿服务项目的评估评价，包括：

(1) 目标明确。项目实施前经过充分的调研论证。项目实施之后能够解决一定的社会问题，或者能够预防社会问题的发生。服务对象明确，服务范围清晰，服务内容合理，服务方式恰当有效，表现为项目能落地，志愿者或公众参与便利。

(2) 管理规范。项目运营团队相对稳定，核心成员不少于3人，服务内容、服务模式有明显的自愿性。项目有规划、有总结，志愿者管理规范有序，项目经费预算合理，能定期开展项目监督评估和改进升级。

(3) 成效明显。服务时间、服务次数安排合理。项目实施具有较高的专业性，能够充分考虑服务对象和志愿者两个主体的获得感、幸福感，服务成效得到服务对象、社会群众和当地党政部门的认同，志愿者在服务过程中得到成长。

(4) 善于创新。积极创新工作模式，能够创造性地解决社会问题，善于运用互联网等新技术来增强志愿服务项目的管理水平和实施效果，对重大突发事件有较强的应急响应能力。

(5) 影响广泛。在志愿服务领域具有较强的复制性、示范性、传播性、可持续性，受到社会各界的关注和认可，项目美誉度较高。在各类志愿服务项目大赛及交流活动中表现突出。

（五）具体案例

案例一：广东民间工艺博物馆文化和旅游志愿服务项目

该项目从2014年开始实施，主要是为广大市民提供文明旅游、展览讲解、手工艺指导、大型活动协助等服务。近三年来，项目围绕红色文化传承、新时代文明实践和文旅融合开展形式多样、内容丰富的志愿服务活动。①开展红色文化传承志愿活动。开展"追寻红色印记，聆听党史故事"系列党史教育视频活动，通过"'学党史，解读广东民间工艺中的红色经典'教育活动"培养志愿者骨干担任红色文化宣传使者，并录制讲述党史故事及展品介绍的宣传视频，官方微信公众号和微博平台推送，观众点击量累计达88 526人次，有效地传播了红色精神。②开展新时代文明实践志愿服务，打通党的理论宣讲"最后一公里"。2020年以来，该项目围绕新春文化、志愿服务、全民阅读、文明风尚、文明旅游等主题开展新时代文明实践系列活动,如开展"学习雷锋志愿传帮带"活动、"法治护我行"活动、"绿色清明　文明祭祀"宣传活动、新春文化月活动、"喜迎二十大,志愿一夏"暑期学生志愿服务实践活动等,参与者有机关党员、中小学生、社区居民等,社会反响强烈。③开展文旅融合志愿服务。2020年,与广州市文化馆合作培养了"小小志愿导赏员",该项目2020年入选了国家"文化筑梦"青少年文化志愿服务行动。2021年,赴学校开展"从馆藏文物看广州百年风情"综合实践课程,通过授课、游戏、情景剧表演等方式从岁时节令、衣食住行和百业百工3个主题向青少年传播西关文化。志愿者还担任民间工艺体验活动的指导老师,指导游客制作中国结、剪纸。

该项目传承了红色精神,弘扬了社会主义核心价值观,传播推广了岭南优秀文化,被广州日报数字报—广州文明导报、羊城晚报客户端、"文明广州"和"红棉璀璨"公众号等广泛报道,有良好的社会示范效应。

案例二:广州志愿驿站

志愿驿站在广州有一个亲切的昵称——西关小屋,它的前身是"广州亚运会、亚残运会城市志愿服务站""新生活驿站"。2010年广州亚运会期间,广大志愿者通过志愿驿站踊跃投身亚运会志愿服务,向世界展现广州青年参与文旅志愿服务的风采。

2009年12月5日,第一个志愿驿站正式对外开放,这也是广州在全国第一个独立建设的室外志愿服务站。如今的志愿驿站除提供日常的文旅咨询服务外,志愿者还会在周末及节假日开展便民服务、主题文旅志愿活动,吸引市民踊跃参与。

"让志愿服务到基层进社区"是志愿驿站的行动指南之一。作为"就在您身边"的志愿服务提供者,志愿驿站矩阵全力在社区中和群众家门口提供多样化的专业志愿服务,帮助广大旅客解决问题。截至2023年12月,广州市内已建有63个实体型志愿驿站,它们已经成为广州城市文明的推广阵地、政府公共服务的便民窗口、市民奉献爱心的集散平台、青年社会参与的实践基地、广州公益服务的重要力量。在倡导文明新风尚、推动志愿服务建设城市的道路上,志愿驿站建设还在继续。

三、资源链接能力

志愿服务资源越丰富，志愿者的服务质量、效率与效果、服务对象的满意度就会越高。除了需要按照基本规范服务好市民群众，志愿服务工作者还需要思考更多，为文旅志愿服务覆盖更多受众、影响更多对象，提供更加完备的硬件、更加周全的保障，包括链接爱心企业、媒体、慈善机构等力量，也包括总结资源联动经验、优化资源服务与管理机制。资源链接是文旅志愿服务工作者必须掌握的能力之一，哪怕现在没有能力去链接资源，也要有资源链接的意识，掌握基本的资源对接流程与具体策略。

（一）志愿服务资源的概念与分类

志愿服务资源是指围绕志愿服务所涉及的各种客观存在要素及各要素之间的关系，包括物资、人力、资金等。可以毫不夸张地说，志愿服务活动是由一个个志愿服务资源支撑起来的资源合集。

当提到资源，第一时间会想起"人力、财力、物力"，目前社会对于资源的分类尚未达成一致看法，既有按照存在形态分为有形资源和无形资源，也有根据资源来源分为正式资源和非正式资源。基于文化和旅游志愿服务实际需求，将常见志愿服务资源划分为人力资源、财力资源、物力资源、生态环境资源、信息资源、组织资源六大类别（图2-3）。

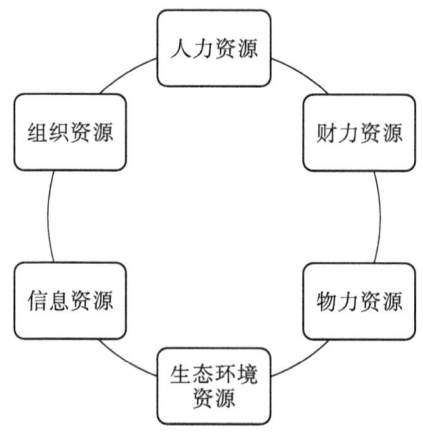

图2-3　志愿服务资源

广州市文化和旅游志愿者总队针对全市文旅志愿服务培育项目存在的资源需求，搭建"公共文化共同体"结对共建平台，以公共文化服务标杆项目为工作抓手，通过加强文旅志愿服务领域的横向整合、纵向提升和基层夯实，推动广州各级各类公共文化机构、联盟、体系和联合体在公共文化服务领域实现深度合作、协同发展、共同缔造。通过属地结队、项目共建、专业结队、总队支持等方法策略，链接人力资源（专家和集中培训等）、财力资源（资金支持）、物力资源（活动空间、宣传物资）、信息资源（专门培育计划）、组织资源（组织经验信息交流等），丰富基层志愿服务组织的资源类型与资助来源，促进基层公共文化服务品质进一步提升。

（二）如何理解志愿服务资源链接

志愿服务资源链接，又叫资源整合、资源连结，是指整合各类满足志愿服务需求的资源而产生有机联系的过程。作为一名文化和旅游志愿服务工作者，首先要正确理解文化和旅游志愿服务链接的重要性与必要性。志愿服务资源链接不仅可以实现文旅资源、志愿服务资源的价值最大化，还能高度体现"奉献、友爱、互助、进步"的志愿精神，进而打造高质量的文旅志愿服务活动，并建设高质量的公共文化服务体系。

以文旅志愿服务宣传展示活动为例。首先，志愿服务组织单位需要承担活动的广告设计、餐饮与安全保障等费用，需要大量财力资源提供支持。资金如何调度，具体要根据各个文化和旅游志愿服务组织实际情况来安排，可以从年度经费中支出，也可以对外寻求广告赞助商，或者面向参加活动者收取入场费用或者摊位使用费，又或者从其他现有渠道的资金池中支出。其次，志愿服务组织单位需要承担协调场地这一物力资源链接的责任，对于没有场地的组织，需要从社会中链接合适的户外或者室内场地开展活动；对于有合适场地的组织，可以内部自行解决。但无论是向外链接还是自我解决，都需要志愿服务工作者按规定流程报备，审批通过后进行跨部门沟通，实现场地的完整使用功能（涉及人或货物的停车/卸货、门票、进出通道、摊位展示区域划定、安保、导引牌立柱布置等）。最后，志愿服务组织单位还应具备一定的组织资源。文旅志愿服务活动如何实现既吸引足够多的志愿服务组织单位、志愿者报名参加，又可以按照统一标准要求布展，让市民群众（服务对象）有更舒适的、更深度的文化体验，无时无刻不在考验志愿服务工作者。活动中所涉及的人力资源（组委会工作人员、志愿者等）、物力资源（除了场地，还需要考虑广告牌、桌椅、饮用水、文具等的物资从何而来的问题）等，都需要志愿服务工作者进行通盘考虑，只有掌握相关知识和技巧，才能让有限的资源发挥无限的社会价值。

（三）志愿服务资源链接具体策略

1. 资源链接通用流程

资源整合的"链条"是由"需求"和"供给"两个端口连接起来的，中间还有多个节点，包括中介、媒介、资方、仓管、法律、财会、技术等，各个节点的作用是为了促进资源对接，实现供需平衡。志愿服务工作者需要指导志愿者骨干，首先从熟悉的圈子入手，摸查自己的人际关系网络中有没有相关资源能匹配上，若无，则要从其他可能获得帮助的领域入手，求助身边朋友推荐解决问题的方法。其次要从易到难、从自己的能力范围入手，先从最轻松、最简单的工作展开，做好应对困难的心理准备，积极主动直面问题，不断尝试探索用不同方法逐级而上解决问题。

文旅志愿服务资源对接流程，包括由捐赠（供给）方（图2-4）发起的和由需求方发起的（图2-5），无论是由哪一方发起的流程，志愿服务工作者都必须了解并掌握资源对接的流程、内容与细节。

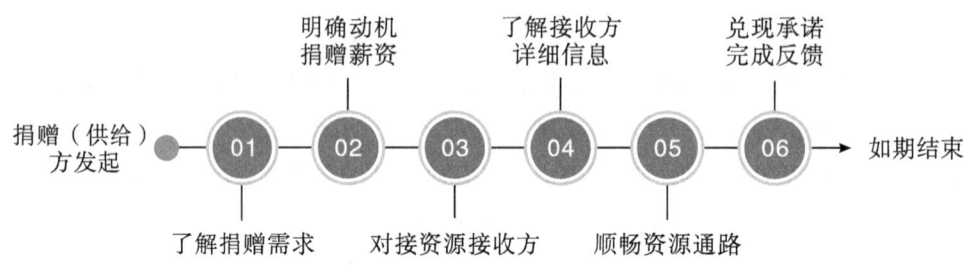

图2-4 捐赠（供给）方发起的志愿服务资源对接流程

图2-5 需求方发起的志愿服务资源对接流程

一方面，捐赠（供给）方发起志愿服务资源对接流程，由捐赠方根据其捐赠需求定向或非定向寻找需求方。当确定对接后，需求方要主动充分了解捐赠方的捐赠需求，同时明确捐赠方的捐赠动机与资源供给信息。下一步双方团队可以进行全面接触、详细沟通，对协议、资金、物资等信息内容进行核准。双方接着按要求兑现彼此的承诺，在资源链接的捐赠事项逐一落实后，应及时把有关真实动态信息反馈给需求方。最后，要对捐赠方的善举进行嘉许肯定，通过公开表扬、感谢信等方式予以致谢。

另一方面，由需求方发起的志愿服务资源对接流程是最常见的资源链接流程。需求方须明确自身的具体资源需求信息，通过各种渠道散发需求列表，当遇到有意向的捐赠（供给）方时，需求方应当积极主动、广泛坦诚对接，而捐赠方需要充分告知需求方自己可以提供帮助的具体内容，避免误判。当双方明确彼此捐赠、求助意向时，同时要进行文件协议交接，这是实现资源链接的重要一步。最后双方基于互惠互利原则，可按照协议要求落实捐赠、赞助的回馈方案，实现资源链接的完整流程。

2. 资源链接具体策略

（1）人力资源。首先要明确文化和旅游志愿服务中，人力资源主要包括文艺爱好者、阅读推广人、文博工作者、导游、讲解员、自然教育导师、旅游路线规划师、非物质文化遗产传承人、后勤辅助人员等。文化和旅游志愿服务工作者在平时要建立与相关行业、相关领域的专业志愿服务队的联系，在必要的时候才能做到一呼百应、及时响应。

人力资源链接的方式，具体包括：面向社会发送各类型推文/公告/邀请函进行公开招募，致电相关高校或社会组织的负责人安排人员参加，在日常活动群组内发出定向招募信息，从培训班/活动现场物色合适人员，在日常建立或联系人才库/师资库中遴选合适人选等。

（2）财力资源。在资源链接过程中，财务资源是重要、直接的资源之一，可以理解为资金资产、财务会计两种资源，既包括现金、银行存款、现金支票等，也包括文旅志愿服务团队的财务管理制度、财务分析与决策工具等。它可以将资本直接转化为文旅志愿服务开展所需的人力、物资、技术、场地等。

财力资源链接的方式，具体包括：广告赞助招商合作、公益创投、志愿服务项目比赛或公益基金会给予的定向资助资金，参加者门票、会费，公开募捐款项，内部定向募捐款项，公共财政资金支持等。

（3）物力资源，一般是指维持组织运行及对外开展活动的各种物质要素及其关系，具体可以理解为开展志愿服务所需要的各种设施设备、生活用品、活动物资等。

物力资源链接的方式，具体包括：面向意向单位给予联合举办授权；相应商品赞助、餐饮保障、住宿保障、场地保障等；由社区居民自发将家中闲置物品定向捐给某个特定文化和旅游志愿服务项目；在特定节假日，面向企业、社区、社会组织发起定向劝募行动，征集有关活动所需物资等。

（4）生态环境资源，是指人类命运共同体赖以生存与发展的自然资源基础，包括水资源、土地资源、生物资源、气候资源、景观资源，以及由生态关系组成的人文环境等，如公园、湿地、海滩、山林、河流、湖泊等都属于生态环境资源，这是文旅志愿服务的重要场景。

生态环境资源链接的方式，具体包括：在官方公布的绿色生态环保基地的名录中查询公开链接方式；在文化和旅游志愿服务系统中了解有关负责人员的联系方式；联系当地街道村居的负责人，建立工作联系等。

（5）信息资源，是在文旅志愿服务过程中以信息为核心的要素集合，包括政府政策、指引措施、公开资料、联系方式等。随着科学技术进步，信息、数据、资料等可以在任意时空用任意媒介载体（硬盘、网盘、纸张、直播、微信、微博、抖音等）进行记录和传播，因此对信息资源的隐私保护、安全保密、完整保障、可控可用越发重要。

信息资源链接的方式，具体包括：在公开发表渠道（如各大浏览器、政务网站等）查询有关政府发布的政策、学术文章和官方资讯；也可以在各大音频APP、视频APP/网站、学习平台检索和查询有关最新政策、法律和涉及知识产权的作品内容；还可以在各地图书馆、地方志馆、党史馆等申请查询或复印有关文献资料；也可以通过社交群求助的方式，或向有关专业人士求助等。

（6）组织资源。与个体资源相对应，组织资源是指在总体上整合运用个体资源，发挥组织在品牌、资本、管理等资源上的优势。由于不同组织所拥有的市场渠道、行业经验、专业技术、社交网络等不一样，在资源链接过程中发挥组织资源优势，便可更好地实现优势互补与资源共享。文旅志愿服务中的一场活动、一次帮扶，都离不开联系志愿者、志愿服务对象，当联系人数、参与人数由一个人变成一群人时，通过发动他们所在的文旅志愿服务组织、社区居委会、高校社团等，可以更加高效地推动文旅志愿服务的顺利开展。

组织资源链接的方式，具体包括：在公开渠道查询到有关组织的联系方式，通过电话、微信账号、邮箱等方式进行联系；通过求助朋友的方式获得有关组织资源；经有关行业组织、同领域工作人员推荐，获取相关组织人员联系方式；在活动交流会现场留存有关组织联系人信息等。

（四）具体案例

案例一：文化和旅游志愿服务人力资源链接

"满天星"广州市基层文旅志愿服务组织者培育计划作为"繁星行动"文旅志愿服务品牌项目的基层板块，坚持问题导向，直面文旅志愿服务组织和项目发展所存在的问题和短板，从经验、物资、资金上补资源短板，及时赋能，还组织交流学习，完善组织间横向资源互补、经验互鉴的机制，以文旅志愿服务为抓手，积极回应社会关切。

目前，广州文旅志愿服务已成为推动公共文化服务社会化发展的重要力量，但仍存在组织人才缺乏、活动形式单一等现实问题。针对以上问题，广州市文化广电旅游局、广州市文化和旅游志愿者总队通过链接人力资源、服务资源，联系专家学者、专业志愿者、志愿者领队等，以政策赋能打破基层志愿服务行政壁垒，搭建"专家智库指导—专业服务队帮扶—基层服务队实践"的培育框架，为基层文旅志愿服务组织者及其队伍提供能力提升培训和结对帮扶指导。

案例二：文化和旅游志愿服务组织资源链接

"红越"青少年宣讲员培育计划作为广州市基层文旅志愿服务重点培育项目，由广州市文化旅游志愿者总队主办，向广大青少年、市民和游客讲述越秀区的红色历史和人物故事，宣传优秀的广州旅游文化。采取预约式、菜单式、定点式、串讲式服务，并辅以拍照打卡、互动问答、角色扮演、图文展板等多元化学习和宣讲手段，务求达到沉浸式的党史学习的效果。

在项目开展过程中，为打造红色宣讲阵地，该项目以"广州志愿驿站旗舰站"为基地，链接北京路步行街周边的太平馆西餐厅、文化场馆等，深入挖掘红色基因。针对经费不足问题，积极链接资金资源，参加"满天星"计划、"益苗计划"等项目赛事。为扩大社会参与面，主动链接人力资源，影响更多青少年一代参加红色文旅志愿服务。该项目还努力完善志愿者管理保障机制，积极联动越秀区文化馆和多家中学，并建立相应合作协议和机制，围绕广州城防图、千年古道、千年古楼（铜壶滴漏）等，开设步行街景点导赏岗，为游客提供导赏讲解、

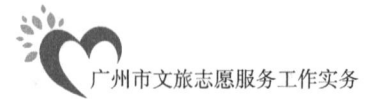

信息咨询等文旅志愿服务。

四、风险管理能力

文化和旅游志愿服务在实际运行过程中必定会遇到各种突发事件和临时公共危机，如何对这些风险进行有效的管理和控制，确保文化和旅游志愿服务安全顺利开展，确保志愿者和服务对象的人身安全得到有效保障，就显得尤为重要。文旅志愿服务工作者需要将可能面临的各种潜在风险预先发现、提前预判、提早介入，做到定期演练、定期评估，形成风险管理应急预案，并不断完善风险管理制度。

（一）风险管理的概念

文化和旅游志愿服务风险管理是为应对在文化和旅游志愿服务前、中、后的各种不确定性因素，而采取的一系列科学、有效的预防和应对措施，以降低志愿服务全流程风险，保障文化和旅游志愿服务的顺利进行。例如，使用他人的作品进行宣传，以及拍摄文旅活动参与者（特别是未成年儿童、残疾人、特殊人群）的照片等，在后期宣传推广或二次创作时，可能涉及肖像权和未成年人保护法等法律法规。如果没有进行适当的风险管理，可能会侵犯他人的合法权益。通过风险管理，可以提前识别和解决可能出现的问题。在开展志愿服务时，文化和旅游志愿服务工作者需要建立专职或兼职安全管理团队，在日常对潜在风险进行辨识和管理。

（二）常见风险类型

综合考虑在文化和旅游志愿服务过程中导致事故发生的起因、诱因、危害等，可以将常见的安全风险划分为主体风险和非主体风险两大类型。

1. 主体风险

主体风险是指在文化和旅游志愿服务中，由志愿者个人、志愿服务组织或社会第三方等因素引起的风险隐患，包括对志愿活动的潜在危机、危险程度认知不足，不熟悉有关文化和旅游志愿服务设施设备的运作，或带领市民游客、志愿者等做出极端危险动作等，都可能引发安全事故。还包括因志愿者、志愿服务对象的体能、健康、能力水平、心理或精神状态无法适应课程可能引发的风险。

2. 非主体风险

意外大多是由多个失误因素综合、引发连锁反应造成的，非主体因素包括在文化和旅游志愿服务场所中的客观环境、装备状况、团队管理水平等。客观环境包括自然条件、天气情况等，如自然天气中无法避免的雷电、暴雨、高温、寒潮等天气，容易引起触电、滑倒、中暑、冻伤等事故。装备状况包括日常维护、保养、更新等，这个风险多是由于文化和旅游志愿服务中相关安全设施设备维护不到位、保养不彻底、防护措施及流程不严格、安全意识薄弱等导致。团队管理水平主要是指在文化和旅游志愿服务过程中与人有关的制度建设、风控落实等不同的管理因素，疲惫倦怠、应变滞后、忽视误判等互相叠加易引起风险。

（三）风险管理的流程与做法

文化和旅游志愿服务风险管理的主要目的是保护文化和旅游志愿者、志愿服务对象、志愿服务团队的人身、财产安全，确保文化和旅游志愿服务活动的顺利进行。文旅志愿服务工作者要做到志愿服务全流程风险管理，需要掌握风险识别、风险评估、风险应对、风险转移、风险监控、风险沟通、风险改进的做法，以有效应对各种可能性风险。

（1）风险识别：对文化和旅游志愿服务中，涉及人员、物资、财务、场地、文化等方面，可能面临的主体与非主体导致的风险进行全面识别，包括政治风险、经济风险、社会风险、技术风险、法律风险、环境风险等，还包括心理上的压力、传染病的传播、身体上的伤害等。

风险识别所发现的风险内容和危险信号、细节，可以通过和志愿者、志愿服务工作者、志愿服务组织单位等组成的安全管理团队中的风险辨识小组逐项讨论和编码记录，通过查阅文献、咨询专家等方式来辨识确认，标记后交接给下一个环节的负责小组。

（2）风险评估：负责风险评估的志愿服务工作者，应当对识别出的风险进行等级评估，风险等级可根据实际需要设置为3个级别，分别是严重影响、一般影响、影响较小，确定其风险发生的可能性和影响程度，同时可采用定性和定量相结合的方法，进行文字上的客观描述性评估。

（3）风险应对（风险预防）：经过风险辨识和评估，本环节主要针对可能出现的风险，制定出相应的预防措施，这些措施可能包含预防、减轻、转移和接受等。预防措施应当不少于2个，防止第一种措施失效后有第二种候补方案。比如，通过接受相关专业的安全管理培训、完善安全保障措施、明确服务责任、使用个人防护装备、遵守必要的安全流程等方式，加强与相关部门的沟通协调，来预防和减轻文化和旅游志愿服务风险。还要将"风险点""评估情况""预防措施""风险排查"四个方面内容进行规范整理，编制成属地可用的文化和旅游志愿服务风险管理应急预案，并根据服务的实际情况，定期更新预案内容。

（4）风险转移：如果发现有一些风险无法通过完善制度、优化流程、加强培训和管理、硬件改进等方法进行完全预防规避，志愿服务工作者可以通过购买人身意外伤害险、商业财产保险等方式，将部分风险转移给保险公司，降低自身损失。同时，可以在显眼位置以加粗字体张贴风险告知书，要求参加者/监护人签署风险知情同意书，形成风险预防共同体，保护共同安全。

（5）风险监控：在文化和旅游志愿服务进行过程中，需要安排专门志愿服务工作者对已排查出来的风险进行定期、持续监控，根据应急演练和预案情况，及时发现并处理突发事件，并调整预防和缓解措施。如果发现新的风险或者原有风险发生变化，需要重新进行风险识别和评估，调整风险应对策略。风险监控需要特别关注政治纪律与现场应急、国家安全与信息保密、外事纪律与服务要求、媒体公关与舆论处置、财务流程与组织公信力等几方面内容。

（6）风险沟通：负责风险管理的志愿服务工作者需加强与志愿者、服务对象、合作伙伴、相关部门的风险管理沟通，及时通报风险信息，让参与者尽可能全面地了解可能面临的风险和应采取的预防措施，以及如何参与到风险管理中来，这有助于提高文化和旅游志愿服务风险管理的透明度和有效性，也会增强参与者的安全意识和风险发生时的配合度，提高文化和旅游志愿服务工作者的风险管理应对能力。

（7）风险改进：根据风险管理过程中的经验教训，风险是动态变化的，需要不断完善风险管理制度和流程，还要通过收集反馈、进行效果评估、学习新的经验和方法等方式，提高文化和旅游志愿服务活动的安全性和可持续性。

通过以上步骤与做法，可以有效地进行文化和旅游志愿服务的风险管理，确保全体志愿者、市民游客的安全以及文旅志愿服务工作的顺利进行。

（四）具体案例

案例一：文化和旅游志愿服务中的安全风险

某景区在举办大型文化活动时，组织了一批志愿者提供服务。在活动进行过程中,由于现场人流量巨大,志愿者们在引导游客时未注意自身安全,导致在人群拥挤中发生踩踏事件,部分游客受伤。

为规避此类风险,文化和旅游志愿服务组织者,应当根据相关风险管理的做法,辨识风险,并采取购买商业保险,预判人流情况,安排专人在出入口统计人员进出流量,禁止在通道内逆向前进,设置绿色通道,布置应急救援区域等措施,完善风险管理和应急预案机制。

案例二:文化和旅游志愿者在服务中泄露服务对象隐私的风险

某地文化馆举办了一场传统文化活动,招募了一批志愿者进行接待、讲解等工作。在工作过程中,部分志愿者在未经游客同意的情况下,私自拍照、录像,并将照片、视频上传至网络,导致游客的隐私信息泄露。

为规避此类风险,必须制定各种保护隐私的文件制度,对上岗志愿者进行岗前培训,并签署知情同意书。在服务过程中安排专业人员进行活动宣传资料的信息采集(如拍摄、录制和后期制作)工作,专人专用,其他志愿者需服从现场管理,不拍摄、不留存相关涉及个人隐私的内容。同时,为避免志愿服务对象产生不必要的误会,可以在活动开展前进行相关风险告知,如果有不同意拍摄的志愿服务对象,在拍摄和后期宣传时,对有关人员的照片给予隐私保护技术处理。

案例三:文化和旅游志愿者在服务中出现的失误风险

某地博物馆举办了一场红色宣讲活动,招募了一批志愿者进行志愿讲解。在讲解过程中,由于部分志愿者对文物了解不足,导致讲解出现重大政治失误,给游客带来了不良体验。

若要规避此类风险,必须先对志愿者的真实身份和诚信情况进行背景调查,还需要对志愿者的专业能力进行培训和测评,在上岗前多次重复彩排演练,并告知其相关在岗服务要求规范,根据服务重要程度,选派对应的一线志愿者、志愿者骨干、核心组织人员等,以此规避可能存在的选派失误风险。

思考题:

1. 您所在团队目前登记在哪个专业志愿服务队?属于哪个领域的专业队?能用一句话归纳团队的使命和愿景吗?

2. 请列一列您所在团队的组织架构图,具体包括哪些内部结构?它们之间的领导与被领导关系是怎么样的?

3. 举例说明您身边优秀的文化和旅游志愿服务项目,结合五个衡量标准谈谈它们的优点。

4. 关于文化和旅游志愿服务资源,请评估哪个是您所在团队目前发展最缺乏的?您会采取哪些方法来为团队获得足够的项目发展资源?

5. 您认为文化和旅游志愿服务比较突出的风险是什么?您拥有足够的预案、工具、方法来预防、规避、降低风险吗?

(撰稿人:吴冬华、谢栋兴)

第三章
文化和旅游志愿者骨干实务

一直以来，习近平总书记对志愿服务工作十分重视，对志愿服务队伍关爱有加，他多次强调，要加强志愿服务保障和支持，不断发展壮大志愿服务队伍。实践证明，高素质志愿服务队伍是推动志愿服务事业高质量发展的重要支撑。[①]

志愿者骨干作为志愿服务队伍的中坚力量，是所属组织和志愿者之间的关系桥梁，在凝聚志愿者力量和推进项目开展上起到至关重要作用。通常而言，志愿者团队成立初时，众多成员几乎同期加入，他们的服务经验和专业特长不尽相同，其中已累积一定服务经验的成员往往被视为骨干人员。随着志愿服务工作深入开展，团队规模进一步扩大后，原有团队中一些思想政治过硬、示范效应显著、服务意愿强烈、有号召力、有组织力、有行动力的志愿者则蜕变成新一批骨干人员，进而分担一定的团队管理和事务统筹工作，带领成员实现团队目标。

要有效发挥文化和旅游志愿者骨干的巨大潜能，必须让其了解自己工作的价值和意义，认清担任志愿者骨干的资质条件、岗位要求和工作流程，同时还要加强培训学习，优化知识结构，提升服务技能。为更好地指导文化和旅游志愿者骨干顺利开展工作，本章主要从工作职责、岗位要求、主要能力三方面展开论述，以期帮助志愿者骨干充分厘清角色定位，切实提升服务技能和综合素养。

---

① 高峰，苏超莉. 推动志愿服务事业高质量发展［N］. 光明日报，2022-02-25 (06).

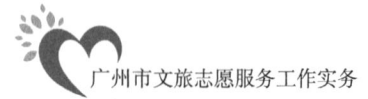

第一节　文化和旅游志愿者骨干的工作职责

文化和旅游志愿者骨干作为文化和旅游志愿服务事业的重要力量，不仅能在文艺演出、展览展示、阅读推广、文化遗产保护、文明引导、游览讲解等岗位提供专业志愿服务，还要协助志愿服务工作者和组织负责人完成统筹协调类工作，推动文化和旅游志愿服务制度化、专业化、规范化发展。文化和旅游志愿者骨干的工作职责主要包括以下内容：

（1）负责文化与旅游志愿者团队的组建和维系，如志愿者岗位开发与规划、志愿者招募与选拔、志愿者培训与考核等。

（2）负责文化与旅游志愿服务项目的运营与执行，如任务分解、人员安排、流程管理、服务时数记录等。

（3）对所在志愿者团队或运营的志愿服务项目进行宣传推广，如文案撰写、拍摄照片、制作宣传推文等。

（4）做好沟通传达工作，向志愿服务工作者和组织负责人建言献策，就志愿者团队发展或志愿服务项目运营相关方面提出有效意见和可行建议。

（5）协助志愿服务工作者和组织负责人进行服务资源链接，如联动多方机构/团队开展联合活动、参与公益创投、策划募捐活动等。

第二节　文化和旅游志愿者骨干的岗位要求

有别于普通志愿者从事的基础性、恒常性志愿服务工作，志愿者骨干面对的更多是统筹性事务和突发性事件，其工作难度性更大、复杂性更高、挑战性更强，对志愿者骨干服务能力、工作艺术和综合素质的要求较高。因此，要胜任文化和旅游志愿者骨干岗位，需要满足以下要求：

（1）为人正派，品行端正，具有良好的思想道德品质并认同志愿服务理念。

（2）积极主动，责任心强，具有较强的大局意识和团队合作意识。

（3）表达流利，灵活应变，具有较好的沟通表达能力和组织协调能力，具备应对突发事件的自救、互救意识和技能。

（4）思维清晰，逻辑性强，具有敏锐的文化敏感度和相应的文旅志愿服务专业知识。

（5）抗压力强，执行力高，能够独立开展活动统筹和志愿者管理工作。

（6）善于学习和运用信息化工具，熟练操作办公软件和志愿服务信息系统。

（7）对文化和旅游志愿服务充满热情，有一定的志愿服务经验，志愿服务累计时间不少于 100 小时，参加各级各类志愿者培训累计时间不少于 30 学时（1 天按 6 学时计算）者，优先考虑聘为骨干人员。

第三节　文化和旅游志愿者骨干的主要能力

志愿者骨干是志愿服务组织中至关重要的一环，他们不仅拥有丰富的服务经验和扎实的文旅知识，还能够带领团队共同实现组织目标。进入新时代，如何培育一支可持续发展的志愿者骨干队伍，以适应文化和旅游志愿服务的快速发展，是摆在文旅志愿服务组织面前迫切需要解决的重要课题。结合文旅志愿者骨干的工作实际和岗位需要，从志愿者团队组建、志愿服务项目执行、有效沟通、应急救护和新媒体宣传五方面入手，提升志愿者骨干的主要能力。

一、志愿者团队组建

志愿者是志愿服务组织的重要人力资源。有效管理和激励志愿者不仅能发挥志愿者的主观能动性，极大地提升志愿服务工作效率和质量，还能增强志愿者对组织的归属感和凝聚力，从而降低志愿者流失率，保障志愿服务工作顺利持续开展。志愿者管理是一个庞大且复杂的系统工程，贯穿志愿服务工作的方方面面，而志愿者团队的组建和维系是关键一环，志愿者骨干在当中发挥主体作用。因此，要做好志愿团队组建和维系工作，志愿者骨干需要掌握志愿者岗位分析、志愿者招募选拔、志愿者培训管理等知识和技能。

（一）志愿者岗位分析

志愿者岗位分析，是对每一个志愿服务岗位的名称、任务、职责、工作流程

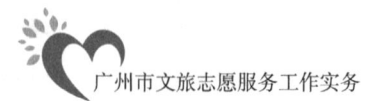

以及承担本岗位所需的资格条件进行综合分析研究,并由此制定岗位工作规范和注意事项的过程。① 主要包括三方面的内容:一是岗位信息收集,二是岗位资料分析,三是制定岗位说明书。通常情况下,这一过程需要项目管理方、志愿服务工作者和志愿者骨干共同参与。

岗位信息收集阶段,可使用个人访谈(表3-1)、日常观察、文献分析的方法,多渠道了解志愿服务岗位的工作内容、工作职责、所需知识技能等。

表3-1 志愿者岗位分析个人访谈提纲

个人信息			
姓名		性别	
年龄		学历及专业	
所在岗位		该岗位人数	
访谈内容			
1. 您所在岗位的工作职责是什么? 2. 您所在岗位的具体服务内容有哪些? 3. 您在服务过程中最大的挑战是什么? 4. 您在服务过程中哪些地方容易出错? 5. 您认为胜任该岗位需要具备哪方面的素质和技能? 6. 如果组织开展志愿者培训,您认为需要学习哪方面的知识和技能? 7. 您所在的岗位需要哪方面的后勤保障支持? 8. 其他需要补充了解的信息。			

岗位资料分析阶段,需要对收集回来的访谈资料、观察日记、文献素材等进行综合梳理和提炼,对各个志愿者岗位的目标、任务和流程进行分解与归纳,初步形成志愿者岗位说明。制定岗位说明书阶段是将志愿者岗位分析的初步结果进一步优化和修订,最终形成完整的志愿者岗位说明书。以广州市文化馆"学雷锋"志愿服务岗为例,志愿者岗位说明书需具备以下内容,详见表3-2。

---

① 邱服兵,涂敏霞. 志愿者管理工具包 [M]. 广州:广东人民出版社,2018:32.

表3-2 志愿者岗位说明书

岗位基本信息			
志愿者岗位类型	通用型服务岗位	志愿者岗位编号	通用001
志愿者岗位名称	"学雷锋"志愿服务岗	所属组别	通用志愿者组
岗位位置（服务地点）	馆内"学雷锋"志愿服务站		

岗位职责与任务		
职责一	职责概述：开展服务前的准备工作	服务时间占比：10%
	工作任务	具体内容及注意事项
	1. 了解入馆签到流程	到岗要及时进行签到，服务结束要记得签退
	2. 熟悉馆内和周围布局	熟悉广州市文化馆各个课室、排练场、讲座厅等位置和旅游观光、大型公共场所等位置，熟记各个区域的划分
	3. 清点物资	清点岗位上所有人员的排班表、活动排期表，如出现此类信息缺失的情况，请与馆内对接老师反映
	4. 熟悉活动信息	提前了解馆内近期活动信息
职责二	职责概述：服务过程中的具体工作	服务时间占比：80%
	工作任务	具体内容及注意事项
	1. 信息咨询	1. 提前了解熟悉文化馆相关各类信息。如果到岗后发现没有活动排期表，请及时向对接老师反映。 2. 如遇到不清楚、不清晰的活动或课程内容，可指引服务对象在"广州市文化馆"公众号上进行活动、课程内容的查看。 3. 注意仪容仪表和礼貌用语
	2. 文明引导	1. 提前了解馆内硬件设施和场地分布、服务场所基本情况、服务场所管理要求。 2. 提前了解当日馆内的活动信息，清晰人流分布。服务时注意仪容仪表和礼貌用语
	3. 维护秩序	及时礼貌提醒市民文明旅游和文明出行
	4. 关爱便民	对一些临时性、突发性事件，志愿者需根据自身具体情况，进行灵活的志愿服务，并第一时间联系馆内相关工作人员

续上表

岗位职责与任务			
职责三	职责概述：服务接受的收尾工作		服务时间占比：10%
	工作任务	具体内容及注意事项	
	1. 清点物资	清点岗位上所有人员的排班表、活动排期表，如出现此类信息缺失的情况，请与馆内对接老师反映	
	2. 工作交接	如有下一班次的志愿者接班，需与下一班次的志愿者进行相关工作对接，包括物资清点、相关工作信息更新等	
岗位申请者条件			
年龄及性别	18～65周岁，性别不限	教育水平	高中及以上
专业技能	无特别要求	服务经验	具备咨询引导经验
个性特征	品行端正，热心公益，乐于助人，自律性强。表达流利，灵活应变，亲和力较强		

（二）志愿者招募选拔

志愿者招募是一个寻找能够满足组织和项目需求的志愿人员的过程。[①] 主要包括三方面的内容：一是根据志愿服务项目的内容，细化和明确志愿者的数量需求、能力需求、素质需求、工作时间需求、来源要求等；二是启动招募计划，选择合适的招募渠道，发布志愿者招募信息；三是整体把控招募前、中、后期各环节，及时调整招募计划及对招募效果进行评估。志愿者招募选拔过程可用图3-1表示。

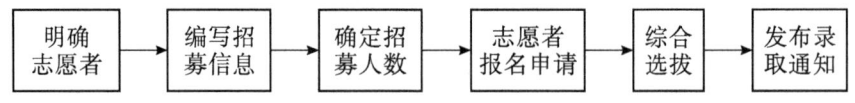

图3-1 志愿者招募选拔工作流程

根据文化和旅游志愿服务项目需求和岗位设置情况组织开展志愿者招募工作，编写招募信息时应详细列明时间、地点、服务内容、基本要求、志愿者数量、报名方式、录取通知渠道、服务过程中可能发生的风险以及服务保障等信息

---

① 北京志愿服务发展研究会. 中国志愿服务大辞典 [M]. 北京：中国大百科全书出版社，2014：49.

（表 3-3），并提供统一模板的志愿者申请表（表 3-4）供申请人填写。

表 3-3　志愿者招募信息清单

组织/团队介绍	
项目名称	
项目介绍	
岗位描述及人员数量	
工作要求	如时间、地点、频次等
申请条件	如学历要求、专业背景、技能素质等
志愿者保障	如餐饮、保险、表彰、福利等
报名方式	线上线下相结合，注明回收地址及邮箱等
录取方式	注明笔试、面试、见习、考核等具体要求
风险管理	列出服务过程中可能遇到的风险

表 3-4　志愿者申请表

姓　名		性　别		照片（一寸）
出生年月		籍　贯		
民　族		政治面貌		
专业学历		爱好特长		
身份证号码				
工作单位				
通讯地址				
联系电话		电子邮箱		
微信		QQ		
个人服务意愿（服务区域等）				
意向服务时间	□周一至周五　□双休日　□周六　□周日　□随时随地			
个人简历及自我描述				
您能承担的志愿服务内容				

续上表

申请人承诺	我志愿加入文化和旅游志愿者行列。我承诺：尽己所能，不计报酬，帮助他人，践行志愿精神，传播先进文化，服务社会群众，为构建和谐社会贡献力量！ 签名：
志愿者使用部门审核意见	 年　月　日

招募信息编写完成后，文化和旅游志愿服务团队可采用"线上+线下"的方式发布招募公告，如在i志愿、志愿时、"广州公共文化云"平台志愿者系统等平台发布线上招募信息，还可以借助场馆及园区的宣传栏、滚动屏幕等发布信息，让市民朋友多渠道获取招募信息。除社会化公开招募外，还可以面向特定高校或单位进行定向性招募，吸纳专业人士到志愿者队伍中来。

志愿者招募一般与选拔同步进行，招募信息一经发布后，会陆续收到申请者资料，志愿者骨干需要协助从中选出合适的人员进入综合选拔阶段。通用型志愿服务岗位一般采取面试方式进行选拔，专业型志愿服务岗位可采取面试、见习、试岗等方式综合考察申请者。以下提供结构化面试的问题清单，供志愿者骨干参考使用，详见表3-5。

表3-5　志愿者面试问题库

基本信息	
面试时间	
面试人员	
面试岗位	
面试问题	
兴趣意愿	1. 你为什么想成为这一岗位的志愿者？ 2. 你认为这一服务岗位主要涉及哪方面工作内容？ 3. 你希望从志愿服务中收获什么？

续上表

面试问题	
服务经历	1. 你做志愿者有多久了？ 2. 你参加过哪些志愿服务活动？具体说说。 3. 你在志愿服务过程中有哪些感悟和收获？
专业能力	1. 请介绍一下你的教育背景。 2. 你有哪方面的爱好及专业特长？ 3. 你认为自己有什么优势能胜任该服务岗位？
自我评价	1. 你认为自己有哪些优点和缺点，对接下来的志愿服务工作会产生什么影响？ 2. 请用三句话简要评价自己。

经过多轮筛选和考核，对确定符合岗位要求的申请者给予录取。为便于文化和旅游志愿服务的顺利开展，文旅志愿者的录取应在面试考核结束后一周内进行，录取时优先选择身心健康、有一定文旅志愿服务经验、身份信息经系统平台核验的志愿者。录取后应及时发短信告知志愿者如何联系团队负责人，并可通过组建微信群/钉钉群的方式开展团队组建前的准备工作。需要注意的是，为文化和旅游志愿者匹配服务岗位时，应充分考虑其个人意愿、服务意向、专业特长、工作能力等因素。

（三）志愿者培训管理

志愿者培训是志愿者管理中非常重要的环节，有助于推动志愿者提升服务水平、改进工作绩效和增强工作满足感。不管在正式上岗前，还是在恒常服务时，都应向文化和旅游志愿者提供科学系统的培训。

志愿者骨干在其中一般担任多重角色，如培训规划者、培训组织者和培训讲师等。培训规划层面，包括设计培训内容、培训时长、培训课程、培训方式等，课程设置可参考表3-6。培训组织层面，包括邀请师资、组织志愿者参加培训、收集学员评估意见等。培训讲师则需要根据课程需求撰写教案、准备课件与教具等，教案编写可参考表3-7。

表 3-6　志愿者培训课程安排及授课方式

模块	课程主题	建议时长	授课方式
通用培训	文化和旅游志愿服务的价值理念与发展概况	1 学时	讲授法
	志愿服务团队规章制度及服务守则	1 学时	讲授+实操
	志愿服务礼仪规范与沟通技巧	2 学时	讲授+实操
	志愿服务常见的应急事件与处置技能	2 学时	讲授+实操
	文化和旅游志愿服务项目策划	2 学时	讲授+研讨
专业培训	语言类专业培训（如导览讲解、文旅宣讲等）	2 学时	实操
	艺术类专业培训（如艺术普及、文艺演出等）	2 学时	实操
	文化类专业培训（如非遗保护、展览展示等）	2 学时	实操
岗位培训	岗位工作职责与要求	1 学时	讲授法
	岗位工作任务与流程	1 学时	情景模拟
	岗位服务规范与注意事项	1 学时	讲授+实操
	场馆/园区公共设施分布与突发事件应对	2 学时	参观+实操

注：以上课程供志愿者骨干参考使用，可根据培训需求、时间、地点等实际情况，选择其中的某几门课程。

表 3-7　志愿者培训课程教案

基本信息	
课程名称	
培训时间	
培训地点	
场地布置	（桌椅摆放要求，白板等辅助教具摆放要求）
学员基本情况分析	（学员来源、学习动力、角色分工、对培训的期望等）

续上表

教学设计	
培训目标	
主要内容及时间安排	（列出课程二级大纲，每部分讲授时长）
培训方式	（如讲授法、情景模拟、案例分析、实操演练、实地参观等）
培训教具	（教学过程中需要的物资，如电脑投影、大白纸、油性笔等）
教学评估	
效果测评	（检验学员学习成果，列出测评所需的工具或标准，如问卷、知识测试、上岗考核等）
培训评估	（收集学员对课程的评价，列出评估所需的工具或标准，如问卷、访谈提纲等）

需要注意的是，文化和旅游志愿者培训多采用体验或实地考察的方式进行，因此在培训过程中需要着重保障学员的人身安全。对一些专业性要求特别高的岗位，在培训结束后要组织专门的考核，通过考核的志愿者方可正式安排上岗服务。

二、志愿服务项目执行

文化和旅游志愿服务项目是健全现代公共文化服务体系，推动公共文化服务高质量发展的重要载体。一个成熟的志愿服务项目，无论规模大小，都要经历启动、计划、执行、控制和评估五个阶段，每个阶段都有具体的工作步骤和行为指引。项目的执行过程是整个项目管理中最为实质的环节，也是需要志愿者骨干充分参与并发挥作用的关键阶段。要保障志愿服务项目有序执行，志愿者骨干需做好任务分解、人员安排、活动执行等环节。

（一）任务分解

进入志愿服务项目执行阶段，在工作内容层面主要包括明确项目关键环节或实施过程中的关键问题、分解工作任务和制订进度计划三个环节。其中，第一环节应由组织负责人或志愿服务工作者主导，志愿者骨干协助，以头脑风暴、无结构讨论等方式厘清项目总体目标和分目标，从而确定预期成果以及项目实施过程中有可能遇到的难题和风险。

明确项目目标、预期成果和风险清单后，志愿者骨干可运用工作分解结构图（working breakdown structure，WBS）这一工具，以可交付成果为导向，将宏观的工作任务拆分为清晰细致和易于操作的工作步骤。下面，以"小小红色宣讲员培育项目"的某次培训活动为例，使用 WBS 将工作任务进行分解和梳理，详见表 3-8。

表 3-8 小小红色宣讲员培训活动工作分解

工作阶段	编号	工作任务	关键事项
准备阶段	1	培训规划	1.1 确定培训主题和内容
			1.2 确定培训形式和时长
			1.3 撰写培训日程安排表
			1.4 编写培训经费预算
	2	学员招募	2.1 发布学员招募公告
			2.2 确定学员名单和发布录取通知
	3	师资邀请	3.1 邀请授课老师
			3.2 沟通课程需求

续上表

工作阶段	编号	工作任务	关键事项
准备阶段	4	活动后勤	4.1 场地踩点与申请
			4.2 物资采购与教具制作
			4.3 发布志愿服务培训时链接
			4.4 购买学员人身意外保险
实施阶段	1	场地布置	1.1 培训场地布置
			1.2 教学物资摆放
	2	人员组织	2.1 学员签到和派发学习资料
			2.2 组织学员扫码记录培训时
	3	培训活动	3.1 介绍培训安排和授课老师
			3.2 课程讲授与课堂互动
			3.3 学员宣讲实操演练
			3.4 拍摄培训活动照片
收尾阶段	1	意见收集	1.1 学员填写课程反馈表
			1.2 合作伙伴访谈
	2	活动总结	2.1 撰写活动通讯稿和发布文章
			2.2 活动小结和反思

工作分解完成后，抓取其中可交付成果或半成品的产生所必须进行的具体活动进行定义，再确定各项具体活动间的依赖关系、先后顺序和所需时长，以进一步制订进度计划。下面，以"小小红色宣讲员培育项目"的某次培训活动为例，志愿者骨干通过绘制甘特图来呈现进度计划，详见表3-9。

表3-9 小小红色宣讲员培训活动工作进度表

工作阶段	编号	工作任务	关键事项	8月								
				1	2	3	4	5	6	7	8	9
准备阶段	1	培训规划	1.1 确定培训主题和内容									
			1.2 确定培训形式和时长									
			1.3 撰写培训日程安排表									
			1.4 编写培训经费预算									
	2	学员招募	2.1 发布学员招募公告									
			2.2 确定学员名单和发布录取通知									

续上表

工作阶段	编号	工作任务	关键事项	8月 1	2	3	4	5	6	7	8	9
准备阶段	3	师资邀请	3.1 邀请授课老师				■	■	■			
			3.2 沟通课程需求						■			
	4	活动后勤	4.1 场地踩点与申请				■	■	■			
			4.2 物资采购与教具制作					■	■	■		
			4.3 发布志愿服务培训时链接						■	■	■	
			4.3 购买学员人身意外险								■	■

注：甘特图的工作阶段和工作任务应对应 WBS 工作分解结构上的内容；日期可按项目时长进行撰写，如月/周/日；以上图表可根据项目繁复程度，增加负责人、交付成果等栏目。

（二）人员安排

执行团队的人员安排实质是志愿者配置与分工的过程[①]，即根据志愿服务项目的具体需求将志愿者分配到各个岗位上，并依据项目的实际进展，对不同岗位人员进行必要调整，以保障项目顺利开展。志愿者骨干根据活动类型（大型活动或恒常服务）、活动地点（固定点或流动点）、活动时间、工作任务与志愿者人数等信息，初步编写出志愿者岗位分配方案，与组织负责人及志愿服务工作者对接后落实最终方案。以下为2023年广州非遗品牌大会其中一天的志愿者人员安排（表3-10），供参考。

表3-10 志愿服务岗位安排表

序号	园区	岗位类别	岗位名称	地点	服务内容	人数	志愿者
1	公共文化中心	流动岗位	咨询指引岗1	市集（中心阁主出入口内广场）	协助活动指引、观众秩序维护	6	××、×× ××、×× ××、××
2	公共文化中心	流动岗位	咨询指引岗2	市集（剧场门口广场）	协助活动指引、观众秩序维护	2	××、××

---

① 王忠平，沈立伟. 志愿服务组织建设与项目管理 [M]. 北京：中国人民大学出版社，2018：232.

续上表

序号	园区	岗位类别	岗位名称	地点	服务内容	人数	志愿者
3	翰墨园	固定岗位	咨询指引岗3	翰墨园主入口咨询台	指引翰墨园路线、洗手间位置和其他园区位置，了解翰墨园展厅基本内容	1	××
4	翰墨园	流动岗位	路线指引岗1	翰墨园展厅	指引展厅位置和洗手间位置，了解翰墨园展厅基本内容	2	××、××
5	广绣园	固定岗位	咨询指引岗4	广绣园正门入口广场	指引展厅位置和其他园区位置，了解广绣园进出口及洗手间位置，简单了解广绣园展厅内容	1	××
6	广绣园	流动岗位	路线指引岗2	广绣园西北角展厅及入口	指引展厅位置和其他园区位置，了解广绣园进出口及洗手间位置，简单了解广绣园展厅内容	1	××
7	广绣园	流动岗位	路线指引岗3	广绣园东南角展厅	指引展厅位置和洗手间位置，了解广绣园展厅基本内容	2	××、××
8	曲艺园	流动岗位	路线指引岗4	曲艺园	指引曲艺园展览路线及活动内容，协助人员引流	1	××
合计						16	

（三）活动执行

前期筹备完成后，则进入活动执行阶段。按照志愿者上岗前、在岗时、离岗后三个环节进行划分，志愿者骨干在各个时间段均有对应的职责任务。为便于阅读，表3-11展示了志愿者骨干在活动现场具体执行项目时需完成的工作事项及具体内容。

表 3-11 志愿者骨干活动执行阶段工作内容

服务阶段	工作事项	具体内容
志愿者上岗前	事项核对	1. 熟悉现场布局，如物资存放位置、休息区域、疏散路线等，检查活动现场是否布置完毕。 2. 检查活动物料和志愿者物资是否齐全。 3. 核实志愿者是否均已到岗。 4. 确定活动是否按时开展
志愿者上岗前	岗前会议	1. 志愿者自我介绍或简要分享前一天的服务经验。 2. 明确当天活动的志愿者工作岗位及职责。 3. 明确志愿者值班时段、轮流休息、用餐时间等。 4. 团队打气与鼓励。 5. 组织志愿者扫码签到，记录服务时数
志愿者在岗时	服务指导	巡查各服务岗位，留意志愿者的工作状况： 1. 若有出现工作不认真或服务不够规范的现象，应及时提醒改进。 2. 若发现志愿者有优秀表现或得到服务对象认可时，可拍照记录
志愿者在岗时	后勤保障	留意志愿者饮水、就餐、休息、如厕、个人防护等后勤保障情况，如发现物资不足，需联系及时补给
志愿者在岗时	问题处理	1. 协助志愿者处理志愿者无法独立处理的状况，如情况紧急严重，要及时联系组织负责人或现场管理者寻求帮助。 2. 如发现志愿者有懈怠、不满、压抑、惊恐等负面情况，应及时疏导或安排志愿者暂停当次服务，进行休息，协调其他志愿者补充岗位
志愿者离岗后	服务小结	1. 对当天/当班活动表现良好的志愿者给予肯定和鼓励。 2. 组织志愿者总结当天/当班志愿服务的不足之处，志愿者骨干作出回应并提出优化建议
志愿者离岗后	工作收尾	1. 指导志愿者做好物品归还和整理工作。 2. 组织志愿者扫码签退，记录志愿服务时数。 3. 与下一班次的志愿者骨干做好工作交接

通常来说，志愿者离岗到家后，应及时在微信群或 QQ 群报平安，如有成员

未及时报告，志愿者骨干应及时联系志愿者给予关怀问候。此外，对在文旅志愿服务中发生的感人故事、平凡细节、工作日志，志愿者骨干可安排专人记录，并以语音、视频、文字、图片等形式予以宣传报道，增加团队成员凝聚力、向心力。当志愿服务项目出现阶段性成果或基本完成后，志愿者骨干还要做好活动资料的整理和归档工作。

三、有效沟通

沟通是文化和旅游志愿者骨干必备的基本技能之一，巧妙的沟通可以使人感到愉快和亲切，有利于维护良好的人际关系，使志愿者骨干顺利获得他人的理解和支持，从而在开展工作时更加得心应手、游刃有余。因此，志愿者骨干需要掌握有效倾听与回应、语言沟通、非语言沟通等知识和技能。

（一）有效倾听与回应

在与他人进行语言沟通时，志愿者骨干要全神贯注，保持谈话的专注，做一个好的聆听者。留意对方说话时的内容及语气，了解对方的感受或言外之意，并记住对方倾谈的重点，适时给予有针对性的回应，以示对对方的尊重。

1. 神情专注

聆听时目视对方以示专注倾听，通过神情专注的目光给谈话者以无形的激励和应有的礼遇。留意对方的观点和感受，将对方提及的一些重要信息和资料适当记下来，以便能准确回应。

2. 交流呼应

沟通过程中，可以时不时通过眼神、表情和手势，对谈话者的谈话做出回应，譬如适时地点头示意、微笑、应答、询问及鼓掌等，让双方有所交流。必要时还可积极发表意见，提出问题的同时也要提供解决问题的建议。

3. 主动体察

善于回应对方的感受，面对对方的不满和抱怨时，要耐心解答、换位思考，设身处地地为对方着想，耐心解答问题的过程往往是缓解对方不良情绪的润滑剂。交谈时还要真诚地赞美对方，让对方在诚恳的赞美语言中如沐春风。

（二）语言沟通的技巧

在语言沟通中，志愿者骨干要关心与自己对话者的思想情绪，同时还要把这种关心用礼貌的语言表达出来。语言沟通的核心原则是尊重对方和自我谦让，具体要做到态度谦虚诚恳、表情亲切自然、语调平和沉稳、充满真挚热情。

1. 语言简练，语句连贯

交流时尽量避免口吃、咬舌或吐字不清，选择语义单一、词义准确的服务用语，并用简短清晰的语句来阐述。尽量不使用否定句和反问句，如"这个绝对不行""难道你不清楚吗"等，这些语句通常让人感到压抑和受挫，要注意避免使用此类表达方式。

2. 使用礼貌用语和文明用语

准确恰当地运用礼貌用语和文明用语，如"您""请""谢谢""麻烦您""有什么可以帮到您""这是我应该做的""谢谢您的建议""再会"等。当服务不到位或出现差错时，应真诚地向对方道歉，常用的道歉用语主要有"抱歉""对不起""请见谅"等。

3. 遵循"首问负责"原则

如无法立即给予对方准确回复时，应遵循"首问负责"原则，即通过询问志愿服务工作者或其他管理者间接取得答案后回复。切记使用"我不知道""我不清楚""你去问其他人吧"之类的回复敷衍了事。

（三）非语言沟通的技巧

美国著名心理学家和传播学家艾伯特·梅拉比安博士提出一个公式：信息的全部表达＝7%的语言＋38%的声音＋55%的身体语言，这个公式充分说明身体语言在沟通中的重要作用。身体语言是非语言沟通的重要内容之一，包括面部表情、眼神接触、身体姿势、手势动作、空间距离等。

1. 面部表情

与人交流时，面部表情应生动明朗，配合说话内容做出相应的表情。最常用的面部表情是微笑，不管在日常交谈时还是在岗服务时，都应面带笑容，为对方创造出一种轻松的氛围，同时也表现出对他人的重视与照顾。当发现对方需要服务或帮助时，要面带微笑向其提出服务请求，获得对方同意后再做出必要帮助。

2. 眼神接触

"眼睛是心灵的窗户"，沟通中经常用目光进行必要的信息、情感交流，目光是否运用得当，直接会影响沟通的效果。在与人谈话时，大部分时间应看着对方，做到礼貌与真诚。正确的目光对焦是自然地注视对方的眉与鼻梁三角区，不能左顾右盼，也不能紧盯着对方。道别或握手时，则应该用目光注视着对方的眼睛。

3. 身体姿势

身体姿势直接反映出你希望与对方保持什么社交关系，对对方的事情是否感兴趣。双手交叉或双腿交叠都是封闭式姿势，表示当下处于拘谨、紧张的状态，没有兴趣与对方进行交往。交谈互动时，可身体微微向前倾，以表达对对方的尊敬和情绪的投入。

4. 手势动作

手势是身体行为中最具表现力的语言，在人们交往过程中能传递重要信息。日常可适当运用手势动作，加强内容表达和情绪感染力。常见的象征手势如下：OK手势表示好的、顺利、没问题；大拇指手势表示赞赏、认可、夸奖；V手势表示胜利、心情愉悦；右手握拳表示坚定、庄严等。需要注意的是，避免单指指人、竖中指、剔牙齿等不良动作。

5. 空间距离

在空间上保持适当距离，既有相互的接纳也给对方充分的自主。空间距离需根据对方的性别、年龄、职业来决定，避免太近或太远而影响关系。一般情况下，普通社交距离或与服务对象之间的服务距离为 0.5~1.5 米，展示距离为 1~3 米，引导距离为 1.5 米左右，待命距离为 3 米以上。

四、应急救护

应急救护技能是文化和旅游志愿者骨干必须掌握的院前基本急救技能。只有熟悉掌握院前急救技能，遇到突发情况时才能科学专业、合情合理、合法合规地第一时间启动应急救援工作，为伤员和有需要的群众提供专业有效的帮助。一般而言，志愿者骨干需要掌握心肺复苏、自动体外除颤器使用、创伤急救、突发灾害救援等急救知识和技能。

（一）心肺复苏（CPR）

心肺复苏（CPR）是用于呼吸和心跳突然停止、意识丧失病人的一种现场急救方法，其目的是通过口对口吹气和胸外心脏按压来向患者提供最低限度的脑供血。造成心跳呼吸骤停的原因有很多，如冠心病、溺水、电击、雷击、严重创伤、大出血等。在发病 4 分钟内能开始进行正确有效的心肺复苏术，可以救活大量的猝死病人。因此，文化和旅游志愿服务的志愿者骨干学会并掌握心肺复苏术，具有很大的社会意义。现场成人心肺复苏操作流程如下。

（1）确认环境安全，做好自我防护。施救者要快速观察周围环境，判断是否存在潜在危险，并采取相应的自身和患者安全保护与防护措施。

（2）判断意识及反应。施救者用双手轻拍患者的双肩，俯身在其两侧耳边高声呼唤："先生（女士），您怎么了，快醒醒！"如果患者无反应，可判断为无意识。

（3）检查呼吸。检查呼吸时，患者如果为俯卧位，应先将其翻转为仰卧位。用"听、看、感觉"的方法检查患者呼吸，判断时间约 10 秒。如果患者无呼吸或叹息样呼吸，提示发生了心搏骤停。

（4）呼救并取得 AED。如果患者无意识、无呼吸（或叹息样呼吸），应立即向周围人求助，拨打急救电话，并取来附近的 AED。

（5）胸外按压。在呼救的同时尽快开始心肺复苏。施救者首先暴露患者胸部，将一只手掌根紧贴患者胸部正中、两乳头连线中点（胸骨下半部），双手十指相扣，掌根重叠，掌心翘起，双上肢伸直，上半身前倾，以髋关节为轴，用上半身的力量垂直向下按压，确保按压深度 5～6 厘米，按压频率 100～120 次/分，保证每次按压后胸廓完全回复原状。

（6）开放气道。检查口腔有无异物，如有异物将其取出。用仰头举颏法开放气道，通常使患者下颌角及耳垂的连线与水平面垂直。

（7）人工呼吸。施救者用嘴罩住患者的嘴，用手指捏住患者的鼻翼，吹气 2 次，每次约 1 秒，吹气时应见胸廓隆起。

（8）循环做胸外按压和人工呼吸。循环做 30 次胸外按压和 2 次人工呼吸（30∶2），每 5 组评估患者呼吸和脉搏。

以上心肺复苏第 2 至第 8 步的操作流程详见图 3-2。

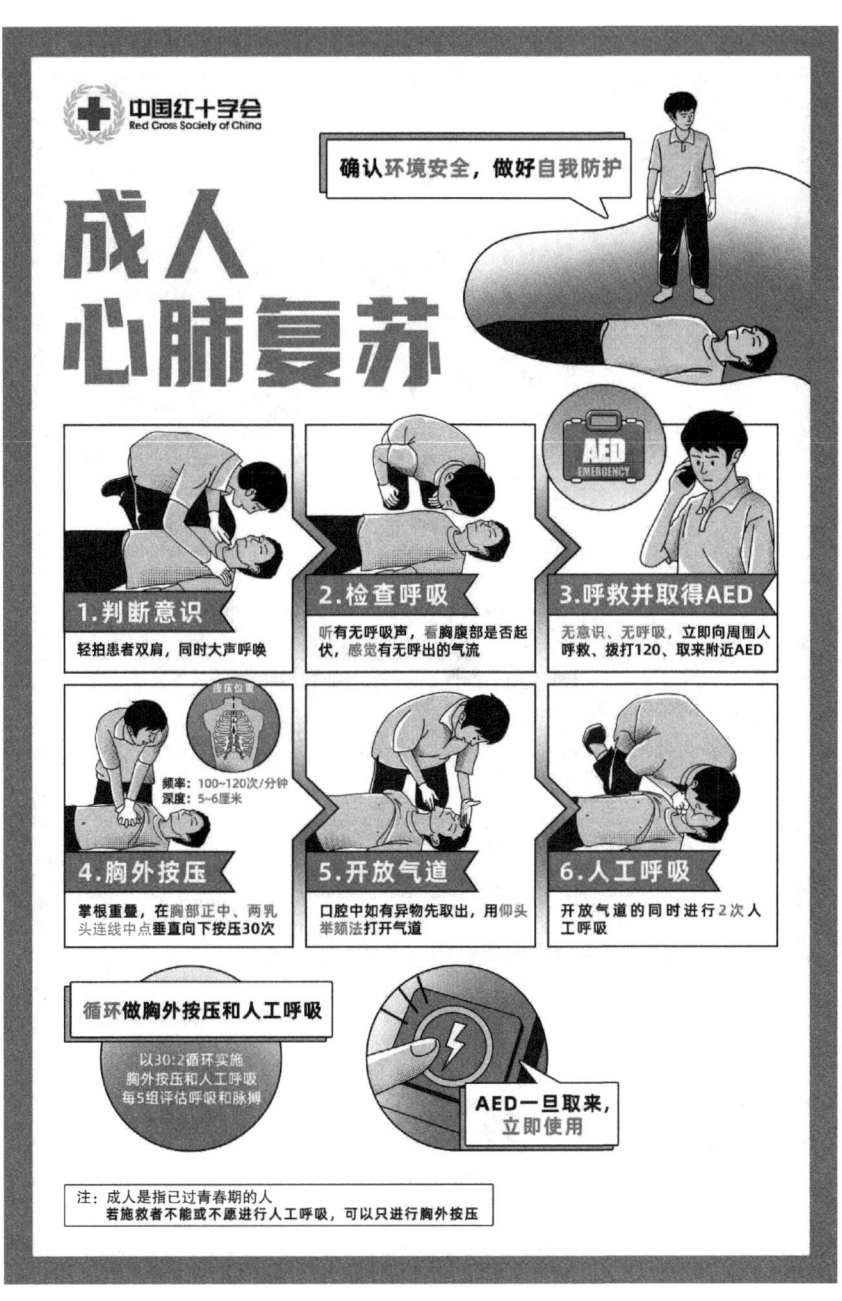

图3-2 成人心肺复苏操作流程图①

---

① 图片来源：救在身边·红十字应急救护服务平台，详见http://crcntc.org.cn/spring/login/index.

(9) 尽快使用除颤器,具体步骤如下(图3-3为动作示范):

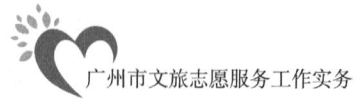

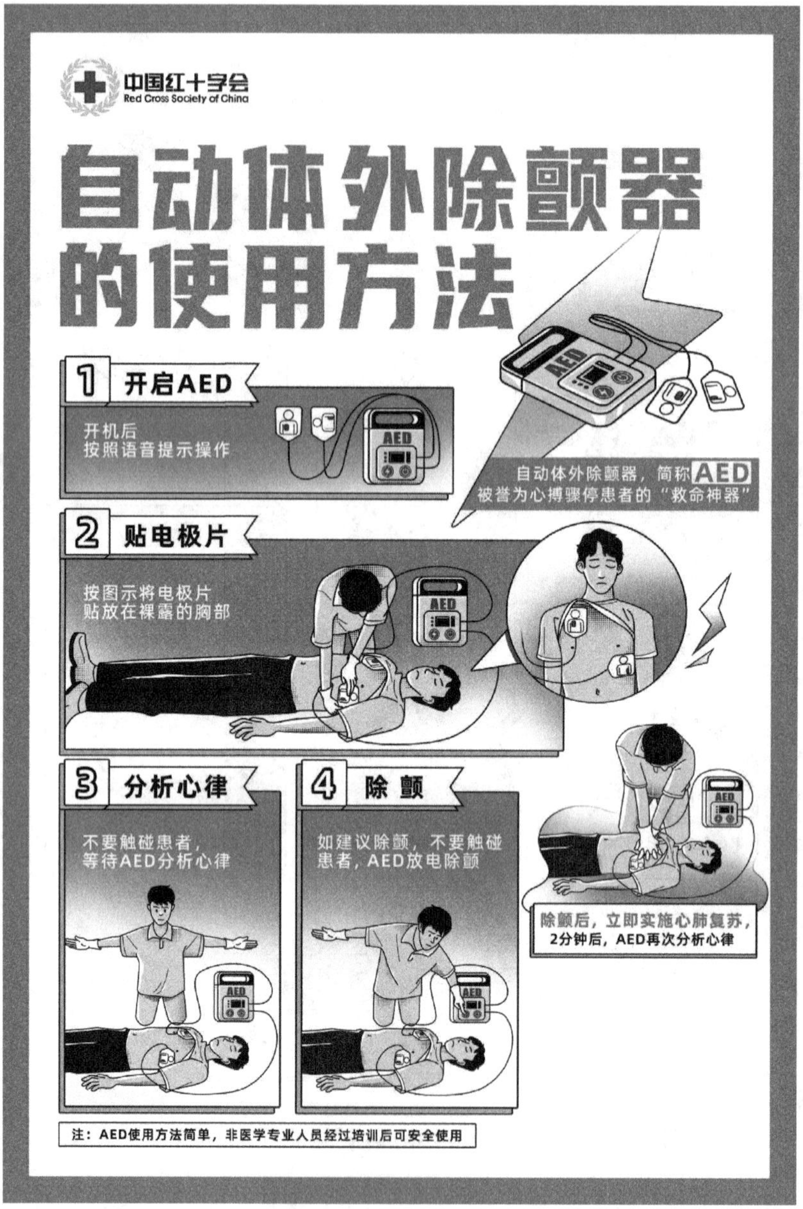

图3-3 自动体外除颤器(AED)使用的流程①

---

① 图片来源:救在身边·红十字应急救护服务平台,详见http://crcntc.org.cn/spring/login/index。

第一步：打开 AED 电源，按照语音提示操作。

第二步：贴电极片。按照电极片上的图示，将电极片紧贴于患者裸露的胸部。一片电极片贴在患者胸部的右上方（胸骨右缘，锁骨之下），另一片电极片贴在患者左乳头外侧（左腋前线之后第五肋间处）。

第三步：AED 分析心律。施救者语言示意周围人不要接触患者，等待 AED 分析心律，以确定是否需要电击除颤。

第四步：如果 AED 提示需要电击，准备除颤。施救者得到除颤指示后，等待 AED 充电，确保所有人员未接触患者，按下"电击"按钮除颤。

第五步：除颤后立即实施胸外按压和人工呼吸。立即按照 30∶2 的比例实施胸外按压和人工呼吸，5 组（约 2 分钟）后，AED 再次自动分析心律，遵循 AED 的语音提示操作，直到患者恢复心搏和自主呼吸，或专业急救人员到达现场。

第六步：如果 AED 提示不需要电除颤，则继续实施心肺复苏。

（10）复原体位。如果患者的心搏和自主呼吸已经恢复，将患者置于复原体位（稳定侧卧位），随时观察患者生命体征，并安慰照护患者，等待专业急救人员到来。

需要特别注意的是，传统的心肺复苏包括胸外按压、开放气道和人工呼吸三个步骤，若施救者不能或不愿意进行人工呼吸，可使用单纯胸外按压式心肺复苏，即只进行胸外按压。此时，胸外按压应连续进行，以每分钟 100～120 次的频率按压，直到患者出现复苏有效的指征或者有专业急救人员到达现场。但是，对于缺氧性心搏骤停的患者（如溺水、呼吸道阻塞）或儿童、婴儿等，应实施传统的心肺复苏。

（二）止血

严重的创伤常引起大量出血而危及伤员的生命，在现场及时、有效地为伤员止血是挽救生命必须采取的措施。在医务人员到来之前为伤员止血要根据现场条件选择可行的止血措施，同时还要避免或尽量减少止血措施给伤员带来不必要的损伤。

1. 少量出血止血方法

（1）救护员先洗净双手，戴防护手套。

（2）用清水或肥皂将伤口周围洗干净，再用干净纱布或毛巾等擦干。

（3）用创可贴或干净的纱布、手绢包扎。

注意事项：不要用药棉或有绒毛的布直接覆盖在伤口上。

2. 大量出血止血方法

第一种方法：直接压迫止血。

直接压迫止血是直接按压出血部位的止血方法，一般用于小动脉、静脉和毛细血管的出血，是最直接、最快速、最有效的止血方法。

操作要点：

（1）检查伤员伤口是否有异物，如有表浅小异物，应将其取出。

（2）将敷料或干净的布料覆盖在伤口上，用手直接持续用力压迫止血。

（3）如果敷料被血液浸透，不要取下，再取敷料在原有敷料上覆盖，继续压迫止血。

注意事项：做好自我防护，处理伤口前应洗手，尽可能戴手套和口罩，必要时戴防护眼镜或防护面罩，防止感染。处理伤口后要用肥皂、流动水彻底洗手。在救护时如自己皮肤被划伤，要尽快就医，采取必要的处置。

第二种方法：加压包扎止血。

在直接压迫止血的同时，可用绷带或三角巾加压包扎。

操作要点：

（1）伤口覆盖敷料后用绷带或三角巾等环绕敷料加压包扎。

（2）包扎后检查肢体末端血液循环。

注意事项：包扎应松紧适度，不宜过紧，包扎后应检查伤肢末端血液循环，如伤肢末端出现麻木、发凉或青紫，说明包扎过紧，应重新包扎。

以上止血处理的方法示范详见图3-4。

（三）包扎

包扎的目的在于保护伤口，减少感染，固定敷料夹板，保护受伤的肢体，减轻伤员痛苦，防止发生刺伤血管、神经等严重并发症，加压包扎还有压迫止血的作用。

1. 包扎的基本要求

包扎的动作要轻快、准、牢，包扎前要弄清包扎的目的，以便选择适当的包扎方法，并先对伤口做初步的处理。包扎的松紧要适度，过紧会影响血液循环，过松会移动脱落。包扎材料打结处或用其他方法固定的位置要避开伤口和坐卧受压的位置，为骨折制动的包扎应露出伤肢末端，以便观察肢体血液循环的情况。

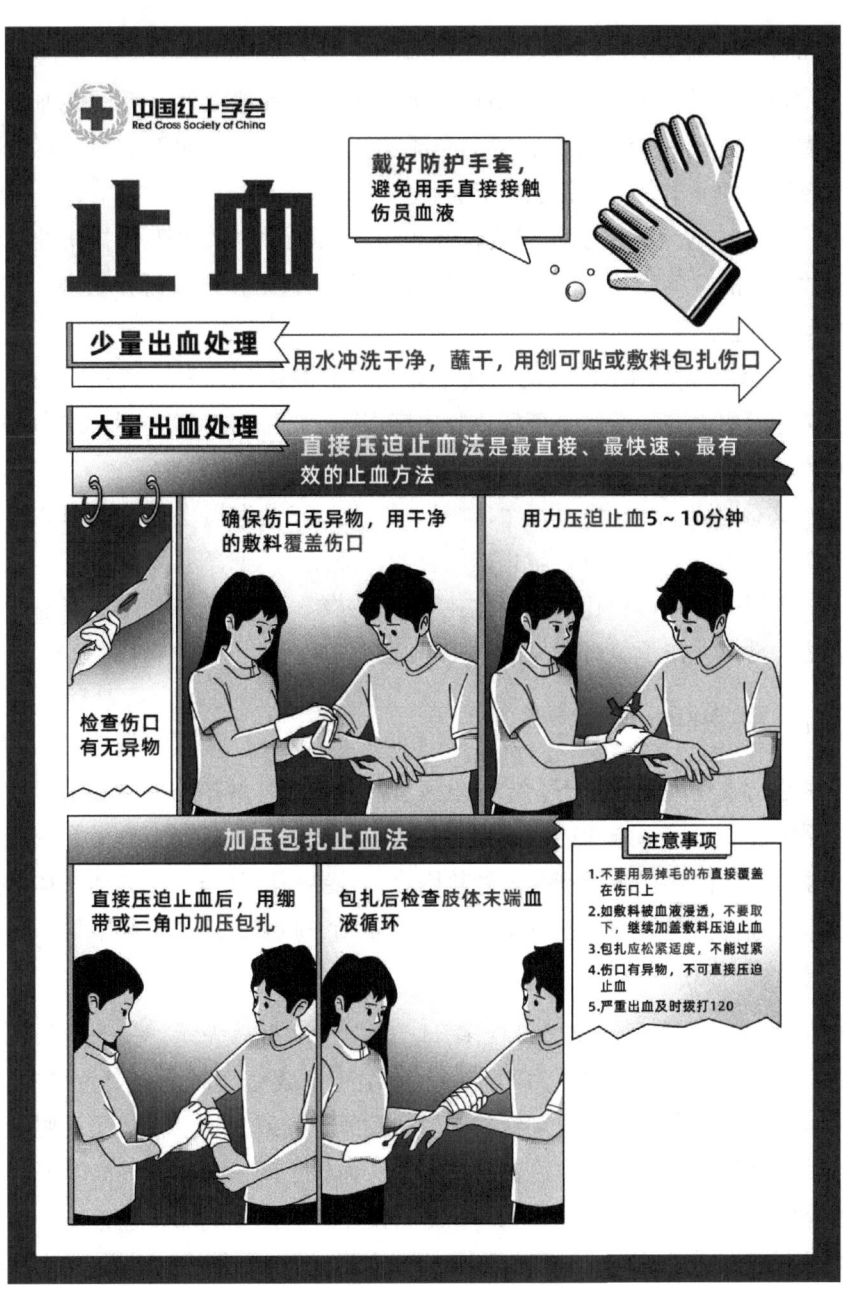

图3-4 止血处理方法①

———————
① 图片来源：救在身边·红十字应急救护服务平台，详见 http://crcntc.org.cn/spring/login/index.

2. 创伤救护中常用的材料及使用方法

（1）敷料，是一种直接放到伤口以吸收血液和其他液体，促进凝血和预防感染的垫衬。敷料为无菌材料，可避免感染。在救护现场如无敷料，可就地取材，选用干净的毛巾、布料、衣物等替代。

（2）绷带，是一种用于固定敷料并止血的条状材料，用于包扎伤处的纱布带是急救包内的常备物品，能起到固定和保护作用，防止伤口再受伤害，减少感染和并发症，促进愈合。

（3）三角巾，是用于包扎的三角形布料，具有操作简单、使用方便、容易掌握、包扎面积大的特点，是现场急救中应用广泛的一种急救材料。三角巾有顶角、底角、斜边、底边、顶角延长线和底角延长线。

（4）夹板，是用于骨折固定的材料。骨或关节发生损伤后，使用夹板固定能减轻伤员疼痛，减少出血，防止损伤脊髓、神经、血管等重要组织。

以下介绍绷带环形包扎、螺旋包扎和绷带"8"字包扎三种常用且易操作的包扎方法，具体动作示范可详见图 3-5 和图 3-6。

（四）中暑的急救与处理

中暑是指人在高温环境下，水和电解质过多丢失、散热功能衰竭引起的以中枢神经系统和心血管系统功能障碍为主要表现的热损伤性疾病。高温是发生中暑的根本原因，体内热量不断产生，散热困难，外界高温又作用于人体，体内热量越积越多，加之体温调节中枢发生障碍，身体无法调节，最后引起中暑。

1. 中暑的症状

在高温高湿环境下，如果出现多汗、口渴、乏力、头晕、头痛、眼花、耳鸣、恶心、胸闷、心悸、注意力不集中，体温正常或略高时，就要警惕中暑了。随着中暑加重，患者出现面色潮红或苍白、烦躁不安或表情淡漠、恶心呕吐、全身疲乏、心悸、大汗、皮肤湿冷、脉搏细速、血压下降等，体温升高至38.5℃左右。严重时，小腿、手臂、腹部和背部等可发生伴有疼痛的突发肌痉挛，出现眩晕、突然晕倒，皮肤停止出汗、干燥、灼热而绯红等情况，体温升高到40℃以上。

2. 中暑的应急救护方法

（1）立即将患者转移到阴凉、通风或空调房等温度较低的环境，解开衣扣、松开或脱去衣服，如衣服被汗水湿透，应更换。

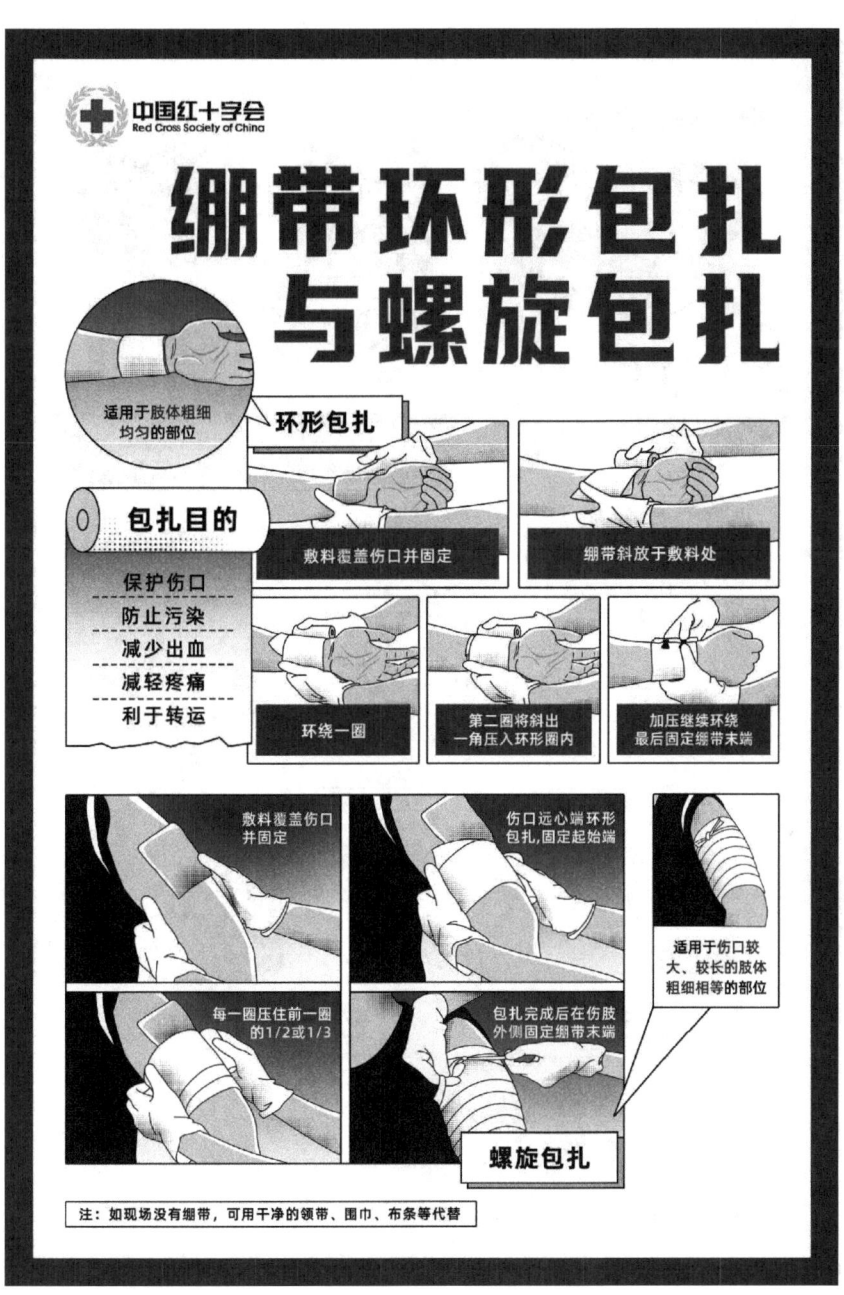

图 3-5 绷带环形包扎和螺旋包扎的方法①

---

① 图片来源：救在身边·红十字应急救护服务平台，详见 http://crcntc.org.cn/spring/login/index.

图 3-6 绷带"8"字包扎的方法①

---

① 图片来源：救在身边·红十字应急救护服务平台，详见 http://crcntc.org.cn/spring/login/index.

（2）体温升高者，可采用冷敷、擦浴全身（除胸部）的方法降温，同时扇风加速散热，不断按摩其四肢及躯干。用冰袋冷敷双侧腋下、颈部及腹股沟区等部位。

（3）患者仍有意识时，可以口服淡盐水或含盐清凉饮料，不要急于补充大量水分。

（4）情况严重时可能危及生命，应及时拨打急救电话或送往医院，运送途中尽可能积极进行物理降温。

图 3-7 中暑的救护方法①

---

① 图片来源：救在身边·红十字应急救护服务平台，详见 http://crcntc.org.cn/spring/login/index.

（五）淹溺的急救与处理

淹溺是指人被淹没在水中导致呼吸障碍及窒息的状况。淹溺的过程很快，一般 4~6 分钟就可因呼吸心跳停止而死亡。因此，要争分夺秒迅速积极抢救。

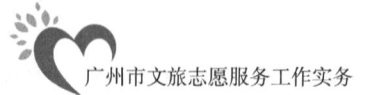

图 3-8　溺水的救护方法①

---

① 图片来源：救在身边·红十字应急救护服务平台，详见 http://crcntc.org.cn/spring/login/index.

淹溺的急救与处理主要分为水上和岸上两方面,其中,水上救援的基本步骤如下:

1. 叫:如果发现有人溺水,千万不要贸然跳到水中施救。要立即高声呼救,获得帮助,并拨打电话报警,呼叫120。
2. 伸:近距离救援时,可以将树枝、毛巾、竹竿等伸给溺水者,把他拉上岸。为了避免刺伤溺水者,伸出工具时要从侧面移动。
3. 抛:远距离救援时,可以采用抛掷法。用绳索把溺水者拉上岸,或者把救生圈、木板、空矿泉水桶等抛向溺水者,帮助溺水者借物漂浮在水面上,等待救援。
4. 划:如果现场有小船、竹筏等,受过必要训练的专业救援人员可以施救。
5. 游:需要经过专业救援训练,方可下水救人。落水者要保持冷静、不拼命挣扎,听从救援者指挥非常重要。

将落水者救上岸后,无论其有无意识,都无需控水。尽量将溺水者放置于侧卧位,做好保温。如果溺水者意识不清,迅速清理口鼻异物,保持气道通畅。如果溺水者发生心搏骤停,先进行2~5次人工呼吸,再进行胸外按压。

切记,任何时候都不要轻易放弃对溺水者的抢救!

五、新媒体宣传

新媒体区别于传统媒体的技术和传播方式,是以数字技术为基础,以互联网为载体的信息传播方式。它不仅打破以往受地域条件、时间以及其他因素限制的封闭性的传统模式,能随时随地传播志愿服务信息,还打通了发布者与受众双向信息反馈的渠道,能够在短时间内完成宣传推广并得到反馈。一般而言,文化与旅游志愿者骨干需要掌握文案编写、公众号推文排版等知识和技能。

(一)文案编写

文案是一种沟通和表达的介质。文化与旅游志愿服务宣传文案的核心是从受众、目标人群的角度出发,把事情讲清楚,使文案与志愿者及服务对象的情感产生共鸣,从而感染更多人积极参与到志愿活动中来并分享开展志愿服务的感悟。

不同的受众和目的需要采用不同的写作方式和叙事结构。如果受众是年轻人,那么文案应该采用轻松、活泼的语言,通过故事情节和幽默元素吸引他们的注意力。如果受众是企业或组织，那么文案需要突出专业性、可信度和权威性，使用严谨的语言和逻辑推理。此外，在撰写文案的时候，要适当配上几幅具有代表性的图片来调节视线，以免让读者产生疲劳。通常来说，撰写志愿服务宣传文案时，需要注意以下几个关键点：

1. 明确目标受众

志愿者骨干必须要以读者为中心，撰写文案前先明确受众群体。只有接近目标对象，才能以他们能够理解和接受的方式讲述故事。当你有一个明确的目标受众时，可以通过故事创造自己的风格，或者走差异化的路线让文案更精准。

2. 以读者为中心，确定文案的宣传要点

一般来说，志愿服务活动要点的提炼，需要综合目标人群、自身活动特点、同类型活动差异点三个方面来考虑。

（1）目标人群最关心的关键点。志愿服务活动提出的卖点一定是目标人群最为关心和关注的那个点，而且，那个点恰恰也是解决目标人群痛点的唯一关键点。

（2）自身活动具有的特点。目标人群关心和关注的那个点，必须是自身活动实实在在具有的点，而这个点又必须具有真真切切的支撑点，而不是弄虚作假，诉求与实际不符，欺骗目标人群。

（3）同类型活动没有或没提过的点。撰写文案时不仅要陈述事情或活动的发展经过，更要着重提炼自身宣传的活动与同类型活动的差异化卖点，即着力挖掘该事件或活动的亮点和关键点，围绕一到两个好点子深入阐述。

3. 根据投放渠道调整文案的目的和内容

不同的投放渠道对应的场景不同，文案的目的也不同，编写文案的遣词造句、行文风格也相应发生变化。一般而言，志愿服务活动宣传的投放渠道主要有传统媒体（如报纸、电视、杂志等传统媒体或者相应的移动应用）、社交化平台（如微信、QQ、微博、知乎、小红书等）、视频推广（如抖音、快手、爱奇艺等）。志愿者骨干需要根据活动出现的场景，确定在这个渠道做活动宣传的目的，从而调整文案撰写的行文思路和文字风格。

（二）照片拍摄

活动摄影一般表现的是典型人物、典型事件和精彩瞬间，要拍摄出优质的活动照片，需要摄影者具备一定的观察力和敏感度，才能准确判断出志愿服务过程

中哪些瞬间、哪些举动值得被记录下来。这需要志愿者骨干在长年累月的志愿服务工作中善于观察、总结、记录和尝试，才能积累出宝贵的摄影经验。一般而言，志愿者骨干要掌握三种基本取景角度，才能完整记录下志愿服务活动的全貌。

1. 大景照

大景照（图3-9）是一个统称，可分为各类合照、舞台或者活动场地的全景照及节目表演的全景照等。拍摄过程中，要善于指挥被拍摄对象按要求排列出队形，注意合照时每个人的间距和是否被遮挡。在拍摄的那一刻要让全部人都集中看镜头，建议拍摄前进行倒数，让被拍摄者听自己的口令。

图3-9　大景照示例　　　　　图3-10　中景照示例

2. 中景照

中景照（图3-10）取景范围较宽，可以在同一画面中拍摄几个人物及其活动，因此有利于交代人与人之间的关系。中景在照片中占较大比例，大部分用于需识别背景或交代出动作路线的场合。

3. 特写照

特定照（图3-11）取景范围小，画面内容单一，可使表现对象从周围环境中突现出来，呈现清晰的视觉形象，得到强调的效果。特写镜头能表现人物细微的情绪变化，揭示人物心理瞬间的动向，使观众在视觉和心理上受到强烈的感染。拍特写时建议开启连拍，通过高速抓拍获取效果较好的人物表情和动作。

（三）微信公众号推文排版

微信公众号推文是推广性质的文章，通常是非硬性的文案，在含蓄、风趣、幽默的文字中，向读者传达要推广的志愿服务活动、志愿者风采和项目品牌等。

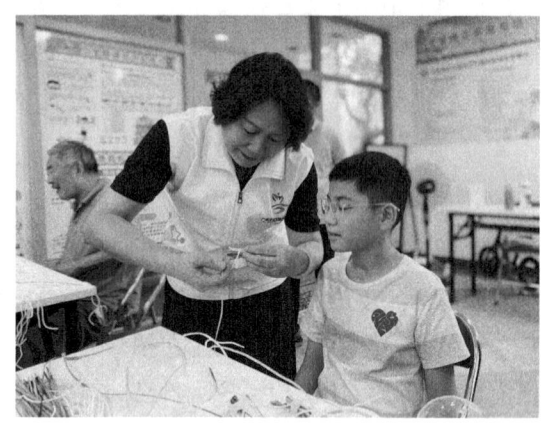

图 3-11 特写照示例

通常来说,一篇吸引人眼球的公众号推文需要在文字排版和配图设计两方面下功夫。

1. 文字排版

1)设置合适的字号和字体

正文字号建议使用 14px、15px,字间距可设置为 1px 或 1.5px,最大不要超过 2px。字体可根据文案内容做出选择,一般公文建议使用微软雅黑或宋体,有特别文化意义或其他特殊要求的,可以使用相应的特别字体。

2)设置合适的行间距

行间距可设置为 1.5px、1.75px 或者 2px,合适的字间距会使文章有呼吸感,段落间也可根据文章的语境进行回车空行。

3)使用合适的文字布局

①两端缩进:一个段落的文字保持两边留白,建议两端缩进尺寸为 1.0px,也可以根据自己的喜好或者习惯进行适当更改。

②两端对齐或居中:根据文章的语句风格选择文字居中显示或者两端显示,这样整体的视觉效果会更加舒适。

③首行不缩进:公众号里的推文一般不建议首行缩进,这样会让文字呈现出块状的整体感(如有特殊要求除外)。

④注意分段:每段的文字不要太长,一段过长的文字给用户的阅读压力偏大。

2. 配图设计

1）封面图

公众号推文的图片要符合志愿服务组织的品牌形象，宣传时可加上组织的品牌印记，从而增强专属感。通常来说，我们会根据文章内容，选择贴合主题、符合对应故事场景的图片作为封面图（图3-12）。同一时间推送多篇文章时，注意封面图整体风格要保持一致，且封面图尽量不要出现在正文里。

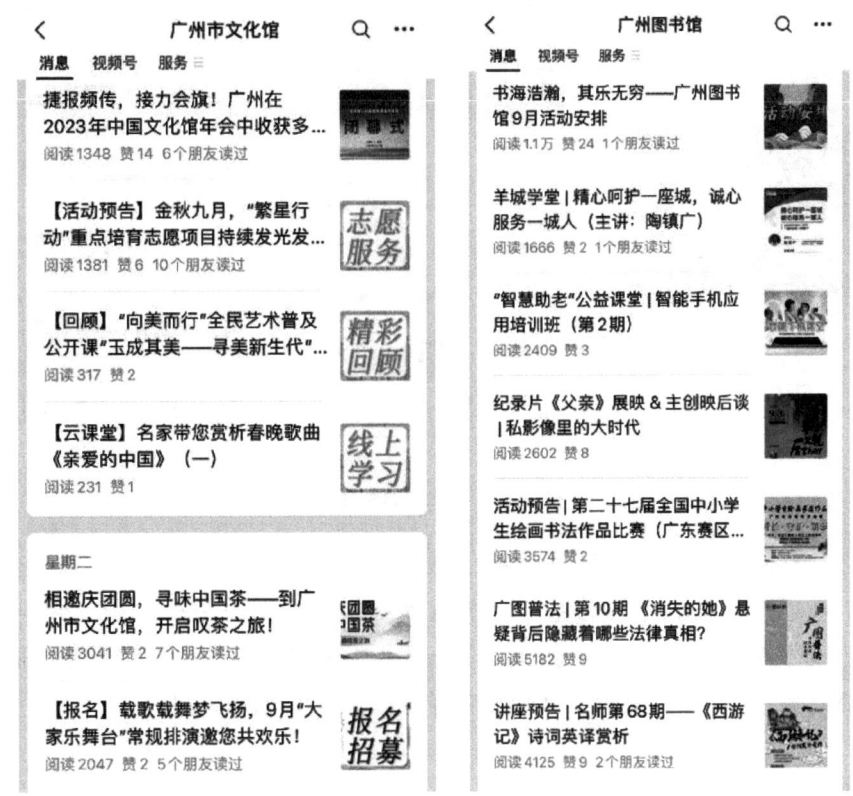

图3-12　封面图示例

2）正文插图

正文的插图（图3-13）数量不能太多或太少，信息稿或通讯报道一般3~5张图为宜，摄影、设计、漫画类文章需要插入多图时，可先用图片处理软件批量压缩图片再排版。插图最好能统一图片尺寸，不要一张图铺满屏，形状尽量统一，图片不加框。图片和上一段文字、下一段文字之间都空出一行，不要连续出现两张图，图和图中间要有文字和空白，适当加三角形引导符号，图片一律居中对齐，给左右留出空间。通常情况下，可在图片下方概括图片内容，注明作者和出处。非原创图片不加水印，原创图片、私密图片建议加上水印。

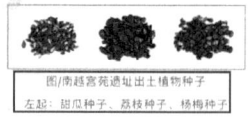

图 3-13　正文插图示例

除以上提及的新媒体工具外，我们还可以使用"广州文化公共云"、i 志愿、粤省事（志愿者服务）、微公益、99 公益等平台发布活动；使用 PPT、会声会影等进行项目路演和团队展示；使用"问卷星"进行资料信息、活动反馈等收集；使用视频号、抖音、小红书、哔哩哔哩等进行直播和短视频宣传。

思考题：

1. 文化和旅游志愿者骨干的工作职责有哪些？

2. 要成为优秀的志愿者骨干，您认为应具备哪些素质？

3. 志愿者骨干在组建志愿者团队时，有哪些工作步骤？您认为各个步骤的关键点是什么？

4. 志愿者骨干在执行志愿服务项目时，有哪些工作流程？您认为哪些工具有利于提高工作的效率？

5. 您所在的团队是否存在沟通不畅的问题？如有，您打算如何解决？

6. 请说出一个您欣赏的志愿服务项目（或活动）的新媒体宣传例子，谈谈当中哪些传播经验或宣传工具值得借鉴。

7. 请说出一个您经历过和听说过的真实突发事件，当时的应对措施是否恰当？应如何改进？

（撰稿人：何艳棠、梁修飞）

第四章
文化和旅游志愿服务通用型岗位知识

根据《广州市文化和旅游志愿服务管理办法》规定，通用型文化和旅游志愿者是指提供无需具备专业知识技能或职业证书的服务的志愿者，如路线指引、咨询、文明宣传、秩序维护、关爱便民等。

本章所介绍的文化和旅游志愿服务通用型岗位主要包括信息咨询志愿服务岗、文明引导志愿服务岗、设施管理志愿服务岗、活动辅助志愿服务岗、图书整理志愿服务岗等。

文化和旅游志愿服务通用型岗位相对来说工作比较简单，对志愿者专业性要求不高，只要经过工作人员简单培训与指导，志愿者保持奉献精神和服务热情，就可以上岗开展通用型志愿服务。

第一节 信息咨询志愿服务岗位知识

信息咨询志愿服务工作是文旅志愿者为市民提供信息咨询服务的一项工作，从市民需求入手，及时为其答疑解惑，可以有效提升市民参与文化和旅游公共服务的满意度。

一、岗位职责

信息咨询志愿服务岗位的职责主要是志愿者协助工作人员，为市民提供公益信息咨询服务，如提供购票/取票和参观预约指引、活动信息、洗手间位置、停车指引，解答市民关于入馆/园参观、周边的实时交通情况、失物招领等问题的咨询服务。

信息咨询志愿服务岗位地点一般设在服务中心或者活动现场入口处。

二、岗位要求

（1）志愿者需具有良好的道德和行为规范，具有吃苦耐劳、诚信和爱岗敬业的品质，具有交流沟通和团队协作能力。

（2）志愿者需提前了解活动主办方对外开放的相关信息，熟悉购票或预约的操作，掌握公共交通信息特别是周边的路况、客流、停车情况等信息，提升信息服务的效率。

（3）服务过程中志愿者需耐心、诚恳地解答市民提出的问题，注意仪容、肢体动作和礼貌用语，为市民提供有温度的文旅咨询服务。

三、注意事项

（1）志愿者要提前了解主办方的基本情况和服务内容，以及该项活动的具体内容，以便解答市民提出的疑问。

（2）服务对象咨询时志愿者应立即发送问候语，主动与服务对象对话。若

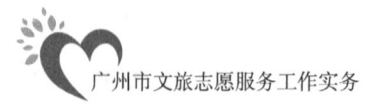

志愿者正在忙，应先请服务对象等候，并告知大约等候的时间。

（3）与服务对象交流时，语音应通俗易懂，遵循"首问负责"原则，不用"我不知道"敷衍了事，回复简练直接，及时传递正确信息。

（4）志愿者服务过程中如遇到不清楚、不清晰的信息，请及时向现场工作人员反馈，并告知服务对象答复时限，保持交谈的合理连续性，避免让服务对象长时间等候。

（5）志愿者要按时上岗、有序参与志愿服务，举止文明、热情周到。

四、岗位常用语言

（1）"您好，欢迎来到×××咨询中心。"

（2）"您好，我是志愿者，请问有什么能帮到您？"

（3）"见到您很高兴，很高兴能为您服务。"

（4）"您好，洗手间位置是出门左转。"

（5）"谢谢您的建议。"

（6）"这可能需要点时间，一有消息我马上通知您。"

（7）"我已记录您所提出的问题，并会反馈给相关负责人，请您放心，一有消息我马上答复您。"

五、典型案例

广州城市旅游问询救援服务中心志愿服务岗位案例

（一）中心简介

广州城市旅游问询救援服务中心（广州文化旅游产业促进中心）自2017年成立志愿服务队以来，中心坚持以习近平新时代中国特色社会主义思想为指导，大力弘扬"奉献、友爱、互助、进步"的志愿精神，扎实推进新时代文明实践驿站建设，制定志愿服务管理办法和志愿者章程，为志愿工作的规范开展提供制度保障；定期开展应急救援、志愿礼仪、沟通、心理等培训，不断提升志愿者服务水平；全力打造"文化导航，i游广州"文化旅游志愿服务项目，持续开展一系列有特色的文旅志愿服务活动，取得明显社会效益。中心先后获得市"青年文明号"、市"青年文明号"标兵、市"学雷锋志愿服务标兵站"、市"最佳文旅志愿服务组织"、市"最佳文旅志愿服务项目"等荣誉称号。

（二）服务内容

2021年9月25日，广州城市旅游问询救援服务中心（广州文化旅游产业促进中心）与广州公交集团客轮有限公司共建设置的广州旅游信息咨询中心（港澳琶洲口岸＆会展区域网点）正式启用，提供"全方位、一站式"服务，配备包括公益文化旅游咨询、广州文旅资源推广宣传服务、休息区、读书角、手机充电、雨伞借还、应急救援设备AED、医疗箱、免费Wi-Fi等十余项服务在内的基础服务项目，满足游客日益多样化、高质化的服务需求。

"您好，欢迎来到广州旅游信息咨询中心，请问有什么能帮到您？"市民旅客如果不知道"去哪玩""玩什么"，志愿者和工作人员会介绍广州文旅资源、珠江沿岸文旅品牌活动，为市民旅客开启美好旅程，传递广州的城市人文温度，展现广州城市深厚的文化底蕴。同时这一网点与广交会展馆隔路相望，在为参会来宾提供文旅咨询服务的同时，也成为展现羊城文旅形象的一个小小窗口。

（三）服务成效

广州城市旅游问询救援服务中心（广州文化旅游产业促进中心）积极推进"文化导航，i游广州"文化旅游志愿服务项目，每逢周末和节假日在北京路、广州塔等咨询网点开展"我为群众办实事"等主题志愿服务活动，为游客提供心肺复苏知识科普、文旅信息咨询、交通指引、旅游线路策划、文明出行等志愿服务。2023年，中心共开展志愿活动252场，服务市民游客46 000人次，受到市民游客高度评价，为助推全市旅游咨询公共服务高质量发展贡献志愿力量。在持续推动志愿服务项目中取得良好社会效应和示范效应，人民日报、南方日报、广州日报等多家主流媒体先后多次对中心组织的特色志愿服务活动进行报道。

（四）信息咨询志愿服务岗位要求和岗位职责

岗位要求：热爱志愿服务工作，具有较强的奉献精神和高度的责任感，有足够的时间和精力开展工作，不迟到早退，能按时到达岗位从事志愿者工作，积极配合现场工作安排，活动期间严格遵守广州旅游信息咨询中心的各项规章制度。

岗位职责：为市民游客提供广州文化和旅游信息咨询服务，向市民游客倡导绿色出行、保护环境、文明游览的出游方式，虚心倾听市民游客意见，及时反馈信息。

（五）信息咨询志愿服务感想

毛书颖：这是一次难忘的经历，当天往来的游客形形色色，天真稚嫩的孩童、结伴而行的青年、带着姐弟俩的母亲……有一对老人和家人走散，老奶奶焦急地推着坐轮椅的老爷爷，正在无助地寻找家人，由于手机信号不佳，她来到服务网点，想借用网点的公益无线网络和家人联系，遗憾的是，老人并不会操作手机，我耐心地为她提供指导。轮椅上的老爷爷一直不愿意进来，正值8月酷暑，北京路烈日炎炎，我和一位工作人员将老人的轮椅推到服务网点门口，以期这里的空调能够缓解老人心中的焦虑，直到他们联系上家人满意地离开。作为一名在这座城市长大的志愿者，我希望把爱心传递给每一位在这片土地上驻足的游客，让他们感受到广州的温暖、宽广和包容。

吴文湖：参与广州文旅志愿服务是一次难忘的经历，我在提供文旅咨询服务、派发广州文旅宣传资料和协助开展活动等方面尽了自己的一份微薄之力。这个过程中，我深刻体会到服务他人的快乐，看到市民和游客接受我们的帮助时笑容满面，心情格外愉悦。

廖彩霞：参加广州文旅志愿服务活动给了我很好的锻炼机会和实践的舞台，工作人员会在活动开始前对我们进行相关的培训，在志愿服务过程中，工作人员会耐心地和我们一起解决问题，我从中学到了如何与人沟通、应对突发状况，学会了如何更好地为他人和社会服务。"被需要是一种幸福"，这种感觉也许只有成为一名合格的志愿者才能获得和理解。

朱文清：微雨迷蒙的傍晚，工作人员温柔的语气和耐心的教导，立刻冲刷掉这几天台风暴雨恶劣天气给我带来的沉重心情。换上志愿者服装，站上岗位，我为言笑晏晏的一家三口指引方向，目睹恋人互相依偎的幸福，帮助两位相约出行游玩的年迈老人顺利会合，见证两名调皮孩童的嬉戏喜悦。志愿服务，不仅仅是奉献付出，还是一种耕耘收获，为别人服务的同时，我们实现了自我价值，还获得见证世间种种美好的机会。

杨蕊瑄：果戈里曾言，"如果有一天，我能够对公众利益有所贡献，我就会认为自己是世界上最幸福的人"。参加志愿活动，便是一种对自己以及社会的贡献。在多次参与北京路信息资源旅游服务中心的志愿活动后，我不仅了解了更多北京路周边的风俗文化知识，还见识到有趣的人文风情，丰富了我的实践经验和志愿知识，于服务与便民中，成长为无限可能的自己，传递爱心，传播文明，将温暖传递给每一个需要我们帮助的人。

（六）信息咨询志愿者招募公告（i 志愿公告）

广州旅游信息咨询中心志愿者招募公告

活动简介：

文化相融，志愿相随，愿您和我们一起，携手在千年文化名城广州，用实际行动续写新时代的雷锋故事。我们将在广州塔、北京路、花城广场旅游信息咨询中心向有需要的市民游客提供帮助，为他们提供广州文旅信息咨询和相关便民服务，派发广州文旅官方宣传介绍资料，协助咨询网点开展公益活动，展现"老城市新活力""四个出新出彩"，在新时代文明实践中焕发生机活力、实现人生精彩。

活动定位：

广东省广州市海珠区广州塔旅游信息咨询中心

广东省广州市越秀区北京路旅游信息咨询中心

广东省广州市天河区花城广场旅游信息咨询中心

参与活动要求：

男女不限，具有良好的思想道德素质和职业道德修养，团结友爱、助人为乐，具有团队意识，热爱文化旅游事业，热爱社会公益事业，对文化和旅游感兴趣。

要有足够的时间和精力开展工作，不得迟到早退，能够按时到达旅游信息中心从事志愿服务工作，积极配合现场工作安排。在开展志愿服务前，我们将为志愿者提供志愿服务所需知识技能培训；在开展志愿服务时，需穿着统一标准志愿者服和佩戴志愿服务绶带。活动期间请严格遵守广州旅游信息咨询中心的各项规章制度。

请大家根据自己的时间合理安排报名参加志愿活动，感谢支持与理解。报名者请备注本人姓名及参加活动的日期，例如：张三，2023 年 2 月 18 日。

第二节　文明引导志愿服务岗位知识

文明引导志愿服务工作是指文旅志愿者向市民提供文明旅游宣传、文明参观引导服务，对不文明参观行为进行规劝，派发文明宣传折页，可以有效提升市民

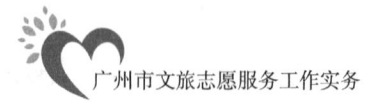

参与文化旅游公共服务的素养。

一、岗位职责

文明引导志愿服务岗位的职责主要是志愿者协助工作人员，引导市民文明参观，有序排队，及时礼貌提醒市民不文明行为，如大声喧哗、嬉戏打闹等。

文明引导志愿服务岗位地点一般设在活动现场入口处或馆内各展厅。

在图书馆，志愿者需协助维持馆内阅览环境安静和秩序。

在旅游景点，志愿者需引导游客文明出行，对部分游客不文明行为进行劝导，积极倡导养成爱护环境、文明旅游、安全出行的良好习惯，不断增强文明旅游的意识。

二、岗位要求

（1）志愿者需具有良好的道德和行为规范，具有吃苦耐劳、诚信和爱岗敬业的品质，具有交流沟通和团队协作能力。

（2）志愿者需提前了解活动主办方硬件设施和场地分布、服务场所基本情况、服务场所管理要求。

（3）服务过程中志愿者需注意自身文明形象、举止有礼，与市民沟通要热情大方、循循引导。

三、注意事项

（1）文明引导服务在很大程度上是一种需要与人沟通的工作，志愿者能否与市民进行有效的语言沟通，与自身表达的清晰度、聆听的专注度、反馈的及时性有很大的关系。因此，志愿者要提高自身的素养，训练自己的语言沟通能力。

（2）志愿者服务过程中如遇到不清楚、不清晰的信息，请及时向现场工作人员反馈。

（3）志愿者要按时上岗、真诚服务，举止文明、热情周到。有序参与志愿服务，带头倡导良好习惯，维护志愿者的良好形象。

（4）志愿者在文明引导过程中要做到以理服人，得理让人；不用手拽人或指点市民；遇事不争吵，更不能有动手打人、骂人、说风凉话等粗俗不敬的动作和语言，杜绝不文明的行为。

（5）文明劝导时，使用手掌指向前方进行导引，音量尽可能中等，既能听得见又不会太大声。

四、岗位常用语言

（1）"您好，欢迎来到广州市文化馆。"
（2）"您好，请出示您的预约码。"
（3）"您好，请往这边错峰排队，多谢您的合作。"
（4）"您好，出口在这边，请往这边走。"
（5）"您好，为不影响他人观展，请保持安静。"
（6）"您好，麻烦说话小声点，保持安静，谢谢您的配合。"

五、典型案例

广州动物园南门志愿驿站公共文明引导志愿服务岗位案例

（一）广州动物园南门志愿驿站简介

广州动物园南门志愿驿站位于广州市动物园南门内部，由广州青年志愿者协会传城志愿服务总队运营，长期服务于动物园内部，为市民、游客提供游园指引、公告文明引导、意外受伤简单包扎处理等常规服务活动，同时还陆续开展了协助动物园检票、协助动物园维持内部展馆秩序、志愿义诊等多项志愿活动。

（二）不文明行为情形

沈致远是广州市越秀区传城社会工作服务中心的运营主管，也是广州动物园南门志愿驿站运营调度主管，参与广州动物园志愿服务有6年时间。经观察，志愿者沈致远在服务过程中发现游客一些不文明行为，最常见的有以下几种情形：

一是逗弄动物。在一些护栏比较低的地方，游客会去用他们的手，或者一些工具（如雨伞）去逗弄动物。

二是投喂动物。游客喂食动物的食品有随地捡到的树叶、杂草，也有面包、薯片和其他零食。

三是排队插队、乱扔垃圾、私自摘取景观花、踩踏草坪等不文明的旅游现象。

（三）服务成效

"现在游客的素质越来越高了。"小赵是广州动物园的志愿者，他双手举着"禁止投喂动物，请勿吓弄动物"的醒目标语，站在大猩猩展区旁，如果游客有标语中的不文明行为（图4-1），小赵会进行劝阻。

图4-1 文明劝导示例

志愿者们会去劝导游客，告知私自投喂动物的危害。游客私自投喂，会直接影响动物的健康。如果动物误食塑料袋，长时间可能会造成动物死亡。投喂动物还可能造成动物有乞食等不正常行为，使游客无法看到动物本身应该展现的行为。

此前因为许多游客经常私自投喂浣熊，它们都成了"胖熊"。游客喂的大部分都是高糖、高盐、高热量，甚至是高添加剂的食物，因而造成了浣熊的过度肥胖。

随着文明引导的不断深入，无论是大人还是小朋友，都清楚地知道私自投喂动物的危害，游客的文明素养也不断提高。

《广州市文明行为促进条例》要求公民在旅游观光时,尊重当地历史文化传统、风俗习惯、宗教信仰和礼仪禁忌;爱护文物古迹以及其他重要历史文化遗产,不得刻划、涂画、张贴、攀爬;要保护英雄烈士纪念设施,不得实施歪曲、丑化、亵渎、否定英雄烈士形象和事迹的行为……

(四)公共文明引导志愿者招募公告

志愿者招募丨广州动物园9月志愿者招募

1. 驿站介绍

动物园南门志愿驿站(图4-2)位于广州市动物园南门内部,长期服务于动物园内部,为市民、游客提供游园指引、意外受伤简单包扎处理等常规服务活动,同时还陆续开展了协助动物园检票、协助动物园维持内部展馆秩序、志愿义诊等多项志愿活动。

图4-2 动物园南门志愿驿站

2. 活动安排

(1)活动时间:9月1日—9月24日(逢周末)。

全天9:30—17:00(全天班次仅限i志愿系统报名)。

上午9:30—12:30(半天班次仅限志愿时系统报名)。

下午12:30—17:00(半天班次仅限志愿时系统报名)。

(2)审核录用时间:每日12:00—13:00,18:00—19:00;其他时间不作审核。

（3）集合时间及地点：

集合签到时间：9：00—9：30，12：00—12：30。

集合地点：广州地铁5号线动物园站B/C出口；广州动物园南门志愿驿站（通过检票口直走50米）。

凭当天班次录用表及相关证件免费入园。

（4）活动地点：广州动物园内。

3. 服务内容

1）志愿驿站岗

（1）为游客提供游园指引。

（2）为有需要的游客提供意外摔伤简单包扎处理。

（3）为游客提供便民服务：提供热水、口罩等。

2）文明劝导岗

（1）在园区内固定区域进行重点巡查，对游客不文明参观行为进行合理劝阻，比如拔草喂小动物、乱投喂、乱爬等不文明行为，及时劝阻。

（2）站在不影响游客拍摄、参观的区域，一旦发现不文明行为，第一时间指出，不需等待。

（3）文明劝导时，使用手掌指向前方进行导引，尽可能使用中等音量，既能听得见又不会太大声。

（4）其他未标注在内的文明劝导志愿服务。

4. 招募要求

（1）年龄要求：18周岁以上，优秀者可放宽年龄限制。

（2）有较强的口头表达能力，普通话流利。

（3）工作细致，责任感强，具备良好的沟通能力、团队精神。

（4）仪容仪表端正，无明显染发、烫发。

（5）身体及心理健康。

（6）可上岗服务至少3个班次者优先考虑。

5. 志愿者保障与激励

（1）按广东省i志愿、广州市志愿时系统记录志愿服务时长。

（2）免费提供饮用水，请自带水杯。

（3）提供专业的岗前服务培训。

（4）多次服务者可参与驿站或者传城总队优秀志愿者评选。

（5）可开具社会实践证明。

(6) 可申请成为传城总队的长期服务志愿者，并有机会免费参与各项专业培训。

(7) 服务结束后可在动物园游玩。

6. 仪表仪态要求

(1) 统一着装志愿者马甲或活动统一服装。

(2) 不允许带耳钉、耳夹、耳环。

(3) 不允许穿短于膝盖的裙子或裤子。

(4) 不允许穿吊带、露肩、过于紧身上衣。

(5) 不允许穿洞洞鞋、高跟鞋、凉鞋。

(6) 志愿服务过程中不能做与志愿服务无关事情，如需休息、离岗，需要在群里报备，领队同意后方可休息、离岗。

第三节 设施管理志愿服务岗位知识

本节所称设施是指公共文化设施。根据《中华人民共和国公共文化服务保障法》，公共文化设施是指用于提供公共文化服务的建筑物、场地和设备，主要包括图书馆、博物馆、文化馆（站）、美术馆、科技馆、纪念馆、体育场馆、工人文化宫、青少年宫、妇女儿童活动中心、老年人活动中心、乡镇（街道）和村（社区）基层综合性文化服务中心、农家（职工）书屋、公共阅报栏（屏）、广播电视播出传输覆盖设施、公共数字文化服务点等。

公共文化设施是公共文化服务体系建设的基础平台和首要任务，是展示文化建设成果、开展群众文化活动的重要阵地。公共文化设施的建设和管理水平，直接关系到人民群众基本文化权益的实现和文化发展成果的共享程度。

一、岗位职责

设施管理志愿服务岗位是指志愿者协助工作人员加强公共文化设施精细化管理工作，对物资存放进出、使用、损坏等情况做好登记造册，建立台账，健全资产管理制度，保障公共文化设施的正常使用和运转。

二、岗位要求

（1）任何组织和个人不得利用公共文化设施、文化产品、文化活动以及其他相关服务，从事危害国家安全、损害社会公共利益和其他违反法律法规的活动。

（2）志愿者需提前了解服务场所的基本情况、设施设备管理相关要求。

（3）志愿者需提前了解相关设施设备的具体数量和存放位置，服务过程中需认真细致做好登记。

三、注意事项

（1）不得擅自拆除公共文化设施，不得擅自改变公共文化设施的功能、用途或者妨碍其正常运行，不得侵占、挪用公共文化设施，不得将公共文化设施用于与公共文化服务无关的商业经营活动。

（2）公益性文化设施需要在显著位置公示服务项目、开放时间以及免费开放的详细情况，若有收费项目，应列出收费项目内容和收费标准。

（3）提醒群众在使用公共文化设施时，应当遵守公共秩序，爱护公共设施，不得损坏公共设施设备和物品。

（4）若公共文化设施活动器材不足、设备陈旧，请及时做好登记，并报现场工作人员。

（5）因设施维修等原因需暂停开放使用的，应提前告知市民。

（6）加强设施设备管理，防止资产闲置或流失。

四、岗位常用语言

（1）"您好，请到这边做好图书借阅登记。"

（2）"您好，很抱歉通知您，这个健身设施在维修中，今天暂停开放，感谢您的理解与配合。"

（3）"您好，这个××设施是玻璃制品，请您轻拿轻放。"

五、典型案例

广州博物馆设施管理志愿服务岗位案例

（一）广州博物馆简介

广州博物馆成立于 1929 年，是华南首家博物馆、国家一级博物馆，也是我国最早期创建的博物馆之一，建馆之初就秉承"启发民智"的宗旨，以"美术、历史博物、自然科学"为博物馆业务范围，在当时走在全国前列。

建馆 90 多年来，广州博物馆肩负收藏、展示和传播岭南地方历史文化的重任，在陈列展览、社会教育、开放服务、藏品管理和研究等各个方面取得持续发展。

（二）服务内容

现场借阅盲人书籍。目前，在广州博物馆镇海楼展区内图书阅览室设有盲人书籍的专属书架，供视障人士免费阅览。

"文物走出库房"公益活动设施管理。广州博物馆组织广州机关党员志愿者不断做好公共文化设施精准管理，让文物走出库房，让艺术浸润城市，不断提高博物馆服务水平。例如将"赏文物瑰宝　识广州历史"图片展送至多个社区展出和讲解，积极推广博物馆教育进社区服务。

语音导览设备的租借。在广州博物馆，除了人工讲解，观众们也可以通过免费的微信导览及租借自主语音导览设备来听讲解。因此上述的自主语音导览设备的租借需要志愿者协助做好相应管理服务。

无障碍设施管理。在服务过程中，志愿者需要参与无障碍设施管理，为有需要的人群提供一定数量的轮椅以供租借；必要时将场馆明亮的灯光适当调暗、控制区域内的人流以减少音量刺激等；跟进盲道等无障碍设施的管理，给视障群体足够的出行安全感。

（三）服务成效

让社会力量参与公共文化设施管理，让公共文化服务注入更多新的活力，有效提升公共文化服务效能，使公共文化服务能够更多元化地为群众服务。

（四）设施管理志愿服务岗位要求和岗位职责

志愿者在参与设施管理志愿服务过程中，需要提前充分熟悉相关设施设备的

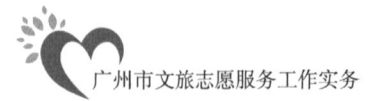

工作要求，熟练掌握设备的使用方法，并了解广州博物馆相关服务保障设施，建立设备和物资的相关台账，为广大市民群众提供更充分、更丰富、更优质的文化活动场地和文化学习阵地。

公共文化服务是保障人民群众基本文化权益的主要途径，是建设文化强国和文化强省的基础工程。"十三五"以来，广州市持续优化公共文化设施体系，现代公共文化服务体系建设走在全国前列，努力提升公共文化服务效能，丰富公共文化服务供给，更好满足人民群众日益增长的精神文化需求。

第四节　活动辅助志愿服务岗位知识

活动辅助志愿服务工作的职责是文旅志愿者协助工作人员顺利开展各类公益文化活动，以有效提升市民参与公益文化活动的体验感。

一、岗位职责

活动辅助志愿服务岗位的职责主要是志愿者协助工作人员有序开展各类公益文化活动，如比赛、培训、展览等。

培训类辅助志愿服务活动：在馆内协助公益培训、讲座等课程开展，担任课程助教，协助完成培训准备、学员签到、课堂秩序维护、课后学员管理等工作。

活动类辅助志愿服务活动：在馆内或馆外协助文艺演出、展览展会、大型比赛、大型活动、会议论坛、研学交流等活动开展，提供活动筹备、人员签到、坐席或路线指引、秩序维护等服务。

二、岗位要求

（1）具备活动所需的身体素质，有志愿服务有关经验和技能。
（2）对现场活动各岗位进行了解，以便协助工作团队完成台前幕后工作。
（3）提前了解活动背景、组织机构、活动安排、活动内容、参与人员等信息。
（4）需提前了解活动主办方硬件设施、场地分布、服务场所基本情况、服务场所管理要求。

三、注意事项

（一）公益培训/讲座助教岗

在公益培训或讲座的学员管理方面，活动辅助岗位志愿者需注意以下事项：

（1）需根据课程学员名单，协助进行学员课程确认，提醒大家按时签到、签退。

（2）如果收不到学员的确认信息或学员发送信息错误，志愿者可向对接老师反映。

（3）建课程微信群进行群管理，注意提前与学员们沟通，发送课程开课信息。

（4）如课程需要学员提前准备上课用具，志愿者应提前告知学员，并说明具体情况。

与任课老师对接时，活动辅助岗位志愿者需注意以下事项：

（1）注意提前与授课老师沟通，了解老师授课要求，提前准备好老师的上课物资。

（2）注意定时或不定时与老师沟通，反映学员的上课状态、上课成果等。

（3）如果有课程成果展览，志愿者需提醒授课老师相应的时间节点。

（4）注意上课过程中灵活协助老师工作。

（二）统筹志愿岗

统筹志愿岗位志愿者在做好志愿管理工作的同时，需要注意以下事项：

（1）明晰志愿活动类型、地点与志愿者人数等信息，提前了解大致的志愿者岗位分配，不定期巡岗时注意确认志愿者是否在岗。

（2）注意对接包含但不仅限以下事项：①志愿者物资摆放位置；②志愿者休息区域；③志愿者是否需要提前吃饭或是推迟吃饭。

（3）提醒志愿者以下事项：①注意仪容仪表，志愿者背心拉链拉好，长发要扎起来等；②在岗时不要低头玩手机；③如遇特殊情况，应先向活动对接人反映。

（4）巡岗过程中时刻注意户外各个岗位志愿者的身体状况，灵活调动志愿者。

（5）注意统筹各个岗位志愿者的意见，定时或不定时反馈给馆内对接老师。

（三）公益展览辅助岗

在公益展览中，活动辅助岗位志愿者需要注意以下事项：

（1）熟悉场馆布置区域，清楚展览的物品摆放位置，如背景板、海报展架的摆放。

（2）根据具体展览要求，与学员详细沟通，确认交作品的时间、地点。

（3）协助做好展览作品登记、收发工作，如书画作品不要随意折叠，放置时应考虑防潮、防污等。

（4）注意及时与展览对接老师沟通，包括展览开幕流程、展厅管理、具体展览要求等。

（四）文艺演出辅助岗

在服务文艺演出团队时，活动辅助岗位志愿者需要注意以下事项：

（1）落实文艺演出团队化妆间安排、彩排时间等，指引团队到指定化妆间准备。

（2）及时记录文艺演出团队提出的需求或疑问，不在解答范围的，需要及时告知对接人或统筹人。

（3）牢记跟进的演出团队上场顺序，若出场顺序变动，应及时通知演出团队。

（4）提前三个节目提醒演出团队上场，给团队预留充分的准备时间。

（5）演出团队离场时若有物品遗漏，志愿者请及时提醒。

在协助搬运指定演出道具或用具时，活动辅助岗位志愿者需要注意以下事项：

（1）与舞台监督或舞台管理者确认道具等的摆放位置。

（2）在指定时间内完成道具等上场和撤场工作。

（3）较为贵重的道具、乐器的搬运须由主办方工作人员负责。

在做好后台秩序管理时，活动辅助岗位志愿者需要注意以下事项：

（1）绝对禁止无关人员在舞台走动，管理好舞台两侧及幕布后的人员，不能出现在现场舞台范围内；如需走动，必须走相关的通道。

（2）注意协调后台气氛，保证演出顺利进行。

（3）留意演出团队的需求，及时向主办方负责人转达。

（4）牢记各个演出团队出场顺序。

（5）后台人员若大声喧哗，应礼貌提醒降低音量。

在做好观众指引服务时，活动辅助岗位志愿者需要注意以下事项：

（1）熟悉观众席位置、分区，分散指引。

（2）熟悉领导嘉宾席位置，定点指引。

（3）熟悉洗手间、出口等位置指引。

（4）安排观众入场，按席位的分布迅速引导观众就座。

（5）在工作开展前，先与其他观众指引志愿者商量具体负责分区，保证每一个区域都有志愿者指引。

（6）对于不是自己负责的区域也应有大致了解，若有观众询问其他分区，要做到也能解答。

（7）注意志愿者离开观众席的时间，避免影响观众观演体验。

四、岗位常用语言

（1）"您好，请这边扫码签到。"

（2）"您好，××活动在××地方，请您跟我来。"

（3）"感谢老师的精彩授课，让我们再一次用热烈的掌声谢谢老师。"

（4）"下一堂课将于下午 2∶30 开始，请大家留意上课时间，提前 15 分钟到达并签到上课。"

（5）"您好，下一个节目到你们上场表演了，请跟我到这边候场，谢谢。"

五、典型案例

以助教志愿服务岗位为例

陈敏艳志愿者 2018 年加入广州市文化馆志愿团队，是手工剪纸专才志愿者讲师、广州市民间文艺家协会会员，曾跟随专业老师学习剪纸，自己也不断进行创新，作品曾入选广东省博物馆展览。

陈敏艳积极参与文化馆的各项活动。她连续 3 年担任"百姓学堂"公益培训课程的助教（图 4-3），联系学员、发布通知、维持课堂秩序、解答疑问、作品收集整理，整个培训课程从开始到结束，她都能做好各方面的协调对接等工作，确保课程顺利开展。

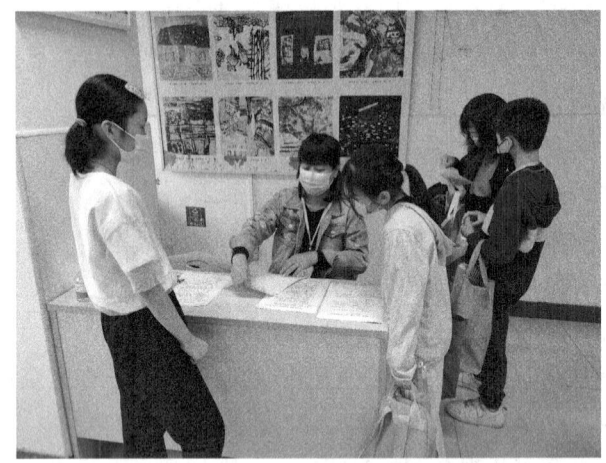

图4-3 陈敏艳在助教志愿服务岗位

陈敏艳志愿者认为助教老师是培训部门、任课老师及学员这三者之间的重要桥梁，主要负责下达要求及相关通知，协助老师开展课堂教学，调动学员的学习积极性，帮助学员更好更快地参与学习。

1. 提前告知学员做好学习准备

（1）考勤要求（签到、请假的方法：根据情况出示文字或步骤图）；

（2）工具材料（以"写意花鸟班"为例，提前与任课老师作详细沟通，学习上需要怎样的工具材料，并告知学员做好课前准备。如文字说明不够精准，可以出示图片说明，见图4-4。或者，先做一些基本的准备，满足第一节课的开展，待学员与老师见面的时候可以详细询问）；

（3）课堂要求（纪律、作业、座位、卫生等）。

以下为发给学员的课程须知：

> （1）每节课提前15分钟到课室，完成两种签到：
> ①电子签到：进馆后凭身份证签到（或打开"广州市文化馆"公众号→右下角"签到"）。
> ②人工签到：进课室后找助教老师登记。
> 两种签到缺一不可，尽量做到不迟到、不早退。
> （2）如需请假，要提前在群里向助教老师报告，并需在"个人中心"办理申请。

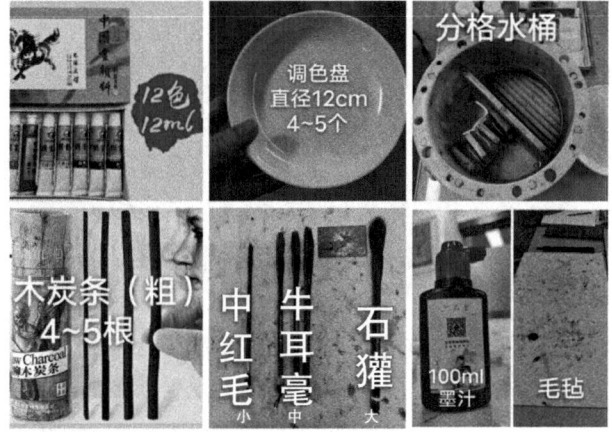

图 4-4 课程所需工具材料

（3）请自备笔记本和笔，做好课堂要点笔记（如：调色步骤）。

（4）除了准备老师要求的材料外，也可备好：

①擦手湿毛巾（随时擦净手上墨汁或颜料之用，免多次离位影响听课）。

②足够的纸巾（吸干调色盘、包裹碟子之用）。

③防水塑料袋（把脏用具带回家清洗之用，所有的作画工具不能在馆内清洗）。

（5）课后清理自己的座位，把椅子藏在桌子底下。

（6）欢迎大家积极分享习作，文明交流学习心得！不要在本群发布与学习无关的资讯，包括各种的问候语和图片！

（7）上课期间如有不适，请及时告知助教老师。

感谢同学们的理解与配合，愿你我都有一段美好的学习时光！

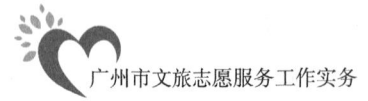

2. 助教老师的岗位要求

（1）课前：提前半小时到岗。做好场所准备、设备准备、教材教具准备及考勤工作。再根据情况，了解任课老师是否能准时到岗。

根据老师的教学要求，组织学员收集作业或展示。提醒已到学员做好课前准备。

（2）课中：不可离岗。随时关注老师的教学要求及学员的学习情况，做出相应的配合或指引（如：老师是否同意拍摄或外传教学视频？任课老师是否沉浸课堂分享忘记时间？提醒学员安静学习，勿闲聊而影响课堂教学等）。

（3）课后：协助任课老师收拾教具教材。做好卫生及桌椅整理，提醒学员带好物品离开，不遗漏。群里提醒学员下次开课时间。

3. 助教老师的注意事项

（1）清晰明白及坚定助教的立场：协助开展公益活动。

清晰、明了、正面、积极地表达事情要求。不要带个人情绪，助教老师能回复、解决的问题，可以先回复解决。如果助教老师不能够答复和解决问题，可以对学员说：这个事情我也不是很清楚，我可以帮你去了解一下，尽快回复你，好吗？

（2）由于是公益活动，学习材料是由学员自行准备的，是个人意愿行为，非强制性要求，助教老师在表达的时候一定要注意使用恰当的语言。

以上是陈敏艳志愿者以"写意花鸟班"为例分享给大家的助教志愿服务岗位知识，同时陈敏艳志愿者强调不要在短时间内一下子告知学员太多的要求，因为一般人无法记住，应完成了一步再来下一步。

第五节　图书整理志愿服务岗位知识

习近平总书记指出，"图书馆是国家文化发展水平的重要标志，是滋养民族心灵、培育文化自信的重要场所"。党的二十大报告提出，要"深化全民阅读活动""健全现代公共文化服务体系，创新实施文化惠民工程"。

《国际图联—联合国教科文组织公共图书馆宣言2022》表明，联合国教科文组织深信公共图书馆是开展教育、传播文化、提倡包容和提供信息的有生力量，也是发挥所有人的才智实现社会可持续发展、个人和平与精神充实的重要机构。

和谐的阅读环境有利于在图书馆中营造书香氛围，倡导全民阅读，提高公共文化服务水平，有效提升市民人文素养。

一、岗位职责

图书整理志愿服务岗位的职责主要是志愿者协助工作人员，及时准确做好图书整理、搬运和上架工作，保持书架整齐，同时协助维持馆内阅览环境安静和读者秩序，如占座管理、噪音管理，以及提醒读者请勿奔跑的秩序管理等。

（1）协助工作人员维持图书馆阅读秩序，劝阻读者不文明行为。

（2）协助工作人员做好图书整理、搬运和上架工作，保持书架整齐，营造良好阅读环境。

（3）协助读者查找书刊，解答读者的咨询。

（4）协助指引读者使用自助设备归还图书、查询借阅状态、续借图书。

二、岗位要求

（1）志愿者需提前了解图书馆场地分布、基本情况及管理要求。

（2）志愿者需要具有一定的服务意识和信息导引能力，帮助新读者办理图书借阅证，介绍借阅知识。

（3）志愿者需熟练掌握各种信息检索技巧，指导读者正确使用图书检索系统，搜索所需要的馆藏文献信息资源。

（4）志愿者需掌握自助借阅设施设备使用方法，引导读者利用图书馆自助机进行图书借还和续借操作。

三、注意事项

及时整理上架。图书馆数据库图书信息的更新有以下两种方式：增加新书、读者借还书。当增加新书、读者借还书时，志愿者要及时协助工作人员把新书、读者归还的书籍做好整理、上架，有效促进其更好地流通，让读者及时借到所需图书。

准确整理上架。目前图书整理归架的工作量在成倍增长，同时读者阅览后随意摆放的文献引起的错架、乱架情况时有发生，这些问题仍需由馆员和志愿者人工完成。志愿者要仔细准确归类，认真处理好每一册图书，将书架上放错的图书摆放到正确的位置。同时注意审阅查重，防止同一种读物被分放两架，造成检索混乱。

规范整理摆放。图书有大有小，有薄有厚，有简装有精装，形形色色，因此要根据一个架位或一段种次号所包含的图书的情况，设计摆放效果，防止由于摆放得不准确、不规范、不美观而影响图书的流通效果。

四、岗位常用语言

（1）"您好，请把手机调为振动或静音模式，谢谢。"

（2）"您好，很高兴为您服务，请问需要借什么书。"

（3）"您好，自助还书请往这边走。"

（4）"您好，麻烦说话小声点，保持安静，谢谢您的配合。"

（5）"您好，请爱护图书馆的书刊资料和设施设备，不得随意挪动阅览桌椅，谢谢您的配合。"

（6）"您好，请将手机及电子设备调至静音或震动状态，谢谢。"

（7）"您好，图书馆已到关门时间，麻烦您带齐个人物品离场，谢谢。"

五、典型案例

广州少年儿童图书馆图书整理志愿服务岗位案例

（一）广州少年儿童图书馆简介

广州少年儿童图书馆是副省级公共图书馆，为广州地区0~17岁少年儿童、家长和少儿工作者提供服务。新馆馆舍建筑面积1.8万平方米，阅览座位1300多个，2015年3月1日开始开馆服务，以资源主题划分空间，包含12大主题场馆，可供借阅文献资源140多万册（件），有效读者证40多万个，设分馆及流动服务点共56个。2020—2023年共接待读者254万人次，活动参与674万人次，媒体报道2400多次。

（二）服务内容

逢年过节，广大青少年积极参与文旅志愿服务，广州不少图书馆推出了适合青少年参与的文化志愿活动，广州少年儿童图书馆则是每天组织数十名青少年志愿者开展图书整理上架、引导使用自助借阅设备等文明实践活动。

图书馆是市民汲取精神食粮、学习新知识的一个重要窗口，整齐排列的图书能帮助读者有更好的阅读体验和氛围。为进一步提升基层公共文化服务质量，建立健全以效能为导向的公共文化服务评价机制、群众需求征集和评价反馈机制，广州少年儿童图书馆每年会开展读者满意度调查，通过问卷调查了解读者对广州少年儿童图书馆的满意程度，包括馆舍环境卫生、馆内布局、交通便利、现代化设施设备、自助服务设备、面向特殊群体的专门服务设施设备、服务指引、文献资源检索、通借通还等服务程序、工作人员服务态度和快速回应服务等内容，不断提升广州少年儿童图书馆服务水平，提升群众满意度、获得感和幸福感。

2023年，广州少年儿童图书馆参加活动的志愿者为8737人次，共开展498次志愿服务活动，662 462人次受益。

（三）服务成效

广州少年儿童图书馆非常重视图书整理志愿服务，多次开展志愿者培训，以广州少年儿童图书馆馆藏图书索书号的组成切入，讲解标签符号的正确排列顺序及图书的排架原则，协助志愿者更清晰地梳理图书整理方法，提高图书整理效率。

广州少年儿童图书馆的志愿者通过阅读推广、图书上架、活动协助、咨询指引、文明倡导等志愿服务工作，助力读者培养良好的阅读兴趣和习惯，展现了昂扬自信的精神风貌，让新时代雷锋精神绽放光芒。

2023年7月，广州少年儿童图书馆成为广州市首批"北斗星"文旅志愿服务培训基地，并以少儿阅读推广为基地培训主题，持续深化"全民阅读推广人"培育项目。

（四）图书整理志愿服务步骤

志愿者可以在"广州少年儿童图书馆"微信公众号报名参与志愿服务，共同守护图书馆温馨有序的阅读氛围。以下是参加广州少年儿童图书馆志愿服务工作的步骤：

第一，志愿者需要在广州少年儿童图书馆微信公众号报名成功后，再在i志愿程序报名，否则视为报名失败。

第二，报名成功后，在广州少年儿童图书馆院内的"爱童馆"门外处领取一张"广州少年儿童图书馆文化志愿服务情况评价表"，领完表后，根据实际情况填写所需内容。

第三，需携带三样物品进入爱童馆，分别是：广州少年儿童图书馆读者证/借书证、已经填写好的文化志愿服务情况评价表、已经登录 i 志愿程序并能使用程序扫码签到的设备。进入后，按指引完成签到，工作人员会指引志愿者到服务场馆。

第四，穿好志愿者服装，在工作人员指引下，有序开展志愿服务。

第五，志愿服务结束时，到志愿服务台领取被工作人员首次填写过的"评价表"并换下志愿者服装。

第六，志愿者使用 i 志愿程序扫码签退。

（五）广州少年儿童图书馆志愿者招募公告

广州少年儿童图书馆文化志愿者服务队在 i 志愿系统发布的招募公告

发布组织：广州少年儿童图书馆文化志愿者服务队

开始时间：2023-01-07 9：00

结束时间：2023-12-31 12：45

联系电话：83671879

活动地址：广东省广州市越秀区中山四路42号（地铁1号线农讲所站C出口，出站往后走约20米，进入大院后再步行约3分钟）。

活动编号：6636559

报名人数：1550人

报名限制：

(1) 请先在广州少年儿童图书馆微信公众号报名成功后，再在 i 志愿程序报名，否则视为报名失败。

(2) 12~26周岁，身心健康，认真负责。

(3) 无发热等症状，请自备口罩等防疫物品，进馆时测量体温。

(4) 志愿者报名咨询电话：83671879。

活动简介：图书整理上架、文明秩序引导、阅读活动协助、咨询指引等。

注意事项：

(1) 签到工具：智能手机（已登录 i 志愿系统）和本人读者证签到，缺一不可。

(2) 服务时间和签到时间以广州少年儿童图书馆微信公众号发布的信息为准。请勿迟到，迟到将被取消参加活动的资格。

（3）签到地点：爱童馆。

（4）请小心保管好手机、钱包等财物。请尽量穿着配有拉链口袋的衣服或裤子，避免服务过程中手机等贵重物品从口袋滑落丢失。

图书整理是提供图书馆阅读环境的一项重要工作，图书馆阅读环境的优劣与图书馆读者的质量、效率、阅读心情的好坏以及是否会再次前来阅读有着直接的关系。"一切为了读者，为了一切读者"是图书馆工作的出发点和落脚点，因此图书整理志愿者要认真对待自己的工作，科学有效地整理好各类图书，为读者创造一个清新、典雅、方便、快捷的阅读空间。

思考题：

1. 信息咨询志愿服务岗的岗位职责和要求分别是什么？
2. 在提供信息咨询志愿服务中，志愿者需要注意哪些礼仪？
3. 在提供文明引导志愿服务中，志愿者需要对市民不文明行为进行劝导，需要注意哪些礼仪？
4. 在参与设施管理志愿服务中，志愿者需要注意哪些事项？
5. 在当助教志愿服务中，志愿者需要注意哪些礼仪？

（撰稿人：李小娜）

第五章
文化和旅游志愿服务专业岗位知识

新时代背景下,人民群众对美好生活的向往、对文化和旅游的需求呈现多元化、多样化的发展态势,对文化和旅游志愿服务的专业化、规范化、科学化的质量与要求也随之提升。多种专业志愿服务岗位丰盈着文化和旅游志愿服务的内涵,为不断提高社会文明程度、建设社会主义文化强国构筑起一道道亮丽的风景线。文化和旅游志愿服务包括多种专业志愿服务岗位,如艺术普及、阅读推广、展览展示、文物保护和文旅宣讲等。为更好地指导文化和旅游志愿者开展上述专业岗位的志愿服务,本章主要介绍艺术普及、阅读推广、展览展示、文物保护和文旅宣讲等专业岗位职责、岗位要求、注意事项、典型案例等知识。

第一节　艺术普及志愿服务岗位知识

2015年1月14日，中共中央办公厅、国务院办公厅印发的《关于加快构建现代公共文化服务体系的意见》提出"积极开展全民艺术普及、全民健身、全民科普和群众性法治文化活动"[1]。2021年6月10日，文化和旅游部发布的《"十四五"公共文化服务体系建设规划》再次明确将全民艺术普及作为公共文化服务的重要品牌，把全民艺术普及作为文化馆（站）免费开放的重要内容[2]。把文化馆等阵地打造成为城乡居民的终身美育学校，依托广大艺术普及志愿者服务资源，通过线上线下有效联动实现全民艺术普及，是新时代活跃群众文化生活，构建现代公共文化服务体系，建设社会主义文化强国的更高要求。

一、岗位职责

全民艺术普及是指全民文化艺术素养的提高、审美水平的提升、精神面貌的提振、核心价值观的培育、文化创造力的激发，充分满足了不同群体、不同内容、不同层次的文化需求，极大地丰富了居民群众的文化生活。全民艺术普及工作面广量大，服务对象种类繁多，需要大量的艺术普及志愿者帮助政府部门提高群众文化的全面发展，从而给当地的公众带来文艺的享受、审美的愉悦。

艺术普及志愿服务岗位职责主要包括以下内容：

（一）开展全民艺术知识普及

艺术普及志愿者可充分利用设施、场地、网站、微信、移动客户端、讲座、培训等各种载体和平台，以各种生动有趣的方式和多种多样的线上线下途径向全

---

[1] 中央政府门户网站. 中共中央办公厅、国务院办公厅印发《关于加快构建现代公共文化服务体系的意见》（全文）[EB/OL]. (2015-01-14)[2022-08-03]. https://www.gov.cn/xinwen/2015-01/14/content_2804250.htm.

[2] 中华人民共和国文化和旅游部. 文化和旅游部关于印发《"十四五"公共文化服务体系建设规划》的通知[EB/OL]. (2021-16-10). https://zwgk.mct.gov.cn/zfxxgkml/ggfw/202106/t20210623_925879.html.

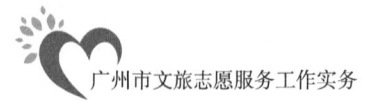

民普及艺术知识，激发人们对艺术的向往和热情，培养人们对艺术的兴趣和爱好。

（二）开展全民艺术欣赏普及

艺术普及志愿者可协助文化馆等，开展线上线下的艺术展览、演出、讲座和下基层巡展、巡演，引导人们欣赏经典艺术和优秀艺术，提高审美品位和审美水准，养成健康的审美口味和审美情趣。

（三）开展全民艺术技能普及

具有如音乐、舞蹈、戏剧、曲艺、美术、书法、摄影、导游、建筑、设计、园林等专业特长的艺术普及志愿者，能满足不同群体不同阶段的艺术培训需求，利用自己的艺术特长，开展文艺辅导，让热爱艺术、有艺术追求的人都能够掌握一项或多项艺术技能，帮助他们发掘自己的艺术潜能，实现自己的人生梦想。

（四）开展全民艺术活动普及

艺术活动是全民艺术普及的重要载体和手段。艺术普及志愿者可协助开展文化艺术活动进社区、进校园、进农村、进企业、进机关，协助开展群众性节日民俗活动、戏曲活动以及非物质文化遗产展示活动等，丰富和活跃城乡居民的文化生活。

二、岗位要求

艺术普及文化志愿者的岗位要求主要包括以下内容：

一是拥护中国共产党的领导，践行社会主义核心价值观，为人正派，品行端正，具有良好的思想道德品质和"奉献、友爱、互助、进步"的志愿精神。

二是热心公益文化事业，自愿从事艺术普及志愿服务；具备从事艺术普及文化志愿服务工作所要求的人文素养、专业知识或服务技能，在艺术普及领域具有一定的理论水平和实践经验，尤其是具备文化和旅游相关行业知识、专业技能或职业证书的志愿者优先，能为文化和旅游志愿服务发挥个人专长，如音乐、舞蹈、戏剧、曲艺、美术、书法、摄影、导游、建筑、设计、园林、非遗、讲解等。

三是年龄在18至65周岁（专业人士除外），具有参与艺术普及文化志愿服务工作的身体素质、能力等。

三、注意事项

开展艺术普及文化志愿服务有以下注意事项：

在服务形象方面：提供艺术普及志愿服务时，应注意礼节礼貌，仪态端庄，举止大方，言辞得体，微笑服务；穿着整洁，可根据要求穿着志愿者服装、佩戴相应志愿者证，并根据需要规范使用受众易懂的语言，语气语调符合受众接受服务的特点。

在服务纪律方面：艺术普及志愿者应该按照服务组织方指导和服务安排，履行文化志愿服务承诺，遵守服务纪律，加强团队合作，与其他志愿者之间相互尊重、密切配合，共同完成服务工作；遵守约定的服务时间，不得无故迟到、早退、擅自离岗；因故不能参与或完成文化志愿服务活动时，履行合理告知的义务；坚持服务的公益性，不得索取除志愿者补贴以外的任何形式的报酬。

在服务安全方面：要遵守国家有关法律、法规和政策的规定，不得泄露艺术普及志愿服务活动中获悉的依法应当保密的信息；尊重服务对象的意愿和隐私等人格权利，不得直接与服务对象起冲突；提供文化志愿服务时，应注意保护自身和他人的人身、财产安全；注重志愿者自身及团队的人身安全；如有相应问题应及时与相关负责人联系沟通。

第二节　阅读推广志愿服务岗位知识

2017年6月，我国《全民阅读促进条例》实施，其中第十六条提出："各级人民政府应当建立阅读推广人队伍，鼓励和支持教师、公务员、大学生、新闻出版工作者等志愿者加入阅读推广人队伍，组织开展面向各类读者群体的专业阅读辅导和推广服务。"[1] 全民阅读是全社会共享的文化权利，更是构建学习型社会，提升人民群众文化生活的重要途径。营造书香社会，通过阅读推广志愿服务推进全民阅读的热潮是文化志愿服务中的重要形式，也是实现全民阅读国家战略，开

---

[1] 中国政府网.《全民阅读促进条例（征求意见稿）》公开征求意见[EB/OL].（2017-04-03）[2023-09-16]. https://www.gov.cn/xinwen/2017-04/03/content_5183139.htm.

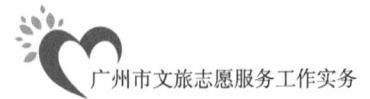

展文化志愿服务体系建设的重要内容。阅读推广志愿服务是指志愿者、志愿服务组织和其他组织围绕全民阅读这一国家战略,通过阅读推广活动自愿、无偿向社会或者他人提供的公益服务,包括成立专业书籍讲解团队、开展高质量读书活动、规划建立阅读基地等多种志愿服务形式。

一、岗位职责

开展阅读推广志愿服务,一方面有助于吸引公众参与到阅读中来,在社会上形成阅读的良好风气,提高全民的文化素养,另一方面也是促进国家全民阅读战略落到实处的重要途径。"阅读推广志愿者"是开展公益性阅读服务推广的社会团体,以自愿参与、义务工作、提升自我、服务社会为基本原则,其岗位职责主要包括以下内容:

(一)引导并推荐阅读书单

定期向公众传递阅读推广活动信息,推送优质阅读书单,并通过向身边群众宣传阅读好处,吸引人们多读书、读好书。

(二)组织并策划主题活动

组织策划开展主题突出、内容明确、形式多样的阅读讲座、阅读分享会、阅读课程、专题活动等线上线下活动,以书籍、口述影像①等多种形式,向广大公众传播阅读理念,提升公众阅读兴趣和阅读能力,倡导并指导公众自主开展阅读活动。例如针对少年儿童,在线上线下举办各种类型的亲子绘本阅读活动等。

(三)咨询导读

熟悉本市各类阅读资源和渠道,能够结合相关的阅读活动,依托和利用现有阅读阵地,有效引导公众使用阅读资源(图书馆、文化场馆书店、借阅馆、阅读新空间、干部职工书屋、社区书屋、农家书屋等),深入加强阅读推广。

---

① 口述影像应用广泛,属于影像翻译的范畴。口述影像可以分为静态和动态两种,展览、建筑、绘本阅读这些属于静态口述,电影、电视剧、歌剧、舞台剧等属于动态口述。

（四）宣传推广全民阅读

发现和了解公众尤其是特殊群体（如视障人士）的阅读需求，及时将公众需求和意见反馈给相关部门、相关单位。发挥专业志愿者作用，参与多种形式的阅读推广活动，用传统纸媒、电视媒体、公众号、短视频等多种形式宣传推广阅读文化，为营造全民阅读氛围贡献力量。

二、岗位要求

阅读推广志愿者的岗位要求主要包括以下内容：

第一，拥护中国共产党的领导，践行社会主义核心价值观，为人正派，品行端正，具有良好的思想道德品质和"奉献、友爱、互助、进步"的志愿精神。

第二，热爱读书、热心于公益事业、有志愿服务情怀，对阅读推广工作有热忱并愿意参与推广活动。

第三，具备开展阅读推广工作所需的身体素质、专业技能、潜力和时间，能认真接受相关专业知识的培训，有相关志愿服务经验和专业特长者优先，其志愿服务培训、实践经验、基本技能应与其活动预期任务匹配。

三、注意事项

开展阅读推广志愿服务有以下注意事项：

在服务形象方面：提供阅读推广志愿服务时，应注意礼节礼貌，仪态端庄，举止大方，言辞得体，微笑服务；穿着整洁，可根据要求穿着志愿者服装、佩戴相应志愿者证，并根据需要规范使用受众易懂的语言，语气语调符合志愿服务要求。

在服务纪律方面：阅读推广志愿者应该按照服务组织方指导和服务安排，对不文明的阅读行为进行提醒、教育、纠正，应该言辞礼貌，不能侵犯读者的尊严或与读者发生冲突；对老、幼、残、孕等人员提供帮助或特殊服务；遵守服务纪律，加强团队合作，与其他志愿者之间相互尊重、密切配合，共同完成服务工作；遵守约定的服务时间，不得无故迟到、早退、擅自离岗，因故不能参加或完成预先约定的阅读推广志愿服务活动时，要履行合理告知的义务；坚持服务的公益性，不得索取除志愿者补贴以外的任何形式的报酬。

在服务安全方面：不得泄露阅读推广志愿服务活动中获悉的依法应当保密的

信息；尊重服务对象的意愿和隐私等人格权利，关注服务现场各相关方言论及行为，不得直接与服务对象起冲突；提供阅读推广志愿服务时，应注意保护自身和他人的人身、财产安全；注重志愿者自身及团队的人身安全；如有相应问题应及时与相关负责人联系沟通。

第三节　展览展示志愿服务岗位知识

展览展示志愿服务是文化和旅游志愿服务中的重要服务岗位之一，多用于博物馆、纪念馆、文化馆、图书馆等公共文化场馆，依托收藏和保护的历史文物、文化艺术品或者专业志愿者所设计的文化产品等，以在场馆专题展览的方式和参展观众分享其作品的文化内涵和艺术魅力，既为传播历史文化、传承人类文明起到重要作用，又为志愿者实现自我社会价值提供了有效服务平台。

一、岗位职责

展览展示志愿者主要从事产品设计、展陈设计、组织策划、宣传推广等志愿服务，其岗位职责主要包括以下内容：

（一）产品设计

在相关领域有设计经验的专业志愿者，根据活动主题，创作和设计活动所需要的相关文化产品课程及材料包装设计、空间艺术装置设计等。如非遗专业志愿服务队的设计师志愿者可根据自身特长，设计相应的非遗文创产品。

（二）展陈设计

在相关领域有设计经验的专业志愿者，根据活动主题，协助专业工作人员负责展览设计，包括展览主题、布局、灯光、色彩、展品陈列等方面的展陈设计。

（三）组织策划

负责场馆内外各类展览展示志愿服务活动的组织策划，包括活动主题、活动流程、活动内容、岗位设置等，跟进活动的开展，协助维持活动现场秩序。

(四）宣传推广

宣传推广是各博物馆、纪念馆、文化馆、图书馆、专题展览馆等教育社会与服务公众的重要手段，包括讲解和宣传推广两种形式。

讲解志愿者经过专业培训后，负责展馆内的临时展览、常设展览的义务讲解、宣讲和接待工作等，参加录制各类讲解视频、音频等展览宣传工作，协助工作人员负责讲解词和通俗读物的编撰工作，以讲稿内容为基础，根据观众需求，提供不同风格的讲解服务，通过深入浅出的讲解，平等尊重、彬彬有礼的态度，激发参展观众的参观兴趣，帮助观众加深对展品历史文化的了解。

宣传推广志愿者经过专业培训后，负责用传统纸媒、电视媒体、公众号、短视频等多种形式宣传推广项目，通过挖掘宣传点、微信宣传、活动现场拍照、小视频拍摄、撰写新闻稿、设计宣传品等方式，让广大群众了解和知晓专题文化产品。

二、岗位要求

第一，拥护中国共产党的领导，践行社会主义核心价值观，具有正确的历史观、民族观、国家观和文化观，自觉维护国家和民族尊严；为人正派，品行端正，具有良好的思想道德品质和"奉献、友爱、互助、进步"的志愿精神，热爱展览展示志愿服务事业，自愿无偿为社会公众服务。

第二，负责设计和开发相关艺术产品的专业志愿者，要热心公益事业，有扎实的专业知识和认真的工作态度，需要在相关产品设计领域有一定理论基础和实践经验。负责展陈设计者，需有展陈设计经验，熟悉展览设计的策划和落地流程。

第三，提供展览讲解的志愿者尤其需要有较强的语言表达能力和临场应变能力，有播音主持、历史教学经验者优先；讲解时必须做到脱稿讲解，进行讲解服务时应遵循准确性的原则，所有拓展资料，须言出有据，须尊重史实，不得擅自杜撰讲解内容。提供外语展览讲解的志愿服务者，应具备外语技能。必要时，展览讲解志愿者必须要通过讲解考核，围绕仪容仪表仪态、讲解内容、讲解结构、讲解策略、语音语调、表达能力等维度进行考核，考核通过者方可上岗。

第四，开展宣传推广的志愿者需要有一定的文字功底，思维活跃、创新能力强，有活动策划、执行经验的人优先，有摄影特长或有新媒体平台运营经验的人

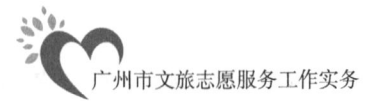

优先,善于撰写文字、宣传策划、编辑视频等。

三、注意事项

开展展览展示志愿服务有以下注意事项:

在服务形象方面:提供展览展示志愿服务时,应注意礼节礼貌,仪态端庄,举止大方,言辞得体,微笑服务;穿着整洁,可根据要求穿着志愿者服装、佩戴相应志愿者证,并根据需要规范使用受众易懂的语言,语气语调符合志愿服务要求。

在服务纪律方面:展览展示志愿者应该按照服务组织方指导和服务安排,应主动积极回答观众的问题,对老、幼、残、孕等人员提供帮助或特殊服务;遵守服务纪律,加强团队合作,与其他志愿者之间相互尊重、密切配合,共同完成服务工作;遵守约定的服务时间,不得无故迟到、早退、擅自离岗、高声谈话、睡觉、玩电子产品等,因故不能参加或完成预先约定的展览展示志愿服务活动时,应履行合理告知的义务;应自觉维护所在服务场馆和志愿者的形象,不以志愿者身份从事任何以营利为目的或违背社会公德的活动。志愿者所设计的作品须为自己制作完成的全新作品,不得从市场上购买,不得侵犯他人的知识产权。如作品涉及他人的知识产权、专有技术或商业秘密,参与者须获得权利人的合法、有效、充分的授权。

在服务安全方面:应自觉保守在展览展示志愿服务过程中获悉的国家秘密、商业秘密、个人隐私或者其他依法受保护的信息;应履行相关法律、法规及所在服务场馆规定的其他义务;提供展览展示志愿服务时,应注意保护自身和他人的人身、财产安全;注重志愿者自身及团队的人身安全;如有相应问题应及时与相关负责人联系沟通。

第四节 文物保护志愿服务岗位知识

2021年11月28日,《国务院办公厅关于印发"十四五"文物保护和科技创新规划的通知》出台,提出"积极引导社会力量参与。拓展社会力量参与路径,鼓励社会资本投入,推广实施文明守望工程,推介拯救老屋行动、文物认养领养、文物保护志愿者、文物义务巡查员等社会力量参与实践"[1]。文物保护，指的是对具有历史价值、文化价值、科学价值的历史遗留物采取的一系列防止其受到损害的措施。文物保护志愿服务是保护好历史文物的重要工作，对大力传承弘扬中华优秀传统文化，引导公众学习了解文物的历史价值、文化价值、审美价值、时代价值，增强文化自信，为营造文物保护的良好舆论氛围，为我国的文物保护，做出了宝贵的贡献。

一、岗位职责

文物保护志愿者主要从事巡查保护不可移动文物、宣传普及文物保护基本知识、开展文物保护公益活动、积极参与文物普查等志愿服务，其岗位职责主要包括以下内容：

（一）巡查保护不可移动文物

巡查保护不可移动文物已经成为各地文物保护志愿者主要的志愿服务方式，主要是指文物保护志愿者在当地政府文物保护部门的指导下，对不可移动文物、地下文物重点保护区以及文物案件易发高发区进行巡查，以集体巡查、定点巡查、自主巡查等多种形式实现文物保护巡查常态化，参与调查、了解本区域文物史迹的基本情况，熟悉本区域内文物保护单位的保护范围和建设控制地带及文物保护的基本要求；及时、准确地上报或反映当地文物保护的各种信息；一旦发现盗窃、盗掘、非法经营、走私、破坏文物等违法犯罪现象，及时报告并积极协助文物、公安、工商、海关等部门做好查处工作，及时发现并报告文物安全隐患，制止并举报涉及文物的违法违规行为。

文物保护志愿者为政府文物保护部门的执法人员增添了"腿"和"眼"，通过对文物信息、照片的上报，帮助执法人员第一时间掌握相关信息，从而及时制止和查处文物违法行为。例如，2022年6月，广州市番禺区拥有不可移动文物756处，分布在15个镇街113条村，具有数量多、分布广、保护环境复杂的特点。2014年，广州番禺区设立每年500万元的文物保护专项资金后，在广州市文

---

[1] 中国政府网. 国务院办公厅关于印发"十四五"文物保护和科技创新规划的通知[EB/OL]. (2021-11-08)[2023-09-16]. https://www.gov.cn/zhengce/zhengceku/2021-11/08/content_5649764.htm.

化广电旅游局的支持下，通过招募基层文物保护队伍，镇街派驻文保监督员，村居设信息员担任文物保护志愿者，逐步形成"区—镇街—村居"三级联保工作体系。截至 2022 年 6 月，全区共有 14 名全职文物保护监督员和近百名文保信息员，致力于开展番禺区不可移动文物保护工作①。

（二）宣传普及文物保护基本知识

在文物保护志愿服务中，严格遵守并积极宣传文物保护的法律、法规、规章，进行文物保护宣传，普及文物保护的基本知识，宣传报道文物保护志愿服务的感人事迹，曝光破坏文物、损坏文物的违法违规行为，唤起全社会重视文物保护的意识，是各地文物保护志愿服务的重要组成部分。宣传普及文物保护基本知识主要包括进行文物保护宣传，如借助传统的纸质媒体进行合作的方式，借助新媒体推出文物保护的微信公众号，还有通过发放文物保护宣传资料、举办专题讲座等多种方式，广泛宣传文物保护知识，让更多的人认识到文物保护的重要性，自觉地爱护文物，参与到文物保护中来。

（三）开展文物保护公益服务

我国于 2005 年决定将每年 6 月的第二个星期六设立为"文化遗产日"，从 2017 年起，"文化遗产日"更名为"文化和自然遗产日"。各地文物保护志愿者以"文化和自然遗产日"为契机，策划组织丰富多彩的文物保护专题公益活动，如在每年的"文化和自然遗产日"，采用公开演讲、宣讲推介、主题团日活动等多种形式，面向学校师生、社区居民等群体开展文物宣传、文物保护宣讲活动。例如，由广东省文物局指导、广东省古迹保护协会组织举办的 2022 年度广东省"考古进校园"系列活动于 6 月 10 日下午正式启动。首场"考古进校园"在广州市第二中学以讲座的形式开展（图 5-1），以"水下考古与海上丝绸之路——破解南宋沉船'南海 I 号之谜'"为主题，带领同学们探寻水下考古的奥秘。

（四）积极参与文物普查

在文物保护专业人员的指导下，参与文物普查，也是文物保护志愿者的服务方式。文物保护志愿者走街串巷，考察和记录城区，查阅街名、历史、名人等大

---

① 知行番禺微信公众号. 广州番禺守护文化根脉，让古祠堂"活"在当下[EB/OL]. (2022-06-15). https://mp.weixin.qq.com/s/YGxy_mShpOeh5Ec5NwkMFw.

第五章　文化和旅游志愿服务专业岗位知识

图 5-1　广东省"考古进校园"活动在广州市第二中学开展的活动合照

量资料，梳理可能被文物保护部门疏漏的历史文物，逐一核实每个地名、街巷的位置、历史以及已经公布的文物、古籍、建筑等；及时上交在文物调查及其他途径中所获取的文物和相关资料，并积极动员其他群众上交出土文物。例如，2022年，广东省"三师"专业志愿者协会①受广东省住房和城乡建设厅委托，开展广东省历史文化保护项目巡查公众志愿服务，其志愿服务覆盖全省21个地级市，对全省23个名城、24个名镇、67条名村、104个历史文化街区和4100栋历史建筑进行巡查。文物保护巡查志愿者利用微信小程序填写"历史文化保护对象巡查记录表"，用照片和文字记录保护对象管理情况、保护现状、安全隐患、利用情况、存在问题等；开展街头调查，听取民声民意，记录群众意见和建议措施等②。

二、岗位要求

文物保护志愿者的岗位要求主要包括以下内容：

---

①　"三师"专业志愿者协会是由规划师、建筑师、工程师等专业技术人员组成的志愿者队伍。

②　广东省"三师"专业志愿者协会. 2022年广东省历史文化保护项目巡查公众志愿者招募[EB/OL]. (2022-07-28). https://mp.weixin.qq.com/s/BtmoMfrnWEpxEAcmk_ _ GIQ.

第一，拥护中国共产党的领导，践行社会主义核心价值观，具有正确的历史观、民族观、国家观和文化观，自觉维护国家和民族尊严；为人正派，品行端正，具有良好的思想道德品质和"奉献、友爱、互助、进步"的志愿精神，熟悉当地历史、风土人情、文物古迹，热爱文物保护事业，自愿无偿为社会公众服务。

第二，应具有一定的文物保护实际能力和专业知识，从事过相关工作和有文物保护从业经验的优先，有文史、建筑、规划、考古、摄影、美术等专业特长者优先；熟悉文物保护政策法规知识。

第三，具备提供文物保护志愿服务所需的身体素质、能力、潜力和时间，能认真接受相关专业知识的培训，有相关志愿服务经验和专业特长者优先，其志愿服务培训、实践经验、基本技能应与其活动预期任务匹配；具备应对突发事件的自救、互救意识和技能。

三、注意事项

开展文物保护志愿服务有以下注意事项：

在服务形象方面：开展文物保护志愿服务时，志愿者应穿着整洁，可根据服务要求穿着志愿者服装、佩戴相应志愿者证；开展相应文物保护宣传时可根据需要规范使用受众易懂的语言，语气语调符合志愿服务要求。

在服务纪律方面：接受所在队伍的统一管理，遵守章程和其他管理制度，维护文物保护志愿者声誉，以实际行动扩大文物保护志愿服务的社会影响；到现场进行巡查的志愿者，可以通过解说、宣传等方式传播当地的历史文物和文化；自觉履行文物保护志愿者的职责，完成交办的工作。

在服务安全方面：严守国家文物机密，未经法定程序批准，不得擅自对外提供未经发表的重要文物信息和资料，不得借机谋取私利；提供文物保护志愿服务时，应注意保护自身和他人的人身、财产安全；注重志愿者自身及团队的人身安全；如有相应问题应及时与相关负责人联系沟通。

第五节　文旅宣讲志愿服务岗位知识

文旅宣讲志愿服务与当地的文化和旅游事业发展有着密切的联系，是文化和旅游志愿服务中的重要内容。文旅宣讲志愿者把宣传讲解与现场服务结合起来，打通理论宣讲"最后一公里"。专业、热情、高素质的文旅志愿者队伍已成为各地景区景点、文博场馆内的一道亮丽风景，共同营造舒心的出游环境和文明的旅游氛围。

一、岗位职责

文旅宣讲志愿者主要以开展各式各类的宣讲志愿服务为主，其岗位职责主要包括以下内容：

以公众为宣讲对象，结合当地文旅宣讲志愿服务需求，运用深入浅出的宣讲内容，以丰富多样的宣讲载体，围绕党的政策方针、文明风尚、乡村振兴、红色文化、当地特色文化和风土人情等内容，通过现场宣讲或讲解、派发文明出游倡议书和文明旅游宣传手册、开展文明劝导、文旅节目演出等多种方式，以丰富的载体、百姓的语言和创新的手段，让群众既受到教育，又得到实惠，推动马克思主义中国化最新成果特别是习近平新时代中国特色社会主义思想深入千家万户。如"读懂广州"导游专业志愿服务队为广州首批9支文旅志愿服务专业队之一。该服务队成立于2022年5月，以"讲好广州故事　传播本土文化"为使命，以"城市文化"和"红色文化"为宣讲方向，发挥广州市导游志愿者多、传播能力强的优势，通过招募、培训、考核上岗等流程，吸纳广州地区的持证导游人员、文旅行业从业人员等作为文旅志愿者，为广大市民及游客提供宣讲、导览、讲解等专业文旅宣讲志愿服务。

二、岗位要求

文旅宣讲志愿者的岗位要求主要包括以下内容：

第一，拥护中国共产党领导，践行社会主义核心价值观，具有正确的历史观、民族观、国家观和文化观，自觉维护国家和民族尊严；为人正派，品行端正，具有良好的思想道德品质和"奉献、友爱、互助、进步"的志愿精神，热爱文旅宣讲事业，自愿无偿为社会公众提供宣讲志愿服务。

第二，具备优良的政治素质、业务素质和政策理论水平；掌握礼仪知识，具备服务的基本素养和形象，具备提供文旅宣讲志愿服务所需的身体素质、能力、潜力和时间，能认真接受相关专业知识的培训，有相关志愿服务经验和专业特长者优先，其志愿服务培训、实践经验、基本技能应与其活动预期任务匹配；具备应对突发事件的自救、互救意识和技能。

第三，具备较强的综合分析能力、沟通能力、语言和文字表达能力和临场应变能力；进行宣讲服务时应遵循准确性的原则，须言出有据，不得擅自杜撰宣讲内容；必要时，文旅宣讲志愿者必须要通过讲解考核，围绕仪容仪表仪态、讲解内容、讲解结构、讲解策略、语音语调、表达能力等维度进行考核，考核通过者方可上岗。

三、注意事项

开展文旅宣讲志愿服务有以下注意事项：

在服务形象方面：提供文旅宣讲志愿服务时，应注意礼节礼貌，仪态端庄，举止大方，言辞得体；穿着整洁，可根据要求穿着志愿者服装、佩戴相应志愿者证，并根据需要规范使用受众易懂的语言进行宣讲，宣讲语言深入浅出。

在服务纪律方面：文旅宣讲志愿者应该按照服务组织方指导和服务安排，做好宣讲服务；遵守服务纪律，加强团队合作，与其他志愿者之间相互尊重、密切配合，共同完成服务工作；遵守约定的服务时间，不得无故迟到、早退、擅自离岗等，因故不能参加或完成预先约定的文旅宣讲志愿服务活动时，应履行合理告知的义务；应自觉维护文旅宣讲志愿者的形象，不以志愿者身份从事任何以营利为目的或违背社会公德的活动。

在服务安全方面：注意宣讲时与观众交流的政治性，不能偏离党的路线、方针、政策，自觉维护国家利益和民族尊严，不得有损害国家利益或民族尊严的言行；提供文旅宣讲志愿服务时，应注意保护自身和他人的人身、财产安全；注重志愿者自身及团队的人身安全；如有相应问题应及时与相关负责人联系沟通。

第六节　专业岗位典型案例

本节主要结合广州市内文化和旅游志愿服务专业岗位领域的志愿服务案例，介绍相应专业岗位招募、设置、要求和注意事项等内容。

一、艺术普及专业岗位典型案例

本节主要以"美育广州"为例，重点结合艺术普及专业领域阐述成立宗旨、岗位职责、招募流程、注意事项等内容。

（一）成立宗旨

2022年5月，由广州市文化馆发起成立"美育广州"艺术普及专业志愿服务队（以下简称"美育广州"）。"美育广州"隶属于广州市文化和旅游志愿者总队，是"繁星行动"之"启明星"文旅专业志愿服务队，该队成立宗旨是"美育广州，展现和传播艺术之美"，结合全民艺术普及推广，推动文旅志愿服务高质量发展，号召具备艺术专业、热心公益事业、具有良好文化底蕴的人士，一起面向全市开展艺术普及专业志愿服务。

（二）招募流程

在招募条件上，要求热爱艺术，热心公益，自愿从事文化艺术专业志愿服务，有爱心，充满热情，愿为文化事业贡献自己的力量；具有良好的思想道德品质和社会奉献精神，责任心强，关心社会，关注民生；在文艺专业领域具有一定的理论水平和实践经验，具有专业资格证书或是专业院校专业人才及各大院团专业人士；年龄在16至65周岁，具有中级以上职称或同等能力，获得过市级以上奖项者优先；具有参与文化志愿服务的身体素质，以保证在参加文化志愿服务活动中能够顺利完成任务。

"美育广州"对志愿者招募主要有申请登记、资格审核、注册录用等流程。

（1）申请登记："美育广州"艺术普及志愿服务队长期面向社会招募志愿者，申请对象需填写"'美育广州'艺术普及志愿服务队志愿者注册登记表"

（表5-1）进行信息登记。

（2）资格审核：艺术普及志愿服务队办公室对申请对象的专业技能和专业资格进行审核，确定是否接受其申请（本过程可能涉及对志愿者的电访和面谈，具体视情况而定）。审核通过的人士可办理登记手续。

（3）注册录用：审核通过的志愿者需在指定信息管理平台完成注册和其归属，由"总队"办公室对"美育广州"艺术普及志愿服务队队员进行统一编号，建档备案，发放志愿者证等标识。

表5-1 "美育广州"艺术普及志愿服务队志愿者注册登记表

所属地区： 填表日期：

基本信息	姓名		身份证号码		性别	
	出生年月		籍贯	民族	政治面貌	
	工作单位			职务/职称		
	联系方式					
专业特长	[ ] 音乐　　[ ] 舞蹈　　[ ] 美术　　[ ] 朗诵 [ ] 研究　　[ ] 其他_____					
个人简历						

续上表

服务意向（可多选）	[ ] 参与文艺类公益展览、讲座、培训、演出、研学等活动策划工作； [ ] 参与基层文旅志愿服务组织者培育工作，开展专项培育和帮扶指导工作； [ ] 参与市级文旅志愿者培训基地授课服务和教材编写工作； [ ] 对接基层文艺志愿服务队，开展专业服务工作； [ ] 参与全市文旅志愿服务工作交流会，分享工作经验； [ ] 参与对外文化交流活动； [ ] 其他（请列明）：_____
承诺	我自愿加入文化志愿者队伍，积极参加志愿活动，展示文化志愿者形象，奉献真诚、帮助他人、服务社会，为推进"总队"综合实力出新出彩贡献力量。 申请人签名：　　　　　　　　日期：

（三）岗位设置

根据实际需要，"美育广州"设置统筹管理岗、专家指导岗、艺术门类专业岗、辅助执行岗等岗位。

1. 统筹管理岗

岗位职责和要求：对"美育广州"志愿服务队的工作进行统筹和汇总，具有统筹管理能力，具备良好的团队协作精神，能够较为细致地统筹团队各项资料和数据；队伍设置队长、副队长、秘书长等统筹管理岗位，纳入总队的统筹协调，在总队的指导监督下，进行队伍的自我管理。

2. 专家指导岗

岗位职责和要求：招募各艺术门类专家，在文艺专业领域具有一定的理论水平和实践经验，参与相关工作累计 3 年以上，或具有中级以上职称或同等能力，获过市级以上奖项者优先；参与指导队伍发展方向，为艺术志愿活动提出相应专业建议，指导艺术展演，策划项目并给予建议，共同参与公共文化基层治理服务。

例如，2023 年 6 月，为提升广州艺术普及志愿者的歌唱水平，邀请歌唱领域专家为其开展"歌唱发生的新思考"培训（图 5-2）。

图 5-2 "美育广州"艺术普及志愿队专家给基层艺术团队开展专家讲座的合照

3. 艺术门类专业岗

艺术门类专业岗细分为声乐、器乐、舞蹈、指挥、美术书法、戏剧曲艺、语言等类别专业岗位,需要在相关艺术门类专业领域具有一定特长,热心公益事业,具有良好文化底蕴和经验的人士对外开展艺术普及志愿服务(图 5-3)。

声乐类专业岗岗位职责和要求:声乐专业人士,具备良好的声乐演唱专业知识技能,有丰富的演出比赛经验和声乐培训讲座辅导经历,参与培训、指导基层群众艺术团队,提升群众艺术水平和专业修养。

器乐类专业岗岗位职责和要求:器乐专业人士,具备良好的器乐专业知识技能,有丰富的器乐演出比赛经验以及培训讲座辅导经历,参与培训、指导基层群众艺术团队,提升群众艺术水平和专业修养。

舞蹈类专业岗岗位职责和要求:舞蹈专业人士,具备良好的舞蹈专业知识技能,具有创编辅导能力,有丰富的舞台演出比赛经验,参与培训、指导基层群众艺术团队,提升群众艺术水平和专业修养。

指挥类专业岗岗位职责和要求:指挥专业人士,具备合唱指挥专业知识技能,具有相关培训讲座能力,所带合唱团队参加比赛演出获奖者优先,有较强指挥团队实践经验,参与培训、指导基层群众艺术团队,提升群众艺术水平和艺术修养。

美术书法类专业岗岗位职责和要求:美术书法专业人士,具备良好的美术书法专业知识技能,具有美术书法培训讲座辅导的经历,举办过大中型书画展的团队或个人优先,参与群众书法活动服务,提升百姓审美意识。

戏剧曲艺类专业岗岗位职责和要求：戏剧曲艺专业人士，具备良好的戏剧曲艺专业知识技能，具有辅导编排能力，有丰富的演出经验或比赛获奖者优先；参与对基层相关艺术团体指导帮扶，在服务活动中能互相协作，有良好团队精神。

语言类专业岗岗位职责和要求：语言艺术专业人士，具备良好的专业知识技能，有大中型活动主持或朗诵经验，能组织艺术交流活动，参与对基层相关艺术团体指导帮扶，提升群众艺术水平和文化修养。

4. **辅助执行岗**

辅助执行岗岗位职责和要求：对团队组织开展活动，辅助前期准备工作和现场执行，具备爱心和耐心，能及时完成艺术普及各类活动安排的基本任务，参与文艺类公益展览、讲座、培训、演出、研学等活动组织策划工作。

例如，2023年9月，广州艺术普及专业岗志愿者结对帮扶基层组织者开展"义"起来钩花——初老长者社区艺术推广活动（图5-3）。

图5-3　广州艺术普及专业岗志愿者结对帮扶基层组织者开展
"义"起来钩花——初老长者社区艺术推广活动

（四）注意事项

提供专业艺术普及志愿服务时，应仪表端庄、穿着整洁、真诚热情，并根据需要规范使用普通话或其他语言。非表演类佩戴"总队"志愿者统一标识，服从"总队"的指导和安排、履行文化志愿服务承诺，加强团队合作；坚持服务的公益性，不得索取除志愿者补贴以外的任何形式的报酬；不得泄露相关志愿服务活动中获悉的依法应当保密的信息。

二、阅读推广专业岗位典型案例

本节以"穗阅先锋"为例，重点结合阅读推广专业领域阐述成立宗旨、岗位职责、招募流程、注意事项等内容。

（一）成立宗旨

2022年5月，由广州图书馆发起成立"穗阅先锋"阅读推广专业志愿服务队（以下简称"穗阅先锋"），该队隶属于广州市文化和旅游志愿者总队。"穗阅先锋"通过吸收具有阅读推广理论水平和实践经验的人士开展志愿服务，致力于提升阅读推广志愿服务的专业水平和服务质量，促进个人和社会开展阅读活动，打造一支引领全民阅读的专业志愿服务队伍。自成立以来，"穗阅先锋"已面向儿童亲子家庭及视障人士群体开展数场绘本展览、"盲读快乐营"等阅读推广活动，重点关注未成年人、老年人和残障人士等特殊群体的阅读需求，充分推动阅读推广向专业化、规范化与精细化发展。2023年2月，"穗阅先锋"组织开展无障碍口述电影《满江红》志愿活动（图5-4）。

图5-4　"穗阅先锋"组织开展无障碍口述电影《满江红》活动

（二）招募流程

在招募条件上，"穗阅先锋"要求志愿服务队员遵守国家有关法律、法规和政策，热心公益事业，自愿从事阅读推广服务活动；具有良好的思想道德品质和社会奉献精神，能坚持参加志愿服务活动；原则上年龄不超过65周岁，身体健康，能够胜任相关工作；在阅读推广领域（特别是面向未成年人或重点人群）具有一定的理论水平和实践经验，擅长策划组织未成年人或重点人群阅读活动，过往一年在文化或教育领域组织活动不少于5场。

"穗阅先锋"每年根据志愿工作发展情况和需求，面向社会开展集中招募，对申请者进行筛选、面试、培训与考核。通过考核的申请者，方可成为本服务队志愿者。可接受个人及团队两种申请形式。

"穗阅先锋"对志愿者招募主要有提出申请、资格审核、注册录用等流程。

（1）提出申请：申请对象需填写"'穗阅先锋'阅读推广专业志愿服务队个人（团队）申请表"（表5-2）进行申请。

（2）资格审核：服务队对申请对象的专业技能和专业资格进行审核，确定是否接受申请。

（3）注册录用：审核通过的人员需在指定信息管理平台完成注册和归属，并在归属队伍选择加入"'穗阅先锋'专业志愿服务队"。由总队对志愿者进行统一编号，建档备案，发放广州文旅志愿者证等标识。

表5-2 "穗阅先锋"阅读推广专业志愿服务队个人（团队）申请表

所属地区： 填表日期：

基本信息	姓名		身份证号码				性别	
	出生年月		籍贯		民族		政治面貌	
	工作单位					职务/职称		
	联系方式							
专业特长	（申请者填写，例如：服务对象、服务方向等）							

续上表

个人（团队）简历	
服务意向（可多选）	[ ] 未成年人阅读推广服务（A. 故事分享；B. 艺术创作；C. 儿童文学导赏；D. 科学普及；E. 其他：_____） [ ] 重点人群阅读推广服务（A. 视障人群；B. 听障人群；C. 读写困难人群；D. 自闭症人群；E. 老年人；F. 其他：_____） [ ] 阅读推广服务研究交流 [ ] 其他公益性阅读推广服务（请列明）：_____ [ ] 其他（请列明）：_____
承诺	我自愿加入文旅志愿者队伍，积极参加志愿活动，展示文旅志愿者形象，奉献真诚、帮助他人、服务社会，为推进广州城市文化综合实力出新出彩贡献力量。 申请人签名：　　　　　　　　　　日期：

（三）岗位设置

根据实际需要，"穗阅先锋"分为统筹管理岗、活动策划执行岗、阅读推广岗、宣传推广岗、培训研究岗、咨询导读岗等专业岗位。

1. 统筹管理岗

岗位职责和要求："穗阅先锋"志愿服务队隶属于广州市文化和旅游志愿者总队，下设口述影像等各服务分队，"穗阅先锋"志愿服务队设置队长、副队长、秘书长等统筹管理岗位，在总队的指导监督下，对"穗阅先锋"志愿服务队的各分队进行统筹管理，各分队队长对各自队伍进行自我管理；对"穗阅先锋"志愿服务队工作进行统筹管理，熟悉阅读推广领域专业知识，具有统筹管理能力，具备良好的团队协作精神，能够较为细致地统筹团队各项资料和数据，若具备"阅读推广人"资格更佳。

2. 活动策划执行岗

岗位职责和要求：参与阅读推广志愿服务活动的组织、策划与执行，包括活动主题的确定、活动流程的安排、设置志愿者岗位等；具备爱心和耐心，有一定的活动策划和执行能力，能根据实际需要完成展览、讲座、培训、活动、研学、观影等各类阅读推广活动安排的基本任务策划、组织和执行。

3. **阅读推广岗**

岗位职责和要求：通过多种渠道和载体，以阅读讲座、阅读分享会、阅读课程、专题活动等形式向广大群众传播阅读理念，提升公众阅读兴趣和阅读能力；要具有强烈的阅读意识和积极向上的阅读理念，能够开展丰富多彩的阅读推广活动，吸引更多人参与到阅读中来，若服务未成年人、残障人士等特殊群体，需要掌握相应领域服务技巧。如"穗阅先锋"组织队伍中的口述影像志愿者，通过开展无障碍口述电影的方式，让更多视障人士体验和感受电影的魅力。

4. **宣传推广岗**

岗位职责和要求：通过挖掘宣传点、微信宣传、活动现场拍照、小视频拍摄、撰写新闻稿等，让广大群众了解和知晓阅读推广活动；要热爱和认同阅读推广活动，具有一定拍照、视频制作、新媒体运用等能力，能够用传统纸媒、电视媒体、公众号、短视频等多种形式宣传推广阅读活动，激发广大群众阅读热情。

5. **培训研究岗**

岗位职责和要求：对所招募志愿者开展相应专业岗位培训，编写相应的教材、讲义等；熟悉阅读推广领域志愿服务，具有较好的理论和实践知识，具备开展培训和研究的能力。

6. **咨询导读岗**

岗位职责和要求：在专题阅读活动结束后，依托和利用现有阅读阵地，有效引导公众查找和使用相应的阅读资源（图书馆、文化场馆、书店、借阅馆、阅读新空间、干部职工书屋、社区书屋、农家书屋等），深入加强阅读推广。如在某本书籍阅读分享后，可引导公众前往借阅此本书籍。要求熟悉本市图书馆等各类阅读资源和渠道，为群众提供咨询导读解答和操作指引服务。

（四）注意事项

提供阅读推广志愿服务时，应仪表端庄、穿着整洁、真诚热情，佩戴广州市文旅志愿者统一标识，并根据需要规范使用普通话或其他语言。要积极履行志愿服务承诺或协议，积极参加服务队组织的专业文旅志愿服务；要每年开展或参与阅读推广专业志愿服务专题培训、讲座、活动、讨论会议；因故不能参与或完成文旅志愿服务活动时，应履行合理告知的义务；不得以文旅志愿者身份从事任何以营利为目的或违背社会公德的活动。

三、展览展示专业岗位典型案例

"广作新生"非遗专业志愿服务队虽定位在非遗文化传承方面，但其相关服务涉及展览展示专业志愿服务，故本节主要以"广作新生"为例，重点结合展览展示专业领域阐述成立宗旨、招募流程、岗位设置、注意事项等内容。

（一）成立宗旨

"广作新生"非遗专业志愿服务队（以下简称"广作新生"）是由广州市文化和旅游志愿者总队建立的广州首批文旅专业志愿服务队之一，旨在推动非遗文化和非遗事业的发展，促进非遗传承、传播，吸收热爱非遗、热心公益，具备设计、媒体传播等专业技能的人士加入，共同致力于促进广州非遗——广作家具的保护和振兴。他们在 2011 年 11 月发起首个志愿项目——"余料之外——广作家具边角料新生计划"，以广作家具的边角料的创新设计和新场景运用，联动政府、传承人群、设计师、高校、传媒机构等多方力量，共同探索传统工艺传承发展之路。图 5-5 为 2022 年 1 月，"余料之外——广作家具边角料新生计划"设计成果展。

图 5-5 "余料之外——广作家具边角料新生计划"设计成果展

（二）招募流程

在招募条件上，"广作新生"分为个人招募和团队招募。

在个人招募上，要求志愿者遵守国家有关法律、法规和政策，热心公益事业，自愿从事非遗服务活动；具有良好的思想道德品质和社会奉献精神，能坚持参加志愿服务活动，自觉维护文化志愿者的形象和声誉；须参与相关领域工作累计3年及以上；原则上年龄不超过65周岁，身体健康，能够胜任相关工作；履行志愿服务承诺或协议，积极参加市总队和非遗保护中心组织的专业文化志愿服务；不得以文化志愿者身份从事任何以营利为目的或违背社会公德的活动。

在团队招募上，要求团队拥有3名（含）以上符合岗位要求的人员；团队至少有1名管理人员，团队制度健全、管理科学、运行良好，吸引力凝聚力较强；在非遗保护领域具有一定的理论水平或实践经验，所开展的活动项目具有一定社会影响力或社会反响好。

"广作新生"每年根据志愿服务开展情况和需求，面向社会开展集中招募，对申请者进行筛选、面试、培训与考核。通过考核的申请者，方可成为服务队志愿者。可接受个人及团队两种申请形式。"广作新生"对志愿者招募主要有提出申请、资格审核、注册录用等流程。

（1）提出申请：申请对象需填写"'广作新生'非遗专业志愿服务队个人（团队）申请表"（表5-3）进行申请。如果是设计师，需提交3件以往设计完整的原创作品介绍和图片，推荐官需提交3个以往做过的传播案例介绍和图片。

（2）资格审核：服务队对申请对象的专业技能和专业资格进行审核和面试，确定是否接受申请。

（3）注册录用：审核通过的人员需在指定信息管理平台完成注册和归属，并在归属队伍选择加入"'广作新生'专业志愿服务队"。由总队对志愿者进行统一编号，建档备案，发放广州文旅志愿者证等标识。

表5-3 "广作新生"非遗专业志愿服务队个人（团队）申请表

姓名		单位	
联系方式		邮箱	
是否愿意加入"广作新生"文化志愿服务队		□是 □否	
个人（团队）简介	（主要填在设计、宣传推广方面的履历）		
设计构想	（参与本活动的初步方向、构想）		
过往设计成果	作品/案例名	简介	图片

（三）岗位设置

根据实际需要，"广作新生"非遗专业志愿服务队设置设计、媒体推广、展览展示、研究等专业技能的志愿服务岗位。

1. 设计师

岗位职责和要求：负责设计和开发相关艺术产品，热爱中国传统技艺，有扎实的专业知识和认真的工作态度，需对传统手艺再设计有一定理论基础和实践经验，参与相关领域工作累计3年及以上。设计方向包括且不限于轻奢系列文创、定制类高端产品设计、非遗体验课程及材料包设计、空间艺术装置设计（作品需以余料为主，可采用综合材料形式创作，应充分结合广作特点和发展理念，展现对非遗传承的思考）。

2. **媒体推广（推荐官）**

岗位职责和要求：担任推荐官，负责用传统纸媒、电视媒体、微信公众号、短视频平台等多种形式宣传推广项目，对传统手艺传播推广有见解，有媒体传播的经验（官媒、自媒体均可），善于撰写文字、宣传策划、编辑视频等，参与相关领域工作累计3年及以上。

3. **展览展示**

岗位职责和要求：需有展陈设计经验，熟悉展览设计的策划和落地流程，如对相应的设计成果进行成果展览展示等。

4. **研究人员**

岗位职责和要求：负责对广作产品进行相应研究，需对广作传统工艺感兴趣，且具有较强的科研能力。

（四）注意事项

作品须为自己制作完成的全新作品，不得从市场上购买，不得侵犯他人的知识产权。如作品涉及他人的知识产权、专有技术或商业秘密，参与者需已经获得权利人的合法、有效、充分的授权。参与者因侵犯他人知识产权所引起的全部赔偿责任应由参与者本人承担。出于公益宣传的目的，主办方有权使用、出版和展览所有成果文件，并通过传媒、专业杂志、专业书刊或其他形式介绍、展示及评价成果文件，参赛设计单位对其提交的成果文件享有署名权。主办方有权根据项目的实际需求，部分使用、修改设计方案，有权使用入围方案中的合理要素。

四、文物保护与传承专业岗位典型案例

本节主要以"考古广州"为例，重点结合文物保护与传承专业领域阐述成立宗旨、岗位职责、招募流程、注意事项等内容。

（一）成立宗旨

"考古广州"专业志愿服务队（以下简称"考古广州"）成立于2022年5月，由南越王博物院与南汉二陵博物馆联合组建，隶属于广州市文化和旅游志愿

者总队,由总队负责业务指导和监督管理。"考古广州"以宣讲为主要志愿服务形式,充分发挥考古专业特色及馆藏文物资源优势,设置南越王博物院和南汉二陵博物馆两个服务据点,加强考古成果传播,普及文物考古知识,用考古成果丰富全社会历史文化滋养,满足广大公众多样化的精神文化需求。"考古广州"的愿景为"考古广州,发现岭南文明之美",充分发挥考古专业特色及馆藏文物资源优势,传承羊城历史记忆,让历史文物活起来。

(二) 招募流程

"考古广州"吸收具备文物博物专业技能的人士开展志愿服务,共同致力文物博物专业服务内容。在个人招募条件上,遵守国家有关法律、法规和政策的规定,热心公益事业,自愿从事非遗服务活动。具有良好的思想道德品质和社会奉献精神,能坚持参加志愿服务活动。原则上年龄不超过65周岁,身体健康,能够胜任相关工作。有一定的专业理论知识或专业实践经验,并符合下列条件之一:具备考古学、历史学、博物馆学等相关学历;从事文博专业技术工作;取得文物博物专业技术资格。在团队招募条件上,拥有5名(含)以上符合前文个人招募条件的团队均可报名;团队至少有1名管理人员,团队制度健全、管理科学、运行良好,吸引力凝聚力较强;在文物博物专业领域具有一定的理论水平或实践经验,所开展的活动项目具有一定社会影响力或社会反响好。

"考古广州"每年根据志愿服务开展情况和需求,面向社会开展集中招募,对申请者进行筛选、面试、培训与考核。通过考核的申请者,方可成为本服务队志愿者。可接受个人及团队两种申请形式。

"考古广州"对志愿者招募主要有提出申请、资格审核、注册录用等流程。

(1) 提出申请:申请对象需填写"'考古广州'文博专业志愿服务队个人(团队)申请表"(表5-4)进行申请。

(2) 资格审核:服务队对申请对象的专业技能和专业资格进行审核,确定是否接受申请。

(3) 注册录用:审核通过的人员需在指定信息管理平台完成注册和归属,并在归属队伍选择加入"考古广州"专业志愿服务队。由总队对志愿者进行统一编号,建档备案,发放广州文旅志愿者证等标识。

表5-4 "考古广州"文博专业志愿服务队个人(团队)申请表

所属地区：　　　　　　　　　　　　　　填表日期：

基本信息	姓名		身份证号码				性别	
	出生年月		籍贯		民族		政治面貌	
	工作单位				职务/职称			
	联系方式							
专业特长								
个人（团队）简历								
服务意向（可多选）								
承诺	我自愿加入文旅志愿者队伍，积极参加志愿活动，展示文旅志愿者形象，奉献真诚、帮助他人、服务社会，为推进广州城市文化综合实力出新出彩贡献力量。 申请人签名：　　　　　　　　　　日期：							

（三）岗位设置

根据实际需要，"考古广州"设置研学老师、讲解志愿者（图5-6）等具有专业技能的人担任的志愿服务岗位。

1. 讲解志愿岗

岗位职责与要求：主要为观众讲解本馆基本陈列、公众考古活动中心和其他临时展览，能够讲解文物历史，诉说文物背后的故事；要求具备丰富的博物馆讲解经验，熟练掌握南越王博物院和南汉二陵博物馆的遗址及展陈内容，以普通话为主，会粤语、外语者优先考虑。

图 5-6　讲解岗志愿者在为公众讲解展览

2. 宣教活动志愿岗

岗位职责和要求：负责博物馆教育活动策划、实施与辅助，摄影摄像、新媒体运营、微博文章撰写、观众调查与分析、特色研学辅助等；具有一定拍照、视频制作、新媒体运用等能力，能够用新媒体、互联网等多种形式宣传推广文物知识，传播博物馆知识，让公众体会到文物之美。

3. 艺术创意志愿岗

岗位职责和要求：针对基本陈列与临时展览内容、馆藏文物或宣教活动要求等进行艺术创作与设计，如展览设计、文创设计、宣传品设计等；具备一定艺术创作、展览设计能力。

4. 综合管理志愿岗

岗位职责和要求：能够开展关于文化遗产与传承方面的志愿服务项目策划、执行等；负责观众与志愿者队伍综合管理等工作；具有一定组织策划和统筹协调管理能力。

5. 研学培训志愿岗

具备考古发掘、文博专业技术工作的经验，或具备语言艺术、舞蹈形体、媒体宣传推广等领域经验，能够担任研学培训导师，参与考古和文物相关培训授课服务；参与相关志愿服务教材编写和相关理论研究。

（四）注意事项

能够服从服务队的指导和安排，履行文旅志愿服务承诺，加强团队合作；坚持服务的公益性，不得索取除志愿者补助以外的任何形式的报酬；不得泄露文旅志愿服务活动中获悉的依法应当保密的信息。

五、文旅宣讲专业岗位典型案例

本节主要以"红越"青少年宣讲员培育计划（以下简称"红越"）为例，重点结合文旅宣讲专业领域阐述成立宗旨、招募流程、岗位设置、注意事项等内容。

（一）成立宗旨

"红越"作为"繁星行动"2022年度广州市基层文旅志愿服务重点培育项目，通过组织青少年志愿者游走北京路"千年中轴线"，以红色景点导赏与党史宣讲相结合，并辅以拍照打卡、互动问答、图文展板等多元化的方式，引领广大市民和游客了解越秀区北京路中的红色印记，领略广州的历史文化魅力，选拔部分优秀青少年成为宣讲员，向社会和公众展示其形象和风采。"红越"致力于培养和打造一支优秀的青少年宣讲员队伍，首批成员由"讲好广州故事"志愿讲解员总队、广州市知用学校、广州市13中学的青少年志愿者组成。

（二）招募流程

在招募条件上，"红越"青少年宣讲员有以下要求：年满14周岁，较好的表达能力，可以选择普通话、粤语以及外语；仪容和外表端正、无明显染发或烫发，曾担任讲解员、宣讲员、主持人的优先考虑；有一定的志愿服务经历，认可志愿服务精神与理念；对广州历史、文化、旅游等方面有一定了解或者热爱；每月至少参加2次服务，可以长期参与的优先录取；可以选择定点宣讲、流动串讲，根据个人意向和能力经验安排具体工作岗位。此外，"红越"欢迎各党团支部、企事业单位、大中学校以团体形式报名参加，具体承包某个时段或某个红色地点的宣讲工作。

"红越"对志愿者招募主要有网上报名、资格审核、注册录用、培训上岗等流程。

（1）网上报名：申请对象在指定的繁星行动"红越"青少年宣讲员培育计划报名链接上进行报名申请。

（2）资格审核：服务队对申请对象的专业技能和专业资格进行审核，确定是否接受申请。

（3）注册录用：审核通过的人员需在"i 志愿"等志愿服务平台完成注册和归属。收到录取短信后，主动添加工作微信号；具体培训、排班和其他相关事宜，在志愿者群内沟通和协商。

（4）培训上岗：青少年志愿者经过录用后，进行一定的宣讲员培训，由广州志愿驿站旗舰站的志愿讲师为青少年志愿者普及志愿服务通用知识，带领大家走读各红色景点；项目同时还邀请到广州市导游协会的资深导游讲授宣讲礼仪和语言表达技巧，全方位提升青少年志愿者的讲解水平，青少年志愿者通过考核后方可进行排班上岗。例如，2022 年 8 月，志愿讲师王志强对"红越"青少年宣讲员开展实地讲解活动（图 5-7）。

图 5-7　志愿讲师王志强对"红越"青少年宣讲员开展
实地讲解活动

（三）岗位设置

根据实际需要，"红越"主要设置宣讲员岗位。岗位职责和要求：宣讲员熟悉和掌握北京路沿线相关的红色史迹点历史事迹，以北京路上的广州志愿驿站旗舰站为线下活动集合点，以北京路文化旅游区为主要的服务活动范围，辐射区内

8处红色史迹（兴中会广州分会旧址、东江纵队交通站旧址、太平馆西餐厅、广州起义时叶挺与聂荣臻视察敌情之处、《新青年》杂志社旧址、叶剑英商议讨逆旧址、广州起义纪念馆、廖承志举办新闻界招待会旧址），能够向社会各界提供预约式、菜单式、定点式、串讲式的专业宣讲志愿服务，在活动中辅以拍照打卡、互动问答、角色扮演、图文展板等多元化学习和宣讲手段，务求达至沉浸式的党史学习效果。例如，2022年9月，"红越"青少年宣讲员为广大来穗游客宣讲北京路历史（图5-8）。

图5-8　"红越"青少年宣讲员为广大来穗游客宣讲北京路历史

（四）注意事项

提供文旅宣讲志愿服务时，注意礼节礼貌，仪态端庄，举止大方，言辞得体，穿着整洁，可根据要求穿着志愿者服装、佩戴相应志愿者证，并根据需要规范使用受众易懂的语言进行宣讲；要依据讲解词进行宣讲，不能偏离党的路线、方针、政策，自觉维护国家利益和民族尊严，针对不同的公众采用不同的讲解方式、讲解语言，对讲解词内容的主次进行取舍，宣讲语言要深入浅出；遵守约定的服务时间，不得无故迟到、早退、擅自离岗等，因故不能参加或不能完成预先约定的文旅宣讲志愿服务活动时，应履行合理告知的义务。

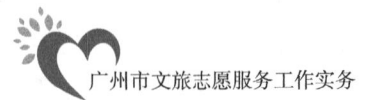

思考题：

1. 你知道艺术普及、阅读推广、展览展示、文物保护和文旅宣讲等专业岗位的岗位职责是什么吗？结合你的实际情况和服务意向，你更喜欢从事哪个专业岗位？

2. 结合你所在的志愿服务队伍和所居住的地区特色，思考在哪些场所、与哪些单位合作开展艺术普及、阅读推广、展览展示、文物保护和文旅宣讲等文化旅游专业志愿服务？对所招募的志愿者需要培训哪些内容？

3. 本章节所提及的各领域文化旅游志愿服务案例，你对哪个最感兴趣？可借鉴其哪些经验？

（撰稿人：王静）

第六章
文化和旅游志愿服务特色项目案例分析

  在文化和旅游融合发展进程中,文旅志愿服务亦将持续发挥其作用价值,体现其服务形式的多样化、服务功能的多元性,还有特色项目的品牌性和创新性。本章将通过介绍红色文化传承、乡村文化振兴、数字化文旅、关爱重点群体、文旅融合推动等具有文旅特色的志愿服务项目案例,以及进行相关点评分析,期望为文旅志愿服务工作者开展项目服务提供实务参考。

第一节 红色文化传承项目典型案例分析

一、"读懂广州"导游专业志愿服务项目

(一) 项目概况

为促进新时代红色文化传播和广州历史文化传承,广州市导游协会以习近平新时代中国特色社会主义思想为指导,以"讲好广州故事,弘扬红色经典,传承革命精神"为己任,结合广州近代革命史和红色历史文化遗迹,进行本项目的组织策划,把红色基因、红色文化、红色旅游有机组合。同时,充分发挥导游志愿者传播能力强的专业优势,打造了一支红色文化导游志愿宣讲队伍——"读懂广州"导游专业志愿服务队(图6-1),为广大游客常态化提供志愿讲解和导览服务,不仅成为广州首批文旅专业志愿服务队,也是唯一的旅游专业志愿者服务队,还是广东省内首支导游专业志愿服务队。

图6-1 "读懂广州"导游专业志愿服务团队合照

项目团队通过在广州红色文化场馆和非遗文化街区提供志愿讲解服务、走进校园为学生进行红色宣讲并培育"小小红色宣讲员"、在重大节日举行专题宣讲等多种形式,让人们铭记广州红色历史,"读懂广州,热爱广州,奉献广州",传承革命基因,赓续红色血脉,同时为广州革命历史传承和红色旅游事业发展做出导游员志愿者的专业贡献。项目还获得2022年广东省"益苗计划"志愿服务项目大赛"重点培育"项目奖项资助。项目具体内容主要有以下几点:

(1) 依托红色文化、岭南文化等,持续开展志愿宣讲。从2019年开始,项目团队积极联系中共三大会址、农民运动讲习所、广州起义纪念馆等展馆,定期开展红色文化导游讲解志愿服务(图6-2),2022年还增加了团一大广场和永庆坊等志愿讲解阵地,拓展服务社会群体。红色文化导游员通过志愿讲解,带领游客参观历史陈列,观看历史资料,重访红色足迹,重温中国共产党的峥嵘岁月,重温红色文化经典,同时通过项目实施,践行志愿精神,推动项目持续运行。

图6-2 "读懂广州"导游专业志愿者在红色文化场所向小学生讲解

(2) 积极走进校园,构建"小小红色宣讲员"成长之路。通过主动联系广州市区各小学,面向小学阶段各年级学生(约10家学校,合计超1000名学生)进行红色志愿宣讲,让学生了解广州红色历史,知道广州红色故事,进而激发热爱广州、热爱中国的理想情怀，有效提升在校学生们的爱国心，深刻体会到今天的幸福生活得来不易，只有倍加努力学习方能不辜负先辈们的牺牲和付出。此外，项目团队还鼓励学生报名成为"小小红色宣讲员"志愿者，到红色文化场馆向观众进行定点志愿讲解。通过自身的所学所思所想，带动社会共同开展"读懂广州"，形成学习和宣讲红色文化和历史文化的良好风气，逐步成长为优秀的新时代接班人，有效宣传广州红色文化的同时，让学生及老师们"读懂广州"，读懂英雄城市背后的光荣与伟大，增强对城市的热爱之情。从思政教育工作来看，项目有效解决了部分学校思政教育针对红色文化和革命史的教育不足的问题，协助补齐学校思政老师在红色教育方面的短板，把校园思政课的意义和价值发挥到最大，有效促进了思政教育普及性与精准性，同时，项目有效推动了导游志愿服务专业优势与思政教育多元化的供需对接。

（3）推动导游员队伍参与文旅志愿服务行动，提升社会形象与群体信心。项目可以有效发动热爱导游事业的导游员发挥专长，通过志愿讲解和宣讲服务，重新走上讲解岗位，用专业知识贡献社会。导游员在进行"读懂广州"项目志愿服务的同时，也能激发自身的生活动力与工作信心，更好地发挥专业导游志愿者的示范带头作用，从而探索出一条广州红色文化和旅游志愿服务深度融合的导游专业实践之路（图6-3），具有较强的可持续发展生命力。

图6-3 "读懂广州"导游专业志愿服务项目导游员志愿者在非遗街区"永庆坊"向各地游客提供志愿讲解服务

（二）点评分析

该项目实施主体是广州市导游行业协会志愿服务队。特色行动共分为三步，首先是立足红色文化阵地，开展专业导游讲解志愿服务，传播广州红色文化；进而主动深入校园，面向小学生群体，志愿宣讲广州红色故事，激发学生爱国爱城情怀，并培育"小小红色宣讲员"队伍共同到红色场馆定点讲解，深化红色文化传承目标；随着项目推进，团队还扩展到广州市非遗街区"永庆坊"等场地，进行岭南文化、红色文化等志愿讲解服务，提升项目社会传播范围和影响力，形成立体化实施体系。

整体而言，该项目一方面积极发挥导游员讲解的专业志愿服务优势，依托红色景点、学校校园、旅游景区等阵地，持续推进项目服务，实现广州红色文化传承"薪火相传"理念的项目目标；另一方面，为导游员群体提供参与专业志愿服务，奉献社会的综合平台，凝聚导游志愿者的爱心力量，特色明显，成效显著。因此，在开展红色文化传承等文旅志愿服务项目时，需要结合专业队伍、文旅阵地、社会资源等服务优势，发挥自身特色，才能更好地推动文旅志愿服务项目达到目标和创新发展。

二、"红色文化传播者"志愿讲解服务项目

（一）项目概况

位于广州市区的农民运动讲习所（以下简称"农讲所"），作为全国爱国主义教育示范基地、全国红色旅游经典景区以及省市党员教育基地，具有传承红色基因、弘扬红色文化的重要作用。由馆方培育组建的星火志愿服务队，以农讲所纪念馆展馆为主要的服务传播阵地，在2018年启动"红色文化传播者"志愿讲解服务项目，以现场讲解、红色文化故事宣讲等形式面向各类观众提供志愿服务，同时还多次走进共建单位，主动积极地传播红色文化，传承红色基因。截至2022年项目累计开展志愿讲解1000多批次，志愿服务总时数达4万多小时，受益观众达80万人次，受到其他单位和社会的广泛认可和肯定。其主要做法包括以下几个方面：

（1）多元化发展志愿者队伍。项目团队与多间高校、共建单位、中小学合作，组建了一系列的高校志愿队、党员志愿队、红色导游志愿队、中小学志愿队

等，为项目提供多方来源的志愿者队伍，志愿者共2000多人。

（2）科学化安排志愿者培训。项目团队对志愿者分别进行红色文化讲解词的理解和记忆、讲解技巧和礼仪等培训内容，并根据不同的志愿者学员调整授课风格，不流于形式，每次的课堂培训后，都会安排志愿者学员跟听专业讲解员的现场讲解，让志愿者真正体会到作为"红色文化传播者"的使命和职责，增强自豪感和认同感。另外，项目的培训工作不断根据下辖各志愿分队培训需求情况，灵活多变地开展志愿者培训，不只是"请进来"，还积极主动"走出去"，满足各志愿者团队培训需求。例如，项目团队开展红色文化讲解队培训，为广东舞蹈戏剧职业学院分队培养"红色文化传播者"（图6-4）。

图6-4　项目团队为广东舞蹈戏剧职业学院分队培养
"红色文化传播者"

（3）严格把控考核环节。志愿者学员经过培训、通过考核后，才能正式成为农讲所纪念馆"红色文化传播者"志愿讲解服务项目志愿者。红色文化传播，要力求准确和无误，志愿传播者的考核就是必不可少、重中之重的环节。对项目志愿者学员的考核，以线下现场考核为主，线上网络视频考核为铺。

（4）聚焦学生群体实施项目服务。项目在农讲所纪念馆有效实施的同时，还聚焦中小学生等未成年人的爱国主义教育。项目团队在2019年10月开始，重点培育"红色文化传播者"小讲解员队伍，通过培训、考核（图6-5），来自广州市各区的小讲解员走上志愿讲解岗位，通过对红色文化遗产和革命先烈红色故事的宣讲，真正让沉淀于中华大地的红色文化资源活起来、动起来，让红色基因代代相传，以点到面的形式，以星星之火，点亮全广州市上百所中小学，形成百校联动，为传承与保护红色文化注入"活"的力量。此外，项目在2021年继续开展进校园——"红色文化传播者"送巡展志愿讲解活动（图6-6），丰富校园爱国主义学习教育内容，通过展示和讲解，将爱国主义教育做深做实，进一步加深了学生群体对红色文化、百年党史的理解，更好地发挥了农讲所纪念馆的全国爱国主义教育示范基地作用，服务学生群体逾5万人，有效地引导和激励学生铭记历史，缅怀党恩，发扬革命传统，传承红色基因。

图6-5 项目在农讲所纪念馆现场进行志愿者培训考核

图6-6 "红色文化传播者"送巡展志愿者讲解服务场景

（二）点评分析

该项目立足于红色文化主题的公共服务场地开展，通过组建多元化志愿者服务队，并做好培训、考核、调配等管理工作，长期进行红色文化传播志愿服务。同时，结合中小学生爱国主义教育工作，主动联系市内学校，实施送展讲解服务并培育小讲解员队伍，联动逾百所学校参与项目推进，形成红色文化传承的规模化效应，较好地体现公共文化服务场地，尤其是红色文化阵地的宣传教育功能。由此观之，开展红色文化传承特色志愿服务项目时，要聚焦具体的服务群体，要充分利用红色文化阵地，更要尽可能形成志愿合力的联动格局，方能更好地让自身项目发挥特色和成效价值。

第二节　乡村文化振兴项目案例分析

一、"送展下乡"志愿服务项目

（一）项目概况

广州市花都区博物馆现有 2500 多名志愿者，注重队伍能力建设，专家授课与内部培训并进，制定《志愿者工作守则》，采用"i 志愿"志愿服务信息管理平台和"广州公益时间"志愿服务平台登记志愿时数，健全完善志愿服务时长录入、考核激励等机制，规范队伍管理。自 2013 年起，花都区博物馆创新送展模式，扩大受惠群众面，坚持探索送展下乡的途径，策划实施"送展下乡"志愿服务项目，发挥文化志愿者服务作用，逐渐建立起了送展下乡的志愿项目长效机制，累计服务超过 50 万人，参与服务的志愿者有 1250 余人次。同时使文化志愿服务延伸至社区、学校乃至边远山区，让文化惠民成果更多地惠及广大人民群众，传播历史文化，激活历史文物资源的生命活力，让沉睡的文物在乡村文化振兴中"活"起来。2018 年该项目荣获"广州市优秀志愿服务项目"；项目团队获得 2020 年度"广州公益时间"志愿服务平台最活跃志愿队伍以及花都区优秀文化志愿服务队伍等荣誉。该项目特色做法如下：

（1）实现志愿服务地域突破，拓展乡村文化教育范围。自 2013 年起，花都区博物馆"送展下乡"志愿服务项目团队一共将 20 余套展览送进了学校、社区、镇村、企业、机关单位等服务阵地。2018 年开始，项目逐步拓展，不断向外延伸项目影响力和教育范围，将"送展下乡"项目送至广州市白云区、清远市山区和东莞市，实现项目服务地域突破，扩大服务对象受益面。同时，为帮助边远山区的贫困学子，项目团队 160 名志愿者连续三年走进清远市阳山县，分别在 12 间学校里举办"爱心助朝阳，同圆求学梦"志愿助学活动（图 6-7），与学校签订了爱国主义教育基地共建协议，向学校捐赠了书籍和体育用品，向贫困学生发放助学金。另外，还将"太平天国历史图片展""那些年的老课本"等优秀展览送进乡村校园，结合展览内容，开展形式多样的社会教育志愿活动，促进边远山区孩子对党史、国史、改革开放史、社会主义发展史等红色文化以及中国优秀传统文化的了解。

图6-7 项目在阳山县韩愈中学展览，组织社会教育志愿活动

（2）构建服务点单模式，打造项目服务品牌。项目团队借力广东省流动博物馆的资源和乡村文化振兴的热潮，打造博物馆乡村文化教育的志愿服务品牌。2018年起，该项目整合展览资源，整理送展菜单，并通过官方公众号提前公告，让乡村学校、单位根据自身需求选择展览主题以及社会教育志愿活动。2020—2022年，更是以"红色展览"为基础，结合"红色学堂""红色家书""红色故事""红色电影""红色歌曲"，整合送展菜单，丰富项目的送展内容，以乡村群众和中小学生们听得懂、听得进的宣传形式，弘扬爱国精神和普及国防知识，进一步促进博物馆、乡镇村居和乡村学校的志愿服务多方联动发展。

（二）点评分析

在乡村振兴事业进程中，文化振兴是其中必要的组成部分，具有特色的文化志愿服务项目将成为重要的助推器，该项目是当中的典型案例之一。项目实施主体的馆方，通过组织文化志愿者团队，将博物馆内的展品送到乡村基层，义务为乡村学生、村民等群众提供文化教育，扩大宣教群体，有效助力乡村文化振兴。其成功经验，一是突破公共文化服务场地局限，采用送展下乡的志愿服务形式，将文博展览服务前移到乡村大地，包括延伸到广州市外的省内乡镇，切实提升受

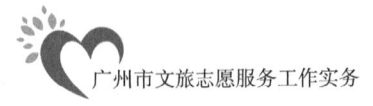

益群体的公共文化生活；二是实施送展下乡志愿服务项目时，注重引导山区乡村孩子接受红色文化、岭南文化和"四史"的思想教育，使用通俗易懂的宣教方式，促进项目目标实现；三是项目常态化实施，目前开展时间已逾10年，送展下乡的展览数量超过20多套，利用不同服务阵地，持续为乡村文化振兴助力。

二、益享湾区——南沙疍家水乡文化传承志愿服务项目

（一）项目概况

基于不少广州市南沙区居民对疍家文化缺乏认识和了解，并且受到现代文化的冲击，对其失去兴趣，以及南沙疍家水乡文化元素表演、展览等宣传推广渠道不足，未能使更多人认识疍家文化艺术的现实背景，南沙文旅体志愿者服务队下属的美仁志愿服务分队策划实施"益享湾区——南沙疍家水乡文化传承"志愿服务项目。通过在南沙乡村开展义务传承、宣传和推广疍家文化，帮助更多居民增强对疍家传统文化的认识和了解，保护和传承具有本土特色的珍贵文化遗产，同时提高本土居民的文化素养。其主要内容包括：

（1）面向居民群众提供志愿辅导，并开展水乡文化艺术表演，组织演出和培训，提高当地居民文化素养。

（2）项目志愿者定期前往南沙乡村社区开展志愿服务活动，传承、宣传和推广水乡文化。

（3）项目志愿者走访乡村居民，收集、记录、保存、传承水乡非遗文化，推动其传承发展。

（4）配合当地政府和相关机构，参与疍家文化节庆活动、文化市场等活动，推广疍家文化。

项目在2021—2022年共开展服务40次，参与志愿者共1200人次，服务对象2000人次，取得主要成效：一是通过疍家水乡文化主题志愿讲座、文化节目义务展演，丰富服务对象的文艺活动的内容和形式，活跃社区村居文化氛围；二是通过疍家文化场景体验，增强本土居民对疍家水乡文化的认识和了解，深度体验传统优秀文化的魅力；三是组织开展疍家美食制作活动，使服务对象在品尝最地道的疍家美食的同时，新增一门技能，把疍家美食实践运用于日常生活中；四是开展疍家文化知识培训和实践，通过参与活动前期策划和细节安排，项目志愿者可以更深入学习疍家水乡文化，还能够增强志愿者的活动策划执行能力，提高

志愿者的服务水平，成为高素质、高水平的文旅服务志愿者，带领更多的志愿者为传承推广疍家文化而努力，协助打造疍家水乡文旅志愿品牌，助力乡村文化发展。

（二）点评分析

该项目根据实施地的水乡自然环境和疍家文化现状需求，针对性开展疍家水乡文化传承志愿服务，一方面为居民群众提供精神文化服务，提升文化艺术素养，另一方面积极传承疍家水乡文化，传播具有本土特色的非遗活动品牌。项目特色经验包括：

第一，依托南沙水乡的环境条件，从水乡文化传承和社会传播的目标导向出发，针对性策划文旅志愿服务项目，丰富水乡人民群体文化生活，助力水乡文化传承传播和项目实施地的旅游发展。

第二，项目服务内容丰富，通过面向居民开展常态化的培训辅导、文化讲座、义务展演、场景体验，宣传推广、收集整理水乡非遗文化，并且协助政府部门开展相关文化活动，多角度实施项目，有效丰富乡村文化服务供给。

第三，充分发挥乡村文化振兴志愿者"蒲公英"传播功能，项目团队组织、凝聚了一批热爱水乡文化的志愿者，倡导志愿精神，深入基层开展项目服务，较好地起到助推乡村文化传承和公共文化服务补充的现实作用，此外，在推动项目开展的同时，还促进项目志愿者文化素养的提高和个人服务能力的提升。

第三节　数字化文旅项目案例分析

一、"南越王新媒体云服务"项目

（一）项目概况

伴随信息化技术逐渐在文化和旅游工作场景的运用，西汉南越王博物馆志愿者团队在2017年启动了"南越王新媒体云服务"志愿服务项目，项目通过创新数字化的志愿服务方式，推动了展览展示、文化活动、传统文化保护与传承、文化旅游融合服务等方面取得良好的实践成果和项目成效，同时培养了一批爱好历史文化兼有新媒体传播技能的优秀志愿者，该项目曾获 2020 年"广州市最佳文旅服务项目"等奖项。其具体内容和做法如下：

（1）志愿团队录制博物馆展览导览。2017—2021 年，项目志愿者团队共为 14 个展览录制了导览节目。通过专业讲解词+专业播音员+专业录音棚+专业后期制作的方式，制作高质量的展览导览志愿服务。上传导览节目后，观众只需打开博物馆 APP，便可享受项目志愿者专业、流畅、亲切的展览导览服务。通过"新媒体云服务"的方式，扩大了历史文化传播途径和范围，使展览取得了良好的宣传教育效果。

（2）志愿团队打造原创新媒体文旅节目。项目志愿团队协助博物馆进行新媒体服务传播平台的建设，制作多种类的西汉南越王博物馆新媒体文旅节目（图 6-8），成为探索博物馆新媒体发展的先锋团队。2020 年志愿制作了 67 个原创新媒体节目，2021 年至今志愿制作了 41 个原创节目。例如，文化科普类节目《探越微课堂》，文物新鲜说系列的《南越物语》《南越文物猜猜猜》《南越王潮》，历史动画类节目《南越立国》，沙画艺术作品《南越国史》等，通过数字化的志愿新方式讲解文物和历史，取得了良好的文化传播效果，增加了大量新媒体线上用户的关注。志愿者还自主拍摄了博物馆视频节目《逛走广州——和南越王来一场超时空恋爱吧！》，并登上学习强国平台。此外，项目志愿者还为西汉南

图 6-8　"南越王新媒体云服务"项目志愿者参与录制专题节目

越王博物馆举办的展览拍摄多部文旅宣传片，为博物馆教育活动拍摄活动视频，常年为博物馆拍摄展览的文物摄影集，并撰写推文分享文物摄影攻略等，不断创新新时代博物馆数字化志愿服务的宣传方式。

（3）创新探索志愿者"云直播"服务（图6-9）。项目志愿者讲解队紧跟"直播热"的网络新环境，经过一系列专业培训及严格考核，在全国文博行业中率先推出志愿者"云讲解"服务，不断创新直播方式，例如，在每年"国际博物馆日"，策划参与"停不下来的南越王"直播活动，在"南越文创线上开抢"环节中化身带货主播，介绍文创产品，"在南越有佳人"环节中穿越古今，介绍秦汉历史文化。全程6小时"云直播"，共有23万余人观看，达到了文化传播的良好效果，展现了项目志愿者讲解队的综合讲解水平及风采，推动了文化和旅游志愿服务的数字化创新发展的实践探索。

图6-9 "南越王新媒体云服务"项目志愿者开展"云直播"服务

（二）点评分析

随着网络新媒体在志愿服务领域的广泛运用，通过各种数字化技术推动文旅志愿服务项目发展，将逐渐成为实务工作的普遍现象。该项目通过组建具有历史文化素养和新媒体传播技能的专业志愿者队伍，充分利用博物馆自身兼具的文化和旅游服务阵地，结合线上线下方式，分别在语音导览、原创新媒体节目、"云讲解"和"云直播"等方面，实施系列数字化特色的志愿活动，助力馆方在公共文化服务、社会教育、社会传播等方面开展实务工作，具有典型的数字化文旅项目特色元素。其中，在原创新媒体节目中，项目划分为文化科普类、历史动画类、文物解说类等内容，为不同服务对象提供分层分类的文化志愿宣讲服务。此外，在"云直播"方面，项目团队聚焦博物馆展品所处的秦汉历史介绍，同时引出文创产品宣传，突显网络数字化志愿服务促进文博公共服务发展的独特力量。

在文旅志愿服务实务工作中，一方面可以发挥现有实体阵地优势，另一方面亦可借力新媒体技术，运用数字化志愿服务引导志愿者团队实施项目，以及面向网络服务对象进行相关传播，深化文旅公共服务和志愿服务项目的特色发展。

二、云游大湾区——大湾区禅澳青少年乡村文化寻根志愿项目

（一）项目概况

2019年以来，粤港澳三地联合打造粤港澳大湾区文化遗产游径（五大主题、27段实体游径），基于此，澳门港澳台发展研究协会联合佛山科学技术学院人文与教育学院青年志愿者协会，借国家建设粤港澳大湾区的契机，借助自身资源和优势寻求合作，开展大湾区禅澳青少年乡村文化寻根志愿服务项目。项目充分利用血脉同存的文化根基，搭建湾区青少年与内地交流的服务平台，打造文化认同价值链。项目在2019年6月启动策划调研，以澳门特别行政区和广东省佛山市的文化游径为项目实施地点，充分借鉴粤港澳大湾区互融互通的互动模式，通过"线下体验+在线传播"的项目服务方式进行，用青少年视角深入挖掘并强化澳门、佛山两地文化的关联性，发掘湾区城市和乡村的文化魅力，激发青少年在湾区文化保育、传播和创新中的活力。项目对于促进澳门与佛山两地青少年交流、增加青少年的湾区认同感和自豪感、提升青少年的爱国爱家情怀具有重要意义。

项目通过线下的义教课堂、历奇教育、文化导赏、文化讲座、粤港澳大湾区文化遗产游径徒步等多种活动形式，以乡村文化内涵为切入点和精神载体，融合粤港澳湾区文化游径主题（华侨华人、古驿道等澳佛两地共有文化元素），主动为佛山新市民的子女群体提供武术、爱国教育、科学实验等丰富多彩的志愿教学课程。此外，项目实施还侧重数字化平台的服务运用，主要通过"红茶路线"APP、直播应用、视频平台、社交网络等数字化工具和网络媒体，为澳门与佛山两地青少年提供了解粤港澳大湾区文化的沟通交流渠道和资源数据库，并提供学习、就业、创业、生活、娱乐等各方面实践机会，以及数字化助力文旅资源的志愿服务平台。具体主要做法包括：

（1）由旅游专业的大学生志愿者，到澳门、佛山著名的旅游景点和特色乡村，开展直播导赏活动，让禅澳两地青少年足不出户也能"云游湾区"，并扩大数字化平台助力文旅资源的社会传播；同时，项目团队还通过"在线漫游澳门"活动，由澳门志愿者和青少年参与者使用"红茶路线"文旅APP，进行澳门文物展在线游，分享用户体验，同时搭载区块链赋能内容，能够分享路线和打卡挣积分，包括但不限于内容创作、评论、浏览、点赞、上首页、转发、打卡、参与活动、游客配对等，均可获得对应优惠奖励。

（2）开展"湾区直播间"活动，由项目主体的澳门志愿者团队和佛山科学技术学院青年志愿者团队，不定期以网络直播、现场连线等形式，面向两地青少年分享湾区发展、乡村文化保育、旅游服务交流等话题，持续推动两地的数字化助力文旅服务新风尚（图6-10）。

图6-10 "云游大湾区"项目利用数字化平台向澳门青少年开展佛山文旅志愿讲解服务

（二）点评分析

该项目特色主要体现在三方面：

第一，推动传播。它针对佛山、澳门两地的文化游径，依托数字化平台和新媒体技术，进行直播、导赏等文旅志愿服务，超越项目实施地域限制，最大化地向社会传播，扩大两地文旅资源的知名度和影响力。

第二，形式丰富。项目实施过程中，既有线下课堂、导赏讲座和游径徒步等活动形式，又有线上"云直播"、APP分享+区块链运用等数字化形式，切合青

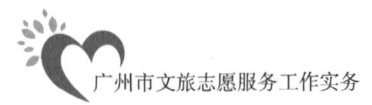

少年群体网络行为习惯，避免常规介绍的单向输出现象，创新乡村文化传承志愿服务方式。

第三，促进融合。项目团队志愿者队伍主要由两地大学生志愿者和社会组织志愿者共同组建，通过实施项目的文旅主题活动，一方面为两地的文化特色和旅游资源提供志愿宣传，另一方面促进文旅交流、文化认同乃至国家认同。

第四节　关爱重点群体项目案例分析

一、"我的声音你的眼睛"口述影像志愿服务项目

（一）项目概况

成立于2000年5月的广东省立中山图书馆志愿者队伍，是全国图书馆中较早成立的志愿者组织之一，2012年起，联合广州青年志愿者协会助残服务总队，依托"融·爱空间"作为主要服务阵地，关注残障人士等特殊群体的公共文化需求，帮助视障人士克服视力障碍，像普通人一样"看"电影，开始了无障碍电影现场讲解文化志愿服务活动的探索，组织实施"我的声音你的眼睛"口述影像志愿服务项目。项目目标人群囊括残障人士、口述影像志愿者及普通读者，项目志愿者运用口述影像专业知识，在不干扰电影原有声音信息的情况下，将影片中的视觉成分，例如空间布景、场景、人物表情、动作等，用语言加以描述，帮助视障人士理解电影内容，协助视障人士克服视力障碍"看"电影，丰富关爱视障群体精神生活的服务内涵。

经过多年的经验积累，项目逐渐发展壮大，口述影像的服务范围不断扩大，形成集无障碍电影现场讲解、口述影像导览、口述影像线上线下培训、口述影像交流研讨会、口述影像技能大赛、黑暗体验坊于一体的活动形式。截至2021年底，"我的声音你的眼睛"口述影像志愿服务项目共举办59期无障碍电影现场讲解、22场口述影像培训、6期口述影像导览、4期黑暗体验坊及口述影像交流研讨会，撰写无障碍电影脚本约60万字，志愿者参与服务累计时长达13 000小时，参与活动超8000人次，服务效益显著，吸引众多媒体关注。通过资源共享、上

门服务、队伍培养等方式推广项目，增强对周边地区的辐射作用，先后协助佛山图书馆、东莞残联"心目影院"、惠州"声影同行"无障碍电影助盲项目等组织开展为盲人讲电影活动，培养当地无障碍电影志愿者队伍，带动相关单位复制项目运作模式，惠及更多残障人群。"我的声音你的眼睛"口述影像志愿项目（图6-11）先后获得2020年第五届中国青年志愿服务项目大赛银奖、2021年首届文化助盲志愿服务项目专项赛一等奖和最佳组织奖。

图6-11 "我的声音你的眼睛"项目志愿者给视障人士口述影像志愿服务现场

（二）点评分析

开展文旅志愿服务项目，不仅可以促进文化和旅游事业的发展，亦可以通过不同的服务形式，为重点群体、弱势群体带来关爱帮扶、社会融合等现实作用。该项目围绕视障人士群体"观"影需求，结合图书馆公共文化服务阵地设施，提供系列性、持续性的口述影像志愿服务，取得不错的项目成果，其特色主要有：

（1）服务形式针对性强。项目实施与常规化的助盲志愿服务不同，主要针对服务对象的精神文化需求（电影、阅读等）策划实施，精准聚焦。

（2）志愿者培训管理方式多样化。项目团队通过口述影像线上线下培训、交流研讨会、技能大赛、黑暗体验坊等培训措施，夯实志愿者的项目服务质量，促进项目更好地实施。

（3）复制范围广。项目除在自身图书馆长期开展外，还将运作模式和成功经验推广到佛山、东莞、惠州等地，从而培养更多专业志愿者队伍。该项目也获得国家级奖项。

二、童鼓飞扬，乐梦成真——关爱残障人士志愿服务项目

（一）项目概况

项目在前期调研发现，广州市自闭症、唐氏综合征、智力发育迟缓、脑瘫等残障人士，因为自身身体原因，普遍存在智力障碍、肢体障碍、社交障碍与社会融入障碍，其家人也被迫脱离正常的生活轨道而产生情绪问题和家庭问题。同时，项目调研还发现，服务于残障人士的专业志愿者缺乏，较难以点带面覆盖更多的服务对象；广大市民因接触机会少，难以了解残障人士的才能和优点，从而产生刻板印象和误解。因此，项目团队以非洲鼓为媒介，开展关爱残障人士的志愿服务项目——"童鼓飞扬，乐梦成真"。项目主要服务对象包括爱音乐的自闭症、唐氏综合征、智力发育迟缓、脑瘫等残障特需人士，还包括青少年、普通成年市民等间接受益人。项目一方面通过创造社交机会，提升服务对象的社交能力，力求有效缓解其社交障碍，增强其自信心，促进其融入社区，另一方面着力增强广大市民认知、理解及接纳意识，促进社会对残障人士的关爱帮扶。项目主要内容有以下几点：

（1）培育专业志愿者队伍——以专业志愿者为点，以点带面，覆盖更广泛的服务对象。

（2）融合教育实践——同步培训残障人士学习非洲鼓，青少年志愿者陪伴并服务残障人士，提升残障人士的非洲鼓技能与社交能力的同时，提升普通青少年对残障人员的认知、理解与接纳。

（3）文化关爱服务——依据残障人士能力，项目团队的文艺专业志愿者为残障人士提供非洲鼓体验学习服务，分别组织表演培训课和兴趣培训课，并且拓展非洲鼓培训课至市内各社区，为更多残障人士提供展示平台，提升残障人士的自我价值与社会参与度。此外，项目团队还组织残障人士参加音乐会和户外音乐研学活动。

（4）助力残障人士反哺社会——提供志愿者培育服务，唤起残障人士及其

家人的志愿服务意识，提升其能力的同时，激发服务对象利用自身能力反哺社会。项目的"童鼓飞扬"非洲鼓表演队成员通过志愿服务培训（图6-12），组织成立了一支以公益演出为主要服务内容的"壹童行"服务小分队，持续参与公益表演。

（5）助力弘扬中国优秀传统文化——将中国民歌民曲与非洲鼓相结合创作，采用中国民族服饰，融入中国传统文化元素，志愿推动中国传统文化传播。

图6-12 项目团队开展关爱残障群体的非洲鼓课程培训现场

项目自2016年开展以来，以节奏感强烈、需要身体直接接触的非洲鼓为媒介，安排有规律的课程，有相对固定的参与者，有效改善残障人士的身体症状，提升其对音乐节奏的理解，舒缓残障人士以及其家人的情绪。项目通过组织服务对象持续开展公益演出，搭建了一个残障人士与市民交流的平台，增加互相了解、理解与接纳，有助于改变社会对残障人士原有的刻板印象，消除社会隔阂，提升残健共融，有效营造社会公平氛围。

（二）点评分析

该项目根据前期调研发现的需求情况，通过文艺志愿者对残障人士的非洲鼓教育培训和组织公开演出等服务内容，着重服务对象群体的艺术素养提升、负面情绪缓解和社交能力增强，进而促进残健共融理念的社会传播和公益实践，取得了较好的项目实效。其特色在于：

（1）充分利用简单易学的乐器，作为项目实施的媒介，精准聚焦重点群体对象的艺术提升乃至残健共融的社会倡导。

（2）项目开展呈现递进性服务内容，分别通过"教育实践—关爱陪伴—才艺展示—社会服务—弘扬文化"等阶段性设置，不断推动项目创新发展。

（3）志愿者队伍构成合理，划分文艺志愿者和青少年志愿者两类群体，提供不同层面的服务行动。一方面发挥文艺志愿者在教学培训、演出展示的专业优势，另一方面结合青少年志愿者对特殊群体的理解、接纳的认知过程，提供陪伴关爱、社交沟通等辅助性志愿服务，凝聚不同类型志愿者在项目实施过程中的爱心合力，值得借鉴。

三、星桥——自闭症儿童美育志愿服务

（一）项目概况

项目由广州美术学院师生志愿者团队组织实施，针对自闭症儿童的教育成长等痛点问题，围绕家庭美育、学校美育、社会美育三个方面开展，主要内容包括：

（1）在病症康复领域深入家庭、链接医院，研发美育疗愈课程"星桥美育空间站"。

（2）在教育领域连接学校与社区，提供美育服务方案，例如"星星艺术课堂"（图6-13）+"星星的孩子美术书包"。

（3）在社会公共服务领域对接有关部门及机构，进行美育实践与教育帮扶，例如"星动能计划"等。

项目的开展，连通学校、康复医院与事业单位三方平台，形成以医学专业知识为基础、艺术类专业人才为核心、特殊儿童群体为根本目标的多方联动美育服务体系。

经过师生志愿者前期调研，项目根据特殊儿童不同年龄层次、不同病例特征与不同康复需求，设计开发进阶式艺术疗愈课程与配套工具包。同时，结合研究生志愿者服务、课外实践和志愿者培训等校园文化活动形式，带动高校优秀专业人才资源投入到美育与艺术疗愈事业中，以期借助美育与艺术疗愈为特殊儿童群体搭建与社会沟通的桥梁，持续实施具有可普及性、可操作性、常态化的文化志

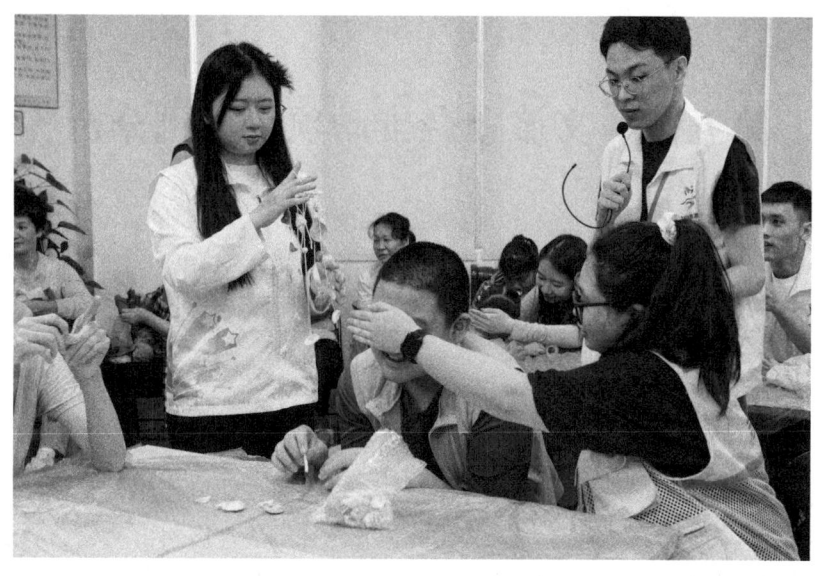

图 6-13 项目团队开展星星艺术课堂现场

愿服务项目。项目在 2021—2022 年共开展服务 23 次，参与志愿者共 262 人次，服务对象 21 000 人次，2023 年开展 25 次，发动志愿者 300 人次，服务对象 35 000 人次。目前，项目已与广东省六一儿童医院、广州市少年宫、广州图书馆达成长期合作协议，并获得 2022 年第六届中国青年志愿服务项目大赛全国赛银奖等奖项与资助。

（二）点评分析

该项目团队根据调研，发现自闭症儿童群体的美育成长需求，继而策划实施项目，特色明显，主要包括：

（1）服务目标明晰。作为非医学类志愿团队，实施主体的美术学院师生志愿者团队，在开展项目时，明确项目目标是解决服务对象的美育问题，进而引起更广泛的社会关注与支持。

（2）服务策略合理。项目围绕家校社的美育方面，构建实施美育志愿服务体系以及多元化服务内容，通过美术志愿者们的艺术治愈特色服务方式，联动各类社会资源合作推进。项目取得实效并获得国家级荣誉。

（3）专业优势彰显。项目志愿者团队由美院的专业师生组成，在实施过程中，不仅确保项目活动的专业志愿服务质量，而且有效提升了大学生志愿者们的奉献意识、关爱意识和专业实践能力，体现志愿服务助人和育人的双功能。

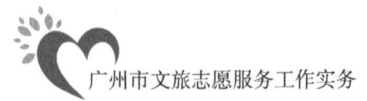

第五节　文旅融合推动项目案例分析

一、"小小导赏员"青少年文旅导赏志愿服务项目

（一）项目概况

为充分发挥文旅志愿服务培养时代新人、弘扬时代新风作用，引导广大青少年通过参与志愿服务深入感悟优秀文化，提升精神素养，广州市文化馆联合多个广州最具代表性的旅游景点和公共文化设施，开展"小小导赏员"青少年文旅导赏志愿服务项目，以青少年文旅导赏的形式讲述广州故事，传播广州本土特色文化。

项目目标主要有三方面：一是传播广州本土文化。提升青少年对广州本地历史文化的保护和传承意识，增强文化自信，培育一批服务于旅游景点、讲述广州故事、传播优秀文化的"形象大使"，为本土优秀文化传播注入新活力。二是展示优秀新生代风采。创造青少年参与公共活动及展示自我的机会，在丰富课余文化生活的同时，提升青少年精神文化素养，搭建起青少年对外展示和实践的舞台，助力青少年全面发展。三是弘扬志愿精神。培育和组建起一支"小小导赏员"青少年文旅志愿服务队伍，在持续开展志愿服务活动的同时，动员和吸纳更多热心公益的社会人士参与志愿服务。

项目团队为参与项目的青少年志愿者提供文化知识、讲解技巧、导赏礼仪、语言组织、表达能力等专题课程，以及实地讲解培训，提高其讲解能力和水平，经由各个服务点资深讲解员进行考核后，为"小小导赏员"颁发上岗聘书，正式开展导赏志愿服务。项目服务内容分别由以下各活动组成：

（1）广东民间工艺博物馆文旅导赏志愿活动。定期组织"小小导赏员"在"岭南民间百艺——以潮州为中心"展、"岭南传统建筑装饰艺术"展两个展厅为游客提供志愿讲解服务，向市民游客普及传统工艺的基本知识以及各类展览作品背后的故事，丰富市民游客对岭南优秀传统文化、广东地区的风土人情的认识。

（2）农讲所纪念馆文旅导赏志愿活动。定期组织"小小导赏员"在农讲所纪念馆的各个建筑和展厅内讲述红色文化故事。通过青少年生动的语言介绍农讲所，能让更多市民游客深入了解农讲所历史以及广州这座拥有光荣革命传统和厚重红色文化的城市，也让"小小导赏员"真正成为红色文化的见证者、传承者。

（3）越秀公园文旅导赏志愿活动。定期组织"小小导赏员"在越秀公园的五羊雕塑、中山纪念碑和广州城市公园展览馆三个地点开展文旅导赏志愿活动，通过讲故事、问答互动、拍照打卡等形式的沉浸式宣讲，让市民游客了解越秀公园的历史文化故事。

（4）广州市文化馆文旅导赏志愿活动。定期组织"小小导赏员"在广州市文化馆一个中心和四个园区，以"建筑之美"和"非遗之美"为主题，围绕馆内非遗展览和建筑园林景观等进行讲解服务（图6-14），融入文艺展示、文化体验活动等内容，向公众普及非物质文化遗产、中国传统建筑、园林景观知识，进一步提升游客游园导览体验。

图6-14 青少年志愿者在广州市文化馆广绣园为游客讲解

（二）点评分析

该项目由市级文化馆联动多个旅游景区共同开展，组建青少年志愿者队伍，通过系列化、多元化的志愿导赏活动，从岭南文化景点到红色文化阵地，再到非遗项目，既为游客市民提供文旅导赏志愿服务，又促进青少年志愿者对广州历史文化、旅游文化的认识，达到"助人"与"育人"的志愿服务双重作用。此外，项目在每周、每月常态化实施，避免短期化、形式化等不良现象，真正将项目服务体现在持续落实中,并形成品牌效应和特色价值。

二、青村有你——佛山市三水区村落文化传播推广行动志愿项目

(一)项目概况

曾连续获得区、市、省、国四个级别志愿服务大赛奖项的"青村有你——佛山市三水区村落文化传播推广行动"志愿项目,是佛山市三水区志愿者联合会青村志愿服务队持续多年开展的文化与旅游融合志愿服务项目,核心团队由新闻、传媒、社会工作等领域的本土青年志愿者构成,并有超50名高校志愿者协助实施。项目自2017年启动至今,长期关注三水区本土村落文化的挖掘、保育和传播,针对人文、器物、故事、风俗等内容,发挥不同职业类型的青年志愿者优势,用青少年容易接受的方式,让其了解本土村落文化,提升对家乡的热爱和文化的认同。项目团队通过对本地古村的拍摄(图6-15)、介绍等系列志愿行动,不仅助力推动实现古村落活化和本地旅游线路推广,还在青少年群体中传承古村落优秀历史文化。

图6-15 "青村有你"项目志愿者开展村落旅游线路拍摄活动

"青村有你——佛山市三水区村落文化传播推广行动"志愿项目组织以青年为主体的文旅志愿者,参与古村落文化的发掘和保育工作,其具体做法主要有以下两个方面:

(1)发挥项目团队的文化志愿者专长,主动拍摄制作主题vlog(视频网络日

志），通过主流媒体和自媒体进行宣传推广，记录村落文化的点点滴滴，讲好三水故事，相关视频浏览量超过 10 万人次，并得到了包括佛山日报、学习强国等主流媒体的广泛关注和支持。

（2）借力项目团队的旅游志愿者专业优势，自发制作村落文化导赏手册，结合线下的古村落导赏志愿服务，吸引外地游客到三水区古村落开展文化旅游活动，创造社会价值。

截至 2023 年，项目已在三水开展 40 多场青少年古村落导赏志愿活动，并形成 4 份村落文化调研报告，包括村落文化保育与传承建议、乡村旅游线路规划、青少年文化教育研学内容等方面，义务提供给当地职能部门决策参考，充分发挥文旅融合志愿服务项目的理论价值和现实价值，亦成为佛山市著名的文旅志愿服务品牌之一。

（二）点评分析

该项目策划从本地村落文化传承入手，切合文化保育和旅游目的地融合发展的现实需要，聚焦乡村文旅融合志愿服务目标。团队通过组建社会化、多元化的志愿者队伍，采用青少年易于接受的短视频等新媒体技术，结合线下导赏志愿服务开展，一方面促进村落文化在青少年群体的传承和在社会群体中的传播，另一方面，助力古村落旅游资源的有效运用，推动乡村旅游接待游客数量的持续增长。此外，它还根据项目志愿实践，编写 4 份调研报告，咨政建言，提供给相关职能部门做工作参考，突显该项目对参与社会治理创新的志愿服务价值。因此，整体项目体现出"以文塑旅、以旅彰文"的鲜明特色，成效明显。

广州作为历史文化名城和国际旅游城市，文旅志愿服务事业方兴未艾，文旅志愿服务特色项目的实施水平还有待进一步提高，实践经验急需进一步总结和发掘，才能更好地为广大文旅志愿服务工作者提供智力支持和实务指引。

思考题：

1. 请根据您所属志愿服务组织（团队）的实际情况，结合区域环境和服务需求，撰写 1~2 个文旅融合的特色志愿服务项目策划方案。

2. 您认为优秀的文化和旅游志愿服务特色项目应该具有哪些特征？

（撰稿人：邵振刚）

附　录

志愿服务条例

(2017年6月7日国务院第175次常务会议通过；2017年8月22日中华人民共和国国务院令第685号公布；自2017年12月1日起施行)

第一章　总　则

第一条　为了保障志愿者、志愿服务组织、志愿服务对象的合法权益，鼓励和规范志愿服务，发展志愿服务事业，培育和践行社会主义核心价值观，促进社会文明进步，制定本条例。

第二条　本条例适用于在中华人民共和国境内开展的志愿服务以及与志愿服务有关的活动。

本条例所称志愿服务，是指志愿者、志愿服务组织和其他组织自愿、无偿向社会或者他人提供的公益服务。

第三条　开展志愿服务，应当遵循自愿、无偿、平等、诚信、合法的原则，不得违背社会公德、损害社会公共利益和他人合法权益，不得危害国家安全。

第四条　县级以上人民政府应当将志愿服务事业纳入国民经济和社会发展规划，合理安排志愿服务所需资金，促进广覆盖、多层次、宽领域开展志愿服务。

第五条　国家和地方精神文明建设指导机构建立志愿服务工作协调机制，加强对志愿服务工作的统筹规划、协调指导、督促检查和经验推广。

国务院民政部门负责全国志愿服务行政管理工作；县级以上地方人民政府民政部门负责本行政区域内志愿服务行政管理工作。

县级以上人民政府有关部门按照各自职责，负责与志愿服务有关的工作。

工会、共产主义青年团、妇女联合会等有关人民团体和群众团体应当在各自的工作范围内做好相应的志愿服务工作。

第二章　志愿者和志愿服务组织

第六条　本条例所称志愿者，是指以自己的时间、知识、技能、体力等从事志愿服务的自然人。

本条例所称志愿服务组织，是指依法成立，以开展志愿服务为宗旨的非营利性组织。

第七条　志愿者可以将其身份信息、服务技能、服务时间、联系方式等个人基本信息，通过国务院民政部门指定的志愿服务信息系统自行注册，也可以通过志愿服务组织进行注册。

志愿者提供的个人基本信息应当真实、准确、完整。

第八条　志愿服务组织可以采取社会团体、社会服务机构、基金会等组织形式。志愿服务组织的登记管理按照有关法律、行政法规的规定执行。

第九条　志愿服务组织可以依法成立行业组织，反映行业诉求，推动行业交流，促进志愿服务事业发展。

第十条　在志愿服务组织中，根据中国共产党章程的规定，设立中国共产党的组织，开展党的活动。志愿服务组织应当为党组织的活动提供必要条件。

第三章　志愿服务活动

第十一条　志愿者可以参与志愿服务组织开展的志愿服务活动，也可以自行依法开展志愿服务活动。

第十二条　志愿服务组织可以招募志愿者开展志愿服务活动；招募时，应当说明与志愿服务有关的真实、准确、完整的信息以及在志愿服务过程中可能发生的风险。

第十三条　需要志愿服务的组织或者个人可以向志愿服务组织提出申请，并提供与志愿服务有关的真实、准确、完整的信息，说明在志愿服务过程中可能发生的风险。志愿服务组织应当对有关信息进行核实，并及时予以答复。

第十四条　志愿者、志愿服务组织、志愿服务对象可以根据需要签订协议，明确当事人的权利和义务，约定志愿服务的内容、方式、时间、地点、工作条件和安全保障措施等。

第十五条　志愿服务组织安排志愿者参与志愿服务活动，应当与志愿者的年龄、知识、技能和身体状况相适应，不得要求志愿者提供超出其能力的志愿服务。

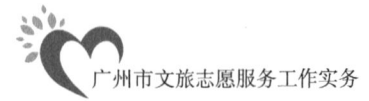

第十六条 志愿服务组织安排志愿者参与的志愿服务活动需要专门知识、技能的，应当对志愿者开展相关培训。

开展专业志愿服务活动，应当执行国家或者行业组织制定的标准和规程。法律、行政法规对开展志愿服务活动有职业资格要求的，志愿者应当依法取得相应的资格。

第十七条 志愿服务组织应当为志愿者参与志愿服务活动提供必要条件，解决志愿者在志愿服务过程中遇到的困难，维护志愿者的合法权益。

志愿服务组织安排志愿者参与可能发生人身危险的志愿服务活动前，应当为志愿者购买相应的人身意外伤害保险。

第十八条 志愿服务组织开展志愿服务活动，可以使用志愿服务标志。

第十九条 志愿服务组织安排志愿者参与志愿服务活动，应当如实记录志愿者个人基本信息、志愿服务情况、培训情况、表彰奖励情况、评价情况等信息，按照统一的信息数据标准录入国务院民政部门指定的志愿服务信息系统，实现数据互联互通。

志愿者需要志愿服务记录证明的，志愿服务组织应当依据志愿服务记录无偿、如实出具。

记录志愿服务信息和出具志愿服务记录证明的办法，由国务院民政部门会同有关单位制定。

第二十条 志愿服务组织、志愿服务对象应当尊重志愿者的人格尊严；未经志愿者本人同意，不得公开或者泄露其有关信息。

第二十一条 志愿服务组织、志愿者应当尊重志愿服务对象人格尊严，不得侵害志愿服务对象个人隐私，不得向志愿服务对象收取或者变相收取报酬。

第二十二条 志愿者接受志愿服务组织安排参与志愿服务活动的，应当服从管理，接受必要的培训。

志愿者应当按照约定提供志愿服务。志愿者因故不能按照约定提供志愿服务的，应当及时告知志愿服务组织或者志愿服务对象。

第二十三条 国家鼓励和支持国家机关、企业事业单位、人民团体、社会组织等成立志愿服务队伍开展专业志愿服务活动，鼓励和支持具备专业知识、技能的志愿者提供专业志愿服务。

国家鼓励和支持公共服务机构招募志愿者提供志愿服务。

第二十四条 发生重大自然灾害、事故灾难和公共卫生事件等突发事件，需要迅速开展救助的，有关人民政府应当建立协调机制，提供需求信息，引导志愿服务组织和志愿者及时有序开展志愿服务活动。

志愿服务组织、志愿者开展应对突发事件的志愿服务活动，应当接受有关人民政府设立的应急指挥机构的统一指挥、协调。

第二十五条 任何组织和个人不得强行指派志愿者、志愿服务组织提供服务，不得以志愿服务名义进行营利性活动。

第二十六条 任何组织和个人发现志愿服务组织有违法行为，可以向民政部门、其他有关部门或者志愿服务行业组织投诉、举报。民政部门、其他有关部门或者志愿服务行业组织接到投诉、举报，应当及时调查处理；对无权处理的，应当告知投诉人、举报人向有权处理的部门或者行业组织投诉、举报。

第四章　促进措施

第二十七条 县级以上人民政府应当根据经济社会发展情况，制定促进志愿服务事业发展的政策和措施。

县级以上人民政府及其有关部门应当在各自职责范围内，为志愿服务提供指导和帮助。

第二十八条 国家鼓励企业事业单位、基层群众性自治组织和其他组织为开展志愿服务提供场所和其他便利条件。

第二十九条 学校、家庭和社会应当培养青少年的志愿服务意识和能力。

高等学校、中等职业学校可以将学生参与志愿服务活动纳入实践学分管理。

第三十条 各级人民政府及其有关部门可以依法通过购买服务等方式，支持志愿服务运营管理，并依照国家有关规定向社会公开购买服务的项目目录、服务标准、资金预算等相关情况。

第三十一条 自然人、法人和其他组织捐赠财产用于志愿服务的，依法享受税收优惠。

第三十二条 对在志愿服务事业发展中做出突出贡献的志愿者、志愿服务组织，由县级以上人民政府或者有关部门按照法律、法规和国家有关规定予以表彰、奖励。

国家鼓励企业和其他组织在同等条件下优先招用有良好志愿服务记录的志愿者。公务员考录、事业单位招聘可以将志愿服务情况纳入考察内容。

第三十三条 县级以上地方人民政府可以根据实际情况采取措施，鼓励公共服务机构等对有良好志愿服务记录的志愿者给予优待。

第三十四条 县级以上人民政府应当建立健全志愿服务统计和发布制度。

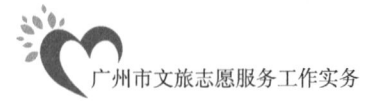

第三十五条 广播、电视、报刊、网络等媒体应当积极开展志愿服务宣传活动，传播志愿服务文化，弘扬志愿服务精神。

第五章 法律责任

第三十六条 志愿服务组织泄露志愿者有关信息、侵害志愿服务对象个人隐私的，由民政部门予以警告，责令限期改正；逾期不改正的，责令限期停止活动并进行整改；情节严重的，吊销登记证书并予以公告。

第三十七条 志愿服务组织、志愿者向志愿服务对象收取或者变相收取报酬的，由民政部门予以警告，责令退还收取的报酬；情节严重的，对有关组织或者个人并处所收取报酬一倍以上五倍以下的罚款。

第三十八条 志愿服务组织不依法记录志愿服务信息或者出具志愿服务记录证明的，由民政部门予以警告，责令限期改正；逾期不改正的，责令限期停止活动，并可以向社会和有关单位通报。

第三十九条 对以志愿服务名义进行营利性活动的组织和个人，由民政、工商等部门依法查处。

第四十条 县级以上人民政府民政部门和其他有关部门及其工作人员有下列情形之一的，由上级机关或者监察机关责令改正；依法应当给予处分的，由任免机关或者监察机关对直接负责的主管人员和其他直接责任人员给予处分：

（一）强行指派志愿者、志愿服务组织提供服务；

（二）未依法履行监督管理职责；

（三）其他滥用职权、玩忽职守、徇私舞弊的行为。

第六章 附　则

第四十一条 基层群众性自治组织、公益活动举办单位和公共服务机构开展公益活动，需要志愿者提供志愿服务的，可以与志愿服务组织合作，由志愿服务组织招募志愿者，也可以自行招募志愿者。自行招募志愿者提供志愿服务的，参照本条例关于志愿服务组织开展志愿服务活动的规定执行。

第四十二条 志愿服务组织以外的其他组织可以开展力所能及的志愿服务活动。

城乡社区、单位内部经基层群众性自治组织或者本单位同意成立的团体，可以在本社区、本单位内部开展志愿服务活动。

第四十三条 境外志愿服务组织和志愿者在境内开展志愿服务，应当遵守本条例和中华人民共和国有关法律、行政法规以及国家有关规定。

组织境内志愿者到境外开展志愿服务，在境内的有关事宜，适用本条例和中华人民共和国有关法律、行政法规以及国家有关规定；在境外开展志愿服务，应当遵守所在国家或者地区的法律。

第四十四条 本条例自 2017 年 12 月 1 日起施行。

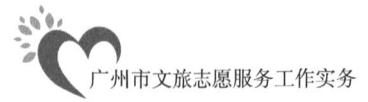

文化志愿服务管理办法

第一章 总 则

第一条 为发挥文化志愿服务在构建现代公共文化服务体系中的积极作用,鼓励和引导文化志愿服务活动广泛深入开展,推动文化志愿服务常态化、规范化、制度化,根据文化志愿服务特点,制定本办法。

第二条 本办法所称文化志愿者,是指利用自己的时间、知识、技能等,自愿、无偿为社会或他人提供公益性文化服务的个人。

本办法所称文化志愿服务组织单位,是指组织开展文化志愿服务的文化行政部门、文化单位。

本办法所称文化志愿服务组织,是指以开展文化志愿服务为宗旨的非营利性社会组织。

第三条 文化志愿服务应弘扬奉献、友爱、互助、进步的志愿精神,遵循自愿、无偿、利他、平等的原则。

第二章 文化志愿者

第四条 文化志愿者应热心文化事业,具有一定的文化艺术才能和相应的民事行为能力。

鼓励有意愿、有能力的人成为文化志愿者。

鼓励老年人在自愿和量力的情况下参加文化志愿服务活动。

未成年人经其监护人同意或由其监护人陪同,可参加与其年龄、身心状况相适应的文化志愿服务活动。

第五条 文化志愿者可向文化志愿服务组织单位申请实名注册。注册时,应提供真实身份信息、服务技能、服务时间、联系方式等个人基本信息。

第六条 文化志愿者享有下列权利:

(一) 根据自己的意愿、时间和能力提供文化志愿服务;

(二) 获得文化志愿服务活动真实、准确、完整的信息;

(三) 参加文化志愿服务培训;

（四）获得开展文化志愿服务必要的工作条件；

（五）要求文化志愿服务组织单位如实记录参与文化志愿服务的有关信息；

（六）请求文化志愿服务组织单位帮助解决在文化志愿服务过程中遇到的实际困难；

（七）对文化志愿服务工作提出意见和建议；

（八）相关法律、法规及规章制度规定的其他权利。

第七条 文化志愿者履行下列义务：

（一）自觉维护文化志愿者的形象与声誉；

（二）遵守文化志愿服务管理制度；

（三）履行文化志愿服务承诺或协议，完成文化志愿服务组织单位安排的志愿服务任务；

（四）尊重服务对象的意愿、人格和隐私，不得向其收取或者变相收取报酬；

（五）因故不能参加或完成预先约定的文化志愿服务活动时，履行合理告知的义务；

（六）相关法律、法规及规章制度规定的其他义务。

第三章　文化志愿服务组织单位

第八条 文化志愿服务组织单位履行下列职责：

（一）制订文化志愿服务计划；

（二）依法筹集、管理和使用文化志愿服务经费、物资；

（三）组织开展文化志愿服务活动；

（四）负责文化志愿者的招募、注册、培训、服务记录、绩效考核等工作；

（五）为文化志愿者开展文化志愿服务提供必要的工作条件，帮助解决文化志愿服务过程中遇到的实际困难；

（六）根据文化志愿者的要求和相关管理规定，出具文化志愿服务相关证明；

（七）开展文化志愿服务宣传、交流与合作；

（八）履行相关法律、法规规定的其他职责。

第九条 文化志愿服务组织单位可根据实际需求制订招募计划，定向招募或面向社会公开招募文化志愿者。

招募文化志愿者，应当明确公告文化志愿服务项目和文化志愿者的条件、数量、服务内容、保障条件以及可能发生的风险等信息。

第十条 文化志愿服务组织单位应依据文化志愿者本人申请，对于符合条件

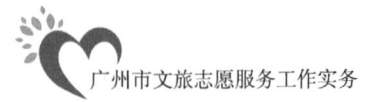

的予以注册并发放注册服务证，如实记录文化志愿者个人基本信息和服务开展情况。

未经文化志愿者本人同意，文化志愿服务组织单位不得公开或泄露其有关信息。

第十一条 文化志愿服务组织单位应按照专业技能、服务对象等对文化志愿者进行分类管理。

第十二条 文化志愿服务组织单位应定期对文化志愿者开展业务知识、技能培训和安全教育。

第十三条 文化志愿服务组织单位应定期对文化志愿者服务情况进行绩效考核。对未遵守相关规定、不履行本办法第七条规定义务的文化志愿者，建立退出机制。

第四章 文化志愿服务

第十四条 文化志愿服务的范围主要包括：

（一）在公共图书馆、文化馆（站）、博物馆、美术馆等公共文化设施和场所开展公益性文化服务；

（二）深入城乡基层开展文艺演出、辅导培训、展览展示、阅读推广等公益性文化服务；

（三）为老年人、未成年人、残疾人、农民工和生活困难群众等提供公益性文化服务；

（四）参与基层文化设施的管理和群众文化活动的组织等工作；

（五）参与文化行政部门和文化单位开展的文化遗产保护、文化市场监督等工作；

（六）开展其他公益性文化服务。

第十五条 文化志愿服务组织单位应根据工作需要和自身职责开展文化志愿服务，也可根据有文化志愿服务需要的单位或个人的申请提供文化志愿服务。

第十六条 开展文化志愿服务，文化志愿服务组织单位、文化志愿者、文化志愿服务需求方应就文化志愿服务内容、权利义务和法律责任等协商一致，必要时应签订书面协议。

第十七条 有下列情形之一的，文化志愿服务组织单位与文化志愿者、文化志愿服务组织单位与文化志愿服务需求方之间应签订书面协议：

（一）任何一方要求签订书面协议的；

（二）对人身安全、身心健康有较高风险的；

（三）为大型公益文化活动提供文化志愿服务的；

（四）法律、法规规定应签订书面协议的。

第十八条 文化志愿服务协议应包括以下内容：

（一）文化志愿服务的内容、时间、地点；

（二）当事人的权利、义务；

（三）风险保障措施；

（四）协议的变更和解除；

（五）法律责任及争议解决方式；

（六）需要明确的其他事项。

第十九条 开展文化志愿服务，文化志愿服务组织单位应根据实际情况为文化志愿者办理人身意外伤害保险。

第二十条 开展文化志愿服务应使用统一的标识。

第五章 激励和保障

第二十一条 文化志愿服务组织单位应结合实际建立文化志愿服务激励回馈制度。

有良好服务记录的文化志愿者可获得艺术观摩与培训、文化艺术消费、公益性文化服务等方面的优惠待遇。

文化行政部门应推动文化志愿者在用工、教育、社会保障等方面享受本地区关于志愿者的优惠奖励政策。

第二十二条 文化志愿服务组织单位应建立文化志愿服务嘉许制度。对服务时间较长、业绩突出、社会影响较大的文化志愿者、文化志愿服务团队和文化志愿服务项目给予褒扬。

第二十三条 文化志愿服务组织单位应为文化志愿服务开展提供必要的经费支持。

文化志愿服务经费应主要用于文化志愿服务开展过程中涉及的场地租用、物品制作、人员培训、后勤保障、宣传推广等方面。

文化志愿服务经费使用应严格遵守有关财务制度，接受有关部门的监督。

第二十四条 鼓励和支持社会力量通过捐助设施设备、赞助等方式参与文化志愿服务。

第二十五条 鼓励以政府购买公共文化服务的方式吸引符合条件的文化志愿

服务组织参与公共文化服务项目或活动。

第二十六条 文化志愿服务组织单位、文化志愿者开展文化志愿服务，造成对文化志愿服务对象或其他相关人员合法权益损害的，按照法律法规及有关规定承担相应责任。

第六章 附 则

第二十七条 各地文化行政部门可根据本办法制定具体的实施办法。

第二十八条 本办法自公布之日起施行。

广东省志愿服务条例

（1999年8月5日，广东省第九届人民代表大会常务委员会第十一次会议通过；2010年7月23日，广东省第十一届人民代表大会常务委员会第二十次会议第一次修订；2020年11月27日，广东省第十三届人民代表大会常务委员会第二十六次会议第二次修订）

第一章 总　则

第一条　为了保障志愿者、志愿服务组织、志愿服务对象的合法权益，鼓励和规范志愿服务，促进志愿服务事业发展，倡导奉献、友爱、互助、进步的志愿服务精神，培育和践行社会主义核心价值观，促进社会文明进步，根据《志愿服务条例》等有关法律法规，结合本省实际，制定本条例。

第二条　本条例适用于本省行政区域内开展的志愿服务以及与志愿服务有关的活动。

本条例所称志愿服务，是指志愿者、志愿服务组织和其他组织自愿、无偿向社会或者他人提供的公益服务。

本条例所称志愿者，是指以自己的时间、知识、技能、体力等从事志愿服务的自然人。

本条例所称志愿服务组织，是指依法成立，以开展志愿服务为宗旨的非营利性组织。

第三条　开展志愿服务，应当遵循自愿、无偿、平等、诚信、合法的原则，不得违背社会公德、损害社会公共利益和他人合法权益，不得危害国家安全。

第四条　县级以上人民政府应当将志愿服务事业纳入国民经济和社会发展规划，将志愿服务事业发展经费纳入本级财政预算，合理安排志愿服务所需资金，促进广覆盖、多层次、宽领域开展志愿服务。

第五条　县级以上精神文明建设指导机构负责建立志愿服务工作协调机制，统筹规划本行政区域内的志愿服务事业发展，加强对志愿服务工作的协调指导、督促检查和经验推广。

县级以上人民政府民政部门负责本行政区域内志愿服务行政管理工作，拟订志愿服务行政管理政策措施，负责志愿者注册管理、志愿服务组织登记管理、志愿服务信息化管理、志愿服务活动规范管理，以及相关违法行为的调查处理等工作。

县级以上人民政府其他有关部门按照各自职责，负责与志愿服务有关的工作。

乡镇人民政府、街道办事处协助做好与志愿服务相关的工作。

共产主义青年团应当做好青年志愿服务工作，配合民政部门做好志愿服务教育培训和信息化等工作。

工会、妇女联合会、红十字会、残疾人联合会、工商业联合会、科学技术协会、文学艺术界联合会等其他有关人民团体和群众团体应当在各自的工作范围内做好相应的志愿服务工作。

第二章 志愿者和志愿服务组织

第六条 志愿者可以将其身份信息、服务技能、服务时间、联系方式等个人基本信息，通过国务院民政部门指定的志愿服务信息系统自行注册，也可以通过志愿服务组织进行注册。

志愿者提供的个人基本信息应当真实、准确、完整。

本省建立和完善统一的志愿服务信息平台，制定统一的信息数据对接标准，依托省政府政务大数据平台整合志愿服务相关信息和数据资源，实现全省志愿服务数据统一归集、统一管理和共享交换。

鼓励志愿者、志愿服务组织和志愿服务对象通过志愿服务信息系统开展注册登记、信息发布、供需对接、服务记录等活动。

第七条 志愿者享有下列权利：

（一）自愿加入或者退出志愿服务组织；

（二）自主决定是否参与志愿服务活动；

（三）获得所参与志愿服务的真实、准确、完整信息；

（四）获得所参与志愿服务的必要工作条件和安全保障措施；

（五）获得所参与志愿服务活动需要的培训；

（六）要求志愿服务组织解决在志愿服务活动中遇到的困难；

（七）要求志愿服务组织无偿、如实出具志愿服务记录证明；

（八）对所参与志愿服务活动提出意见和建议；

（九）法律、法规和志愿服务组织章程等规定的以及志愿服务协议约定的其他权利。

第八条 志愿者应当履行下列义务：

（一）接受志愿服务组织安排参与志愿服务活动的，应当服从管理，接受必要的培训；

（二）按照约定提供志愿服务，因故不能按照约定提供志愿服务的，应当及时告知志愿服务组织或者志愿服务对象；

（三）不得泄露在志愿服务中获悉的国家秘密、商业秘密、个人隐私以及其他依法受保护的信息；

（四）尊重志愿服务对象的人格尊严，不得侵害其合法权益；

（五）维护志愿服务形象和声誉；

（六）法律、法规和志愿服务组织章程等规定的以及志愿服务协议约定的其他义务。

第九条 志愿服务组织可以采取社会团体、社会服务机构、基金会等组织形式。

志愿服务组织应当按照有关法律、行政法规的规定，在县级以上人民政府民政部门进行登记，接受登记管理机关和业务主管单位的监督与管理。

不具备独立登记条件的组织，可以按照规定向依法登记的志愿服务组织申请成为其团体会员。

县级以上人民政府民政部门负责志愿服务组织标识工作。

第十条 志愿服务组织可以依法成立行业组织。

行业组织应当推动行业自律，反映行业诉求，推动行业交流，维护志愿者合法权益，促进志愿服务事业发展。

第十一条 在志愿服务组织中，根据中国共产党章程的规定，设立中国共产党的基层组织，开展党的活动，引导共产党员带头参与志愿服务活动。志愿服务组织应当为党组织的活动提供必要条件。

第三章　志愿服务活动

第十二条 鼓励志愿服务组织、志愿者在教育、科技、文化、卫生健康、体育、交通、旅游、社会保障、生态环境保护、治安防范、普法宣传、中小企业服务等领域，以及在应急救援、举办大型活动中开展志愿服务活动，积极参与社会治理与服务。

鼓励志愿服务组织、志愿者为老年人、残疾人、未成年人和其他特殊困难的社会群体或者个人提供志愿服务。

第十三条 志愿服务组织可以招募志愿者开展志愿服务活动；招募时应当向志愿者说明真实、准确、完整的下列信息：

（一）志愿服务开展时间和地点；

（二）志愿服务内容和要求；

（三）志愿服务对象及相关人员的身体和精神状况；

（四）志愿服务需要的志愿者身体条件、专业知识和服务技能；

（五）志愿服务工作条件和保障措施；

（六）与志愿服务有关的其他信息。

志愿服务组织招募时还应当向志愿者说明在志愿服务过程中存在的人身安全、身心健康风险以及其他可能发生的风险。

第十四条 需要志愿服务的组织或者个人可以通过志愿服务信息系统发布需求信息，也可以向志愿服务组织提出口头或者书面申请，并提供与志愿服务有关的真实、准确、完整的信息，说明在志愿服务过程中可能发生的风险。

志愿服务组织应当通过现场调查、走访志愿服务对象、电话或者网络询问等方式核实与志愿服务有关的信息，并及时答复申请志愿服务的组织或者个人。

第十五条 有下列情形之一的，鼓励志愿服务组织、志愿者、志愿服务对象签订志愿服务书面协议：

（一）志愿服务期限在一个月以上的；

（二）为应急救援、大型活动等提供志愿服务的；

（三）志愿者不属于完全民事行为能力人的；

（四）志愿服务活动涉及境外人员的。

有下列情形之一的，志愿服务组织与志愿者应当签订志愿服务书面协议：

（一）对人身安全、身心健康有较高风险的；

（二）任何一方要求签订书面协议的；

（三）法律、法规规定应当签订书面协议的。

第十六条 志愿服务协议可以约定下列内容：

（一）各方的基本信息；

（二）志愿服务的内容、方式、要求、时间和地点；

（三）各方的权利与义务；

（四）志愿服务的工作条件、学习培训、安全保障和风险防范措施；

（五）相关责任条款；

（六）协议的变更、解除和终止；

（七）争议解决方式；

（八）其他需要约定的事项。

省人民政府民政部门负责制定志愿服务协议示范文本。

第十七条 志愿服务组织安排志愿者参与志愿服务活动，应当与志愿者的年龄、知识、技能和身体状况相适应，不得要求志愿者提供超出其能力的志愿服务。

安排不具有完全民事行为能力的志愿者参加志愿服务活动的，应当落实安全保护措施，并征得其监护人同意，必要时由其监护人陪同。

任何组织和个人不得强行指派志愿者、志愿服务组织提供志愿服务。

第十八条 志愿服务组织安排志愿者参与志愿服务活动，应当向志愿者普及志愿服务基础知识；需要专门知识、技能的，应当对志愿者开展相关培训。

志愿服务组织开展培训的内容、师资及时长应当满足志愿服务活动的需求。

县级以上人民政府民政部门会同有关单位编制志愿服务培训规范指引、基础知识文本，指导志愿服务组织规范培训工作。

第十九条 志愿服务组织开展志愿服务活动，可以使用志愿服务标志。志愿者和志愿服务组织不得利用志愿服务标志从事营利性活动。

第二十条 志愿服务组织应当及时为有需要的志愿者无偿、如实出具志愿服务记录证明。

县级以上民政部门建立志愿服务记录证明抽查制度，重点检查志愿服务记录证明的真实性、合法性，抽查结果向社会公开。

任何组织和个人不得伪造、变造或者使用伪造、变造的志愿服务记录证明。

第二十一条 志愿服务组织应当为志愿者参与志愿服务活动提供必要的工作、安全、卫生、医疗等条件，解决志愿者在志愿服务过程中遇到的困难，维护志愿者的合法权益。

志愿服务组织安排志愿者参与可能发生人身危险的志愿服务活动前，应当为志愿者购买相应的人身意外伤害保险。

志愿服务组织根据志愿服务活动的需要，可以向志愿者提供交通、食宿、通讯等保障。

第二十二条 志愿服务经费的筹集、使用和管理，应当公开透明，并接受有关部门和捐赠者、资助者、志愿者以及社会的监督。

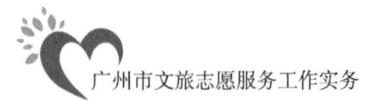

志愿服务经费应当专款专用,任何组织和个人不得私分、挪用或者侵占。

第二十三条 发生重大自然灾害、事故灾难和公共卫生事件等突发事件,需要迅速开展救助的,有关人民政府应当建立应急志愿服务协调机制,科学合理配置救助资源,引导、规范志愿服务组织和志愿者及时有序开展志愿服务活动。

志愿服务组织、志愿者开展应对突发事件的志愿服务活动,应当接受有关人民政府设立的应急指挥机构的统一指挥、协调。

第四章 促进措施

第二十四条 县级以上人民政府应当根据经济社会发展情况,制定促进志愿服务事业发展的政策和措施。

县级以上人民政府及发展改革、教育、公安、民政、财政、人力资源社会保障、生态环境、交通运输、商务、文化和旅游、卫生健康、退役军人事务、应急管理、广播电视、新闻出版、互联网信息、体育等有关部门,应当在各自职责范围内,为志愿服务提供指导和帮助。

第二十五条 各级人民政府和有关部门可以依法通过购买服务等方式,支持志愿服务组织运营管理、志愿者培训、志愿者人身意外伤害保险购买,鼓励和支持志愿服务组织承接扶贫济困、扶老助残、助医助学、环境保护、公共卫生、应急救援、社区治理等领域的公共服务项目,并依照国家有关规定向社会公开购买服务的项目目录、服务标准、资金预算等相关情况。

各级人民政府和有关部门可以通过孵化培育、能力建设、项目指导、创投活动等方式,培育扶持志愿服务组织。

第二十六条 鼓励自然人、法人和其他组织对志愿服务组织和志愿服务活动进行捐赠、资助。捐赠、资助财产的使用应当符合法律法规的规定和志愿服务组织的章程,尊重捐赠者、资助者的意愿。

自然人、法人和其他组织捐赠财产用于志愿服务的,依法享受税收优惠。

鼓励不具有公开募捐资格的志愿服务组织依法与具有公开募捐资格的慈善组织合作,依法开展公开募捐项目。

第二十七条 鼓励依法设立志愿服务发展基金,为发展志愿服务事业提供支持和保障。

志愿服务发展基金应当用于资助志愿服务项目开展、志愿者培训、志愿者表彰、志愿者权益保障、志愿者救助等。

志愿服务发展基金使用和管理应当依法接受有关部门和社会监督。

第二十八条 县级以上人民政府教育部门应当加强志愿服务教育，培养学生的志愿服务意识、能力，鼓励和支持学生利用课余时间参加适合自身特点的志愿服务活动。

高等学校、中等职业学校、普通高中应当支持学生开展相应的志愿服务活动，可以将学生参与志愿服务活动纳入实践学分管理。

第二十九条 对在志愿服务事业发展中做出突出贡献的志愿者、志愿服务组织，由县级以上人民政府或者有关部门按照法律、法规和国家有关规定予以表彰、奖励。

第三十条 县级以上人民政府民政部门应当会同有关部门建立志愿服务激励机制。鼓励在教育培训、就业创业、享受社会服务等方面对有良好志愿服务记录的志愿者给予激励。

县级以上人民政府民政部门应当指导推动志愿服务组织依托志愿服务记录，建立健全志愿服务时间储蓄制度，保障有良好志愿服务记录的志愿者在本人积累的志愿服务时数内优先获得志愿服务。

有良好志愿服务记录的志愿者因遭遇突发事件、意外伤害、重大疾病等原因导致生活困难的，由县级以上人民政府依法给予救助，志愿服务发展基金也可以依法给予救助；对不符合专项救助条件的救助对象，可以通过公益慈善组织、社会工作服务机构的慈善项目、社会募捐、专业服务、志愿服务等形式给予帮扶。

鼓励企业和其他组织在同等条件下优先招用有良好志愿服务记录的志愿者。公务员考录、事业单位招聘可以将志愿服务情况纳入考察内容。

博物馆、图书馆、美术馆、体育场馆等公共服务机构，公园、旅游景点等公共场所以及城市公共交通，可以根据实际情况，对有良好志愿服务记录的志愿者给予优待。鼓励商业机构对志愿者提供优先、优惠服务。

有良好志愿服务记录的志愿者的认定标准，按照国家和省有关规定执行。

第三十一条 县级以上人民政府应当建立健全志愿服务统计和发布制度。

县级以上人民政府民政部门应当组织统计，并定期向社会发布本行政区域内志愿者和志愿服务组织的发展状况、志愿服务活动的开展情况等信息。

第三十二条 基层群众性自治组织可以运用社区综合服务设施，整合社会工作资源，搭建社区志愿服务平台，为志愿者注册、参与志愿服务活动提供便利条件，方便群众接受志愿服务。

鼓励和支持新时代文明实践中心开展志愿服务工作。

鼓励和支持医院、养老服务机构、儿童福利机构、救助管理机构、学校、博物馆、图书馆、美术馆、体育场馆等公共服务机构设立志愿服务站点，招募志愿者提供志愿服务。

第三十三条 广播、电视、报刊、网络等媒体应当积极开展志愿服务宣传活动，传播志愿服务文化，弘扬志愿服务精神。

鼓励公共服务机构、公共交通单位开展志愿服务公益宣传。

第五章 法律责任

第三十四条 县级以上人民政府民政部门和其他有关部门及其工作人员有下列情形之一的，由上级机关或者所在单位责令改正；对直接负责的主管人员和其他直接责任人员依法给予处分；构成犯罪的，依法追究刑事责任：

（一）未依法履行监督管理职责的；

（二）在政府购买服务活动中违反政府采购法律法规的；

（三）其他滥用职权、玩忽职守、徇私舞弊的行为。

第三十五条 任何组织和个人违反本条例第二十条第三款规定，伪造、变造或者使用伪造、变造的志愿服务记录证明的，由民政部门予以警告，责令改正，并可以向社会和有关单位通报。

第三十六条 任何组织和个人违反本条例第二十二条第二款规定，私分、挪用或者侵占志愿服务经费的，依法追究有关人员的法律责任。

第六章 附 则

第三十七条 本条例自2021年1月1日起施行。

广州市志愿服务规定

（2022年11月25日，广州市第十六届人民代表大会常务委员会第八次会议通过；2023年1月9日，广东省第十三届人民代表大会常务委员会第四十八次会议批准）

第一条 为了保障志愿者、志愿服务组织、志愿服务对象的合法权益，鼓励和规范志愿服务，弘扬志愿服务精神，推动志愿服务活动，促进社会文明进步，根据《志愿服务条例》和有关法律法规，结合本市实际，制定本规定。

第二条 本规定适用于本市行政区域内开展的志愿服务以及与志愿服务有关的活动。

第三条 市、区精神文明建设指导机构负责建立志愿服务工作协调机制，统筹规划本行政区域内的志愿服务事业发展，加强对志愿服务工作的协调指导、督促检查和经验推广。

第四条 市、区人民政府应当将志愿服务事业纳入国民经济和社会发展规划，制定促进志愿服务事业发展的政策和保障措施，将志愿服务事业发展经费列入本级财政预算。

镇人民政府、街道办事处应当加强对辖区内开展志愿服务活动的指导，根据实际情况在资金、场地、项目等方面提供支持和帮助，并协助有关部门做好与志愿服务相关工作。

第五条 市民政部门负责本市行政区域内志愿服务行政管理工作，组织实施本规定。区民政部门负责本行政区域内志愿服务行政管理工作。

发展改革、教育、财政、生态环境、住房城乡建设、商务、文化广电旅游、卫生健康、应急管理、互联网信息、体育、来穗人员服务管理、政务服务数据管理等有关部门和消防救援机构按照各自职责，负责与志愿服务有关的工作。

第六条 共产主义青年团委员会应当做好青年志愿服务工作，配合民政部门做好志愿服务教育培训、信息化和宣传等工作。

工会、妇女联合会、红十字会、残疾人联合会等其他有关人民团体和群众团体应当在各自工作范围内做好相应的志愿服务工作。

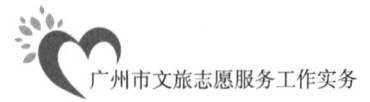

第七条 市民政部门应当会同共产主义青年团广州市委员会等有关单位建立健全志愿服务数据的采集管理机制，按照统一的数据标准，做好全市志愿服务数据采集汇聚、共享开放、流通融合等管理工作，形成全市统一的志愿服务信息系统，实现与本省志愿服务信息平台、全国志愿服务信息系统互联互通。

民政部门、共产主义青年团委员会和有关单位应当为有关组织和个人开展志愿服务信息发布、供需对接、信息记录和证明出具等提供指引和支持。

志愿服务信息系统的管理者应当依法管理志愿者、志愿服务组织和志愿服务对象等单位和个人的信息，确保收集或者系统用户发布的个人信息安全，并公布投诉、举报方式，及时受理和处理有关投诉和举报。

第八条 国家机关、企业事业单位、人民团体、社会组织等成立志愿服务团体的，所在单位应当对所成立的志愿服务团体实施管理，并提供必要的支持和便利条件。

镇人民政府、街道办事处应当对在城乡社区成立的志愿服务团体实施分类管理和指导，村民委员会、居民委员会予以协助。

鼓励具备条件的志愿服务团体，依法登记为志愿服务组织。

第九条 鼓励和引导志愿者加入志愿服务组织，依托志愿服务组织向社会提供多元化日常志愿服务。加入志愿服务组织的志愿者，可以同时加入开展志愿服务活动的其他组织或者志愿服务团体。

志愿服务组织应当依法建立志愿者服务管理制度，在志愿者提供服务过程中给予指导、协调、监督，并建立服务对象对志愿者服务质量反馈机制。对未按照约定提供志愿服务并造成不良影响的志愿者，按照管理制度依法予以处理。

第十条 履行工作职务行为、有偿服务等不属于志愿服务的活动，不得进行志愿服务信息记录、出具志愿服务记录证明。

市民政部门应当会同有关部门和志愿服务行业组织制定志愿服务信息记录和证明出具的操作指引，并向社会公布。

第十一条 志愿服务组织和志愿服务团体可以根据自身优势和城乡社区服务对象的需求，在家政服务、心理疏导、医疗保健、生态环境、文体活动、社区治理、法律服务等领域开发设计并实施有针对性的志愿服务项目。

民政部门和镇人民政府、街道办事处应当采取措施支持志愿服务组织和志愿服务团体，向困难群众和特殊群体提供常态化志愿服务。

第十二条 体育赛事、文化交流和展会等大型活动招募志愿者的，主办单位应当为志愿者提供人身意外伤害保险、服装、交通、餐饮、医疗、临时休息场所、物资等保障。

共产主义青年团委员会应当组织和支持青年志愿者参与大型活动的志愿服务活动，建立大型活动志愿服务工作机制，协助主办单位做好志愿者招募、培训上岗、现场调配、后勤保障、考核、激励、宣传等组织和管理工作。

第十三条 应急管理、卫生健康等部门和消防救援机构应当支持基层应急志愿服务工作，指导志愿者参与突发事件应对知识的科普宣传教育。

发生重大自然灾害、事故灾难和公共卫生事件等突发事件，需要迅速开展救助的，市、区人民政府应当建立应急志愿服务协调机制，及时发布志愿服务需求信息，规范志愿者、志愿服务团体、志愿服务组织有序开展抢险救灾、疫情防控等应急志愿服务，并提供必要的个人防护和专业指导；志愿者、志愿服务团体、志愿服务组织应当接受统一的应急指挥协调。

第十四条 市、区人民政府及其有关部门应当支持志愿服务组织参加社会组织等级评估，并将评估结果作为财政扶持、购买服务、评比表彰的参考依据。

第十五条 志愿服务行业组织可以建立志愿者星级评价制度。志愿者的星级可以作为表彰、奖励、优待、回馈志愿者的参考依据。

第十六条 市人民政府应当按照国家、省有关规定和本市实际制定志愿者优待措施，并对有良好志愿服务记录的志愿者在办理承租公共租赁住房，或者积分制入户等积分制服务事项时给予优先或者加分等。

志愿服务组织和开展志愿服务活动的其他组织可以依托志愿服务记录，通过志愿者奖励回馈、会员互助服务等方式，激励志愿者参与志愿服务活动。

第十七条 鼓励保险机构与志愿服务组织合作，设计开发符合志愿服务特点、适应志愿服务发展需要的保险产品，为志愿者开展志愿服务活动购买保险提供便利。

第十八条 民政部门应当采取措施，推动慈善、社会工作和志愿服务协同发展，支持志愿者和社会工作者共同开展志愿服务活动。

社会工作服务机构和社会工作者可以发挥专业优势，在需求对接、项目设计、活动实施、队伍培育等方面支持志愿服务活动。

志愿服务组织可以与慈善组织合作，依法为志愿服务活动和服务对象募集慈善资源。

第十九条 本市倡导培育和发展具有地方特色的志愿服务文化，将志愿服务作为培育和践行社会主义核心价值观的方式，纳入居民公约、村规民约、学生守则、行业规范等。

市精神文明建设指导机构应当会同市民政部门、共产主义青年团广州市委员会等单位推广使用志愿服务标志，制定志愿服务服装基本样式，推介志愿服务项目，传播志愿服务文化，宣传先进典型等。每年三月为"广州市学雷锋志愿服务月"。

第二十条 市民政部门应当会同共产主义青年团广州市委员会指导志愿服务行业组织、志愿者培训机构等单位，开发设计志愿服务培训课程，建立志愿服务工作者、志愿者分类培训体系，推进志愿服务专业化发展。

鼓励和支持高校、科研机构、广州志愿者学院等专业机构开展志愿服务理论研究，推动广州志愿服务标准体系建设。

第二十一条 支持和推进建立粤港澳大湾区志愿服务联动和常态化交流合作机制，推动志愿者身份互认、资讯互通、记录互认、激励共享，促进志愿服务事业融合发展。

支持和推进志愿服务国际交流合作，培育志愿服务国际人才，推动志愿者队伍国际化建设。

第二十二条 志愿服务组织应当建立志愿服务投诉机制，畅通投诉渠道，及时处理与本组织开展志愿服务活动相关服务态度、服务质量等投诉，并及时向服务对象反馈。

任何组织和个人发现志愿服务相关违法违规行为，可以向民政部门、其他有关部门或者志愿服务行业组织投诉、举报。民政部门、其他有关部门或者志愿服务行业组织应当依法及时处理、反馈。

第二十三条 志愿服务组织违反本规定第十条规定，不依法记录志愿服务信息或者出具志愿服务记录证明的，由民政部门依照《志愿服务条例》及相关法律法规的规定处理。

第二十四条 民政部门和其他有关部门及其工作人员违反本规定，未依法履行职责的，由有权机关责令改正，对直接负责的主管人员和其他直接责任人员依法给予处分；构成犯罪的，依法追究刑事责任。

第二十五条 本规定自2023年3月5日起施行，《广州市志愿服务条例》同时废止。

广州市文化和旅游志愿服务管理办法

第一章 总 则

第一条 为规范文化和旅游志愿服务活动，推动文化和旅游志愿服务融合发展，积极发挥文化和旅游志愿服务在构建文化和旅游公共服务体系中的作用，根据《中华人民共和国公共文化服务保障法》《志愿服务条例》和《广东省志愿服务条例》，结合本市实际，制定本办法。

第二条 本办法适用于在本市行政区域内开展的文化和旅游志愿服务及有关活动。

第三条 本办法所称文化和旅游志愿服务，是指文化和旅游志愿服务组织单位以及志愿者自愿、无偿地参与文化和旅游公共服务体系建设，服务人民群众享受公共文化和旅游生活，促进社会文明与进步的志愿服务行为。

本办法所称文化和旅游志愿者，是指利用自己的时间、技能、资源等，自愿、无偿向社会或他人提供公益性文化和旅游服务的个人。

本办法所称文化和旅游志愿服务组织单位，包括：

（一）依法成立、以开展文化和旅游志愿服务为宗旨的非营利性组织；

（二）国家机关、企业事业单位、人民团体、社会组织等成立或公众自发组织的文化和旅游志愿者服务队。

第四条 开展文化和旅游志愿服务，应当遵循自愿、无偿、平等、诚信、合法的原则，不得违背社会公德、损害社会公共利益和他人合法权益，不得危害国家安全。

第二章 组织与管理

第五条 广州市文化和旅游志愿服务接受市精神文明建设指导机构的统筹指导、市民政部门的行政管理和市文化和旅游行政部门的业务管理。

第六条 市文化和旅游行政部门将文化和旅游志愿服务工作纳入本单位文化与旅游业务发展规划，合理安排志愿服务所需资金，统筹规划、协调指导、督促检查全市文化和旅游志愿服务工作。

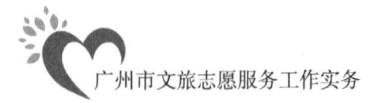

各区文化和旅游行政部门负责推动本行政区域内的文化和旅游志愿服务工作，建立文化和旅游志愿服务工作协调机制，加强对文化和旅游志愿服务工作规范管理、监督检查和经验推广。

第七条 为推动文化和旅游志愿服务开展，市文化和旅游行政部门组建广州市文化和旅游志愿者总队（以下简称市总队），总队长由分管副局长担任，副总队长由相关业务处室和市文化馆相关负责人担任，市总队领导机构成员为局属各单位的分管领导和旅游行业协会负责人。

市文化和旅游行政部门直属各单位、各区、旅游行业分别组建文化和旅游志愿者分队，市总队各局属单位分队受本单位直接领导，各区分队受本区文化和旅游行政部门直接领导，旅游行业分队受市旅游行业协会业务指导，并纳入市总队统一指导。各分队可以结合工作下设志愿者服务队，服务队接受分队的指导，并按照分队的分工安排开展文化和旅游志愿服务。

市总队下设办公室在广州市文化馆，参与统筹、协调、指导全市文化和旅游志愿服务工作，负责广州市文化和旅游志愿服务信息平台管理，文化和旅游志愿者培训基地建设和管理，以及统计、报送数据等日常事务性工作。

各文化和旅游志愿者分队接受市总队的指导，负责本行政区域内（本单位）文化和旅游志愿者的招募、培训、管理及协调等工作，有计划、有组织地开展文化和旅游志愿服务活动，为文化和旅游志愿者提供发挥才能的平台。

市、区、镇（街道）公共文化设施和旅游相关单位应当积极建立文化和旅游志愿者服务队，根据本级文化和旅游行政部门要求纳入统一指导和管理，设立统一名称，实行分级组建、分类管理，并如实报送相关信息。

第八条 市总队建立联席会议制度，成员为各文化和旅游志愿者分队负责人，总队适时组织召开联席会议，研究、部署、协调有关事项。

第九条 文化和旅游志愿服务组织单位应当鼓励、引导共产党员带头参与文化和旅游志愿服务活动，严格遵守相关政策规定，加强社会主义核心价值观引领作用。

第三章　文化和旅游志愿者

第十条 文化和旅游志愿者分为专家型、专业型和通用型三类。

专家型文化和旅游志愿者，是指在全国、全省及广州市文化和旅游志愿服务、艺术、旅游、文学、历史等专业（行业）领域取得一定建树，具有较大影响力和较高知名度的志愿者，如社会知名艺术工作者、省级以上认定非遗传承人、副高级职称以上专业人员等。

专业型文化和旅游志愿者,是指具备文化和旅游行业相关专业知识技能或职业证书的志愿者,如音乐、舞蹈、戏剧、曲艺、美术、书法、摄影、导游、旅游规划、旅游管理、建筑、设计、科普等。

通用型文化和旅游志愿者,是指提供无需具备专业知识技能或职业证书的服务的志愿者,如路线指引、咨询、文明宣传、秩序维护、关爱便民等。

第十一条 文化和旅游志愿者可以将其身份信息、服务技能、服务时间、联系方式等个人基本信息,通过民政部门认可的志愿服务信息系统自行注册登记。

文化和旅游志愿者提供的个人基本信息应当真实、准确、完整。

第十二条 文化和旅游志愿者享有以下权利:

(一)自愿加入或退出文化和旅游志愿服务组织单位;

(二)自主决定是否参与文化和旅游志愿服务活动;

(三)获得所参与文化和旅游志愿服务的真实、准确、完整信息;

(四)获得所参与文化和旅游志愿服务的必要工作条件和安全保障措施;

(五)获得所参与文化和旅游志愿服务活动需要的培训;

(六)要求文化和旅游志愿服务组织单位解决在志愿服务活动中遇到的困难;

(七)要求文化和旅游志愿服务组织单位无偿、如实出具志愿服务记录证明;

(八)对所参与的文化和旅游志愿服务活动提出意见和建议;

(九)法律、法规和志愿服务组织单位章程等规定的以及志愿服务协议约定的其他权利。

第十三条 文化和旅游志愿者应当履行以下义务:

(一)接受文化和旅游志愿服务组织单位安排参与志愿服务活动的,应当服从管理,接受必要的培训;

(二)按照约定提供文化和旅游志愿服务,因故不能如约履行志愿服务的,应当及时告知志愿服务组织方或者志愿服务需求方;

(三)不得向接受文化和旅游志愿服务的组织或个人索取、变相索取报酬;

(四)不得以文化和旅游志愿者身份从事任何以营利为目的或违背社会公德的活动;

(五)尊重志愿服务对象的人格尊严,不得侵害其合法权益;

(六)维护文化和旅游志愿服务组织单位和志愿服务的形象与声誉;

(七)法律、法规和志愿服务组织单位章程等规定的以及志愿服务协议约定的其他义务。

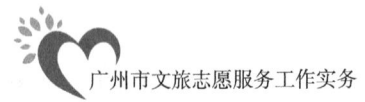

第四章 文化和旅游志愿服务组织单位

第十四条 文化和旅游志愿服务组织单位应当履行下列职责：

（一）制订文化和旅游志愿服务计划；

（二）依法筹集、管理和使用文化和旅游志愿服务经费、物资；

（三）组织开展文化和旅游志愿服务活动及培训；

（四）负责文化和旅游志愿者的招募、注册、培训、服务记录、保障激励等工作，如实记录文化和旅游志愿者个人基本信息、志愿服务情况、培训情况、表彰奖励情况、评价情况等信息；

（五）为文化和旅游志愿者提供必要的工作条件和基本安全保障，帮助解决志愿服务过程中遇到的实际困难；

（六）根据文化和旅游志愿者的要求和相关管理规定，出具文化和旅游志愿服务证明；

（七）开展文化和旅游志愿服务宣传、交流与合作；

（八）履行法律、法规、规章规定的其他职责。

第十五条 文化和旅游志愿服务组织单位应当明确志愿者招募标准，核实志愿者基本情况，应当依据专业技能、岗位职责、服务内容等条件对志愿者进行分类建档，合理安排岗位。

第十六条 文化和旅游志愿服务组织单位在开展志愿服务前，应当为志愿者提供志愿服务所需知识技能的培训，包括通用培训、岗位培训和专业培训。

鼓励文化和旅游志愿服务组织单位依托各级各类文化馆、图书馆、博物馆、美术馆等公共文化设施以及旅游景区（景点）、旅游企业、旅游院校建立文化和旅游志愿服务培训基地，面向全市文化和旅游志愿者依据专业技能、岗位职责、服务内容等条件开展分层分类的培训。

第十七条 文化和旅游志愿服务组织单位应当向志愿者说明在志愿服务过程中存在的人身安全、身心健康风险以及其他可能发生的风险。

第十八条 文化和旅游志愿服务组织单位应当根据志愿服务活动的需要，向志愿者提供必要的场所、设备、物资等硬件保障以及保险、交通、食宿、通讯等补贴支持。

第十九条 文化和旅游志愿服务组织单位应当定期对文化和旅游志愿者开展以服务态度、服务时间、服务内容、服务效果和服务对象满意度等为主要内容的综合评价，作为考核和表彰志愿者的依据。评价方式可以综合采用管理者评价、志愿者评价、自我评价、服务对象评价相结合的方式，并注重日常考核与定期考核相结合。

第二十条 文化和旅游志愿者可以自愿退出文化和旅游志愿服务组织单位。自愿退出者，应当依据注册登记的志愿服务信息系统有关规定办理退出注销手续。未在信息系统登记注销的，可以经书面申请，向所在文化和旅游志愿服务组织单位办理。

对未遵守相关规定、不履行本办法第十三条规定义务，造成不良影响的志愿者，文化和旅游志愿服务组织单位可以建立退出机制，取消其志愿者资格。

第二十一条 鼓励文化和旅游行业相关的行业协会、商会，协同推动文化和旅游志愿服务行业合作交流，促进文化和旅游志愿服务融合发展

鼓励文化和旅游行业相关的行业组织参与相关法律法规、促进政策、行业发展规划的制定和实施。

文化和旅游行业相关的行业组织应当履行下列职责：

（一）共同建立健全行业规范和标准，推动行业自律，促进标准化、规范化发展；

（二）指导成员依法开展文化和旅游志愿服务活动，组织各类文化和旅游志愿服务培训、交流与合作；

（三）开展文化和旅游志愿服务的情况统计、发展研究、经验研讨等工作，推动文化和旅游志愿服务的前沿发展；

（四）反映行业诉求，维护成员合法权益，开展行业志愿服务监督和先进嘉许；

（五）法律、法规以及行业组织章程规定的其他职责。

第五章　文化和旅游志愿服务活动

第二十二条 开展文化和旅游志愿服务的场所包括新时代文明实践中心（所、站）、公共图书馆、文化馆（站）、博物馆、美术馆、档案馆、烈士陵园、纪念馆、城市文化主题街区、历史文化步径、城市公园、森林公园、游乐园、动物园、植物园、水族馆、海洋馆、古村镇以及对游客开放的自然保护区、志愿驿站、广州城市旅游问询救援服务中心和旅游集散场所等。

文化和旅游志愿服务组织单位、文化和旅游志愿者可以在上述区域开展以下服务：

（一）公共秩序维持、公共服务设施维护等文明引导服务及为老、弱、病、

残、孕等特殊群体提供关爱服务；

（二）参与公共文化和旅游服务宣传、文艺演出、辅导培训、展览展示、阅读推广、数字技能科普等公益性服务；

（三）提供公益性展览、历史、地理、文化、动植物、风土人情、经济社会发展情况等内容的导览讲解服务和科普服务；

（四）参与基层文化设施的管理和群众文化活动的组织等工作；

（五）参与民族民间文化宣传展示及文化遗产保护等工作；

（六）协助政府有关职能部门做好文化和旅游市场监督和反馈服务；

（七）参与通过数字化平台开展公益性文化和旅游服务；

（八）参与国内外文化和旅游志愿服务交流活动；

（九）开展文化和旅游志愿服务理论研究；

（十）参与文化和旅游行政部门倡导的各类应急公共事务的服务工作；

（十一）其他公益性文化和旅游服务。

第二十三条 文化和旅游志愿服务组织单位、文化和旅游志愿者在开展志愿服务活动时，应当穿着统一志愿者服或佩戴统一标识，使用中国志愿服务标识、文化和旅游志愿者标志。

第二十四条 文化和旅游志愿服务组织单位、文化和旅游志愿者可以根据实际情况，就志愿服务活动的内容、方式、期限以及各方的权利义务等签订书面或电子协议。

志愿服务协议应当包括以下主要内容：

（一）各方基本情况资料；

（二）各方的权利和义务；

（三）志愿服务的内容、方式、时间、地点；

（四）工作条件、培训、安全保障和风险防范措施；

（五）志愿服务协议的变更、解除和终止情形；

（六）志愿服务有关争议的解决方式；

（七）其他需要明确的事项。

具体协议内容可以参考民政部门制定的志愿服务协议示范文本。

第二十五条 文化和旅游志愿服务组织单位、志愿者不得公开或者泄露在文化和旅游志愿服务中获悉的国家秘密、商业秘密、个人隐私以及其他依法受保护的信息，不得利用有关信息进行商业交易或者营利活动。

第二十六条 文化和旅游志愿服务组织单位应当建立健全志愿者权益保障制

度与施行机制，规范对志愿者合法权益的维护与保障。

文化和旅游志愿服务组织单位应当根据志愿服务实际需要，为志愿者购买相应的人身意外伤害保险。

第二十七条 文化和旅游志愿服务组织单位应当如实记录志愿者的服务情况、培训情况、表彰奖励情况和评价情况等信息，并按照统一的信息数据标准录入民政部门认可的志愿服务信息系统，并根据志愿者的需要，及时、无偿、如实为志愿者出具志愿服务记录证明。

时数记录和服务证明由文化和旅游志愿服务组织单位自行负责。

市文化和旅游行政部门应当加强对文化和旅游志愿服务时数记录和服务证明的监督审核。

第二十八条 鼓励文化和旅游志愿服务组织单位根据工作需要和自身职责，依托新时代文明实践中心（所、站）、公共图书馆、文化馆（站）、博物馆、美术馆等公共文化设施及场所，以及商业街区、交通枢纽站点、景区、各旅游景点周边的志愿驿站等游客集中区域建立文化和旅游志愿服务站点。由市文化和旅游行政部门建立全市统一的站点建设标准。

第六章 促进措施

第二十九条 文化和旅游志愿服务活动的经费来源包括以下几个方面：

（一）政府支持；

（二）依法获得的社会捐赠、资助；

（三）其他合法收入。

第三十条 各级文化和旅游行政部门、文化和旅游志愿服务组织单位应当根据工作实际，安排文化和旅游志愿服务工作经费。

各级文化和旅游行政部门、公共文化和旅游服务机构应为文化和旅游志愿服务提供合理必要的经费支持，纳入本级本单位财政预算安排。

第三十一条 各级文化和旅游行政部门应当对文化和旅游志愿服务给予必要的指导和支持，并建立管理评价、孵化培育和激励保障机制。

鼓励政府部门通过购买服务、创投活动等方式，支持文化和旅游志愿服务事业发展。

第三十二条 鼓励和支持自然人、法人和其他组织对文化和旅游志愿服务活动进行捐赠、资助。捐赠、资助财产的使用应当符合公益目的，尊重捐赠者、资助者的意愿。

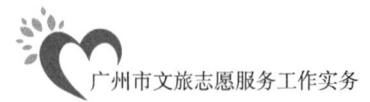

鼓励依法设立文化和旅游志愿服务发展基金，用于资助和扶持文化和旅游志愿服务的项目开展、站点建设、技能培训、志愿者激励回馈及权益保障等。

第三十三条 文化和旅游志愿服务活动经费的筹集、使用和管理，应当遵守法律法规的规定，公开透明，专款专用，任何组织和个人不得挪用、私分或者侵占。

文化和旅游志愿服务经费主要用于：

（一）直接服务类：文化和旅游志愿服务活动组织实施和宣传推广等；

（二）服务支持类：文化和旅游志愿服务研究、志愿者培训、认定记录、激励表彰、权益保障、物质保障、购买志愿者保险等；

（三）其他与文化和旅游志愿服务事业相关的费用：场地租用、物品制作等。

文化和旅游志愿服务组织单位每年应当向业务主管部门报告接受政府扶持和社会捐赠财物的使用、管理情况，并向社会公开，依法接受有关部门和捐赠者、志愿者以及社会的监督。

第三十四条 鼓励国家机关、事业单位、企业、人民团体、社会组织等发挥本单位专业优势成立文化和旅游志愿者服务队，参与文化和旅游志愿服务。

各级文化和旅游行政部门应当建立"文化和旅游志愿者人才库"，鼓励文化和旅游领域专家学者、社会知名人士、资深从业人员、基层群众文艺骨干等参与志愿服务，提升文化和旅游志愿服务的专业化水平。

第三十五条 鼓励文化和旅游志愿服务进学校、进社区，鼓励文化和旅游服务场所设立青少年课外活动和社会实践基地，设计符合青少年特点的文化和旅游志愿服务培训课程和活动项目。

第三十六条 鼓励全市文化和旅游志愿服务组织单位结合自身特点和优势，创新文化和旅游志愿服务的内容、项目、工作方式和活动载体，探索具有地方和行业特点的文化和旅游志愿服务模式，推动形成各具特色的志愿服务品牌。

市文化和旅游行政部门建立文化和旅游志愿服务示范点评选体系，鼓励符合条件的文化和旅游志愿服务组织单位参与创建申报工作。

第三十七条 市文化和旅游行政部门负责统筹发布，对星级以上志愿者和年度优秀志愿者给予艺术观摩与培训、文化艺术消费、公益性文化服务、景点景区门票等方面的优惠待遇。

鼓励全市文化和旅游志愿服务组织单位结合实际，建立文化和旅游志愿服务激励制度、志愿服务积分兑换制度，充分发挥自身优势，为优秀志愿者提供个性化的激励措施。

第三十八条 市文化和旅游行政部门按照国家、省的表彰奖励规定予以定期表彰、奖励。

鼓励文化和旅游志愿服务组织单位对在文化和旅游志愿服务活动中表现突出、社会影响力较大的志愿者、志愿服务工作者、志愿服务团队和志愿服务项目，以及支持文化和旅游志愿服务事业的单位和个人等进行褒扬嘉奖，推荐其参加其他评选活动。

第三十九条 鼓励文化和旅游志愿服务组织单位在官方网站上开设文化和旅游志愿者宣传专栏，运用新闻媒体、新媒体等载体平台加大对文化和旅游志愿服务宣传。

第四十条 鼓励文化和旅游志愿服务组织单位挖掘文化和旅游志愿者的形象价值，开发具有自主知识产权、鲜明地方特色的文化和旅游志愿服务工艺品、纪念品等文创产品，所获收益应用于推动文化和旅游志愿服务事业发展。

第四十一条 鼓励依托新时代文明实践中心，围绕推进学习实践科学理论、宣传宣讲党的政策、培育践行主流价值观、丰富活跃文化生活、持续深入移风易俗等内容，精心策划贴近百姓的文化和旅游志愿服务项目，着力推动新时代文明实践中心成为开展广州特色文化和旅游志愿服务的广阔舞台。

第四十二条 鼓励文化和旅游志愿者深入乡镇公共文化阵地、乡村学校少年宫和乡村旅游目的地，通过开展群众乐于参与、便于参与的文化和旅游活动，倡导科学文明健康的生活方式，促进乡风文明，营造乡村文化氛围，提升乡村旅游品质。

第四十三条 推动广州市与粤港澳大湾区文化和旅游志愿服务协同发展，在人才培养、专业培训、项目研发、课题研究、典型选树、宣传推广等方面开展务实合作，实现资源共享，深化合作交流。

第七章 附 则

第四十四条 本办法由广州市文化广电旅游局负责解释。

第四十五条 本办法自印发之日起实施，有效期5年。

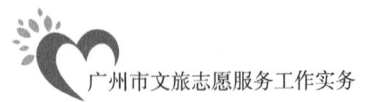

广东省民政厅关于印发
《广东省志愿服务协议（示范文本）》的通知①

粤民发〔2021〕112号

各地级以上市民政局：

为进一步规范志愿服务活动，保障志愿服务组织、志愿者、志愿服务对象等各方权益，依据《中华人民共和国慈善法》《志愿服务条例》《广东省志愿服务条例》相关规定，省民政厅研究制定了《广东省志愿服务协议（示范文本）》（以下简称《服务协议（示范文本）》），现予以印发。

请各地充分认识推行《服务协议（示范文本）》的重要性，加强工作宣传力度，鼓励和引导志愿服务组织、志愿者等按照《广东省志愿服务条例》第十五条规定依法签订志愿服务书面协议。各地在执行过程中如有问题或建议，请及时与省民政厅联系。

附件：广东省志愿服务协议示范文本.doc

广东省民政厅
2021年11月4日

---

① 广东省民政厅．广东省民政厅关于印发《广东省志愿服务协议（示范文本）》的通知[EB/OL]．(2021-11-11)[2022-08-03]．http://smzt.gd.gov.cn/gkmlpt/content/3/3635/post_3635931.html#1668．

广东省志愿服务协议

（示范文本）

广东省民政厅制定
2021 年 11 月

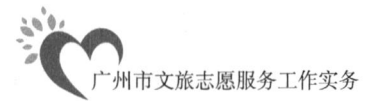

说　明

1. 本协议文本为示范文本，由广东省民政厅根据《广东省志愿服务条例》和其他有关法律法规及相关政策制定。

2. 本协议文本所称志愿服务，是指志愿者、志愿服务组织和其他组织自愿、无偿向社会或者他人提供的公益服务。当事人应知晓志愿服务有关政策规定，按照协议约定保障自身权益，履行相关义务。

3. 本协议文本旨在为省内志愿服务组织在开展志愿服务活动时与志愿者签订志愿服务协议提供范例，使用志愿者的其他组织可参照适用。

4. 各地可在法律法规规定的范围内，结合实际情况调整协议相应内容。

5. 签订本协议文本时，甲方应当向乙方（丙方）出示法人登记证书以及其他有关证书和证明文件。

6. 当事人可以针对协议中未约定或约定不明确的内容，根据具体情况在相关条款的空白处自行进行补充约定，也可以另行签订补充协议。

7. 当事人可以根据实际情况决定本协议原件的份数，并在签订协议时认真核对，确保各份协议内容一致；建议甲方、乙方（丙方）分别持有一份协议原件。

协议编号：

广东省志愿服务协议

甲方：
法定代表人（负责人）：
办公地址：
联系电话：

乙方：
身份证号码：
居住地址：
联系电话：

丙方（乙方监护人）：
身份证号码：
居住地址：
联系电话：

（若乙方为未满18周岁的未成年人或其他限制民事行为能力人等特殊群体，签订协议时需征得其监护人的书面同意，并同步提供丙方个人信息。同时，丙方应就乙方履行本协议，提供约定的志愿服务及丙方为乙方履行本协议过程中的包括但不限于违约、侵权等行为承担相应责任予以签名确认。）

根据《中华人民共和国慈善法》《志愿服务条例》《广东省志愿服务条例》及有关法律法规的规定，为明确各方权利义务，经友好协商，在自愿、无偿、平等、诚信、合法的原则下，就乙方参与甲方组织的志愿服务活动，提供志愿服务具体事宜，达成以下服务协议：

一、志愿服务时间

_____年___月___日至_____年___月___日。

二、志愿服务地点

_____［地址：_____市___县（市、区）_____乡镇（街道）_____社区（村）_____］。

三、志愿服务内容

结合甲方现实需求及乙方专长、服务能力等条件，确认以下内容：

（一）服务条件

乙方承诺具备以下身体健康、专业知识和服务技能条件：

1. 年满 18 周岁，身体健康，具备与其所从事的志愿服务活动相适应的民事行为能力（如乙方为限制民事行为能力人参加志愿服务活动，应当经其监护人同意。根据志愿服务的具体情况，如需由其监护人陪同的，其监护人应陪同参与）；

2. 具备参加志愿服务活动所需要的专业知识和服务技能；

3. 其他：

（二）服务内容

甲方根据志愿服务活动工作需要，结合乙方提供的年龄、知识技能和身体状况等信息，安排乙方开展以下志愿服务内容：

1. 服务事项：

2. 服务岗位：

3. 服务职责：

4. 服务方式：

5. 服务时长：

6. 其他事项：

四、甲方权利与义务

（一）甲方权利

1. 甲方有权就志愿服务的需求，要求乙方提供真实的身份资料、证件及学历、专长等相关个人信息，如乙方为限制民事行为能力人的，有权要求其监护人提供真实的身份资料。

2. 甲方有权根据志愿服务活动内容、要求，对乙方进行培训及工作安排。

培训内容根据甲方工作需求决定。

3. 乙方经培训考核不能达到志愿服务活动条件或要求，甲方有权拒绝其参加志愿服务活动。

4. 甲方有权与乙方共同协商制订统一的志愿服务工作计划，并对乙方所开展的活动进行调配和管理。

5. 甲方有权对乙方在履行志愿服务活动中的行为进行监督。

6. 乙方在志愿服务期间因违反法律政策规定、违反甲方相关规章制度、私自活动，造成恶劣影响的，或违反协议约定，或因其他情况致使本协议书无法履行的，甲方有权提出警告、将其召回、终止其服务和解除本协议。

7. 乙方隐瞒协议签订前已患重大疾病或提供虚假信息，或者由于乙方过错导致志愿服务未能按要求开展的，甲方可单方面解除本协议，并就乙方隐瞒实情或提供虚假信息引发的后果不承担责任。

8. 甲方有权将在招募、培训及活动中摄制的乙方从事相关活动的图像，用于各项公益性用途的宣传出版活动等。

9. 相关法律、法规、政策所赋予的其他权利。

（二）甲方义务

1. 甲方有义务向乙方（丙方）告知与志愿服务内容相关的背景、目标等真实、准确、完整的信息，及从事志愿服务活动可能面临的风险。

2. 甲方有义务在本协议约定的志愿服务范围内为乙方做好风险评估，并为乙方从事志愿服务提供相应的工作条件，根据活动情况，提供必要的交通、食宿、通讯等保障措施。

3. 甲方有义务在乙方从事志愿服务活动过程中尽最大能力保障乙方的人身安全和人格尊严，应对乙方（丙方）相关个人信息保密。

4. 甲方有义务对乙方进行必要的培训和指导，并及时协助乙方解决在志愿服务活动中遇到的客观困难，维护乙方的合法权益。

5. 对可能发生人身危险的服务活动，甲方有义务为乙方购买相应的人身意外伤害保险。

6. 甲方有义务安排乙方参与志愿服务活动，应当与乙方的年龄、知识、技能和身体状况相适应，不得要求乙方提供超出其能力的志愿服务。

7. 甲方有义务为乙方无偿、如实出具志愿服务记录证明。

8. 法律规定的其他义务。

五、乙方权利与义务

（一）乙方权利

1. 乙方有权知晓本协议项下志愿服务活动内容、时间、地点、要求等一切与服务有关的信息。

2. 乙方有权参加甲方基于志愿服务活动所需的必要培训。

3. 乙方有权要求甲方提供从事志愿服务活动必要的工作、卫生、医疗等条件和安全保障，并可请求甲方协助解决在志愿服务活动中遇到的客观问题和困难。

4. 乙方有权就所参与的志愿服务活动向甲方提出意见和建议。

5. 乙方有权要求甲方无偿、如实出具其参与志愿服务记录的证明。

6. 相关法律、法规、政策所赋予的其他权利。

（二）乙方义务

1. 如实向甲方提供本协议约定的相关信息，真实阐述自身的身体健康状况，有义务配合甲方就志愿服务活动需求进行资格审查和能力检测。

2. 有义务按照甲方要求，接受和参加甲方提供的相关培训及志愿服务活动，并达到甲方服务要求。

3. 有义务遵守甲方关于志愿服务活动的相关规章制度，做好自我保护，服从甲方基于志愿服务活动而进行的统一管理、安排和部署。如因故不能按照约定提供志愿服务的，应当提前告知甲方。

4. 有义务遵照协议约定，履行志愿服务承诺，按照甲方统一要求和规范参加志愿服务活动，为甲方和服务对象提供专业、合格的志愿服务。不得以志愿者的身份或志愿服务项目的名义从事任何营利性活动或者违背社会公德的活动。

5. 有义务诚信对待其所参与的志愿服务活动，按甲方要求完成承诺的志愿服务工作。不得泄露在志愿服务中获悉的国家秘密、商业秘密、个人隐私以及其他依法受保护的信息。

6. 有义务在志愿服务中不侵害、损害甲方或第三方合法权益，自觉维护甲方、志愿者身份及所从事的志愿服务活动的声誉。

7. 法律规定的其他义务。

六、丙方的权利与义务

（一）丙方的权利

1. 丙方有权知晓本协议项下志愿服务活动内容、时间、地点、要求等一切与服务有关的信息。

2. 丙方有权要求甲方为乙方提供从事志愿服务的必要的工作、卫生、医疗等条件和安全保障,并可请求甲方协助解决在志愿服务活动中遇到的客观问题和困难。

3. 丙方有权就志愿服务工作向甲方提出意见和建议。

4. 丙方有权要求甲方为乙方无偿、如实出具其参与志愿服务记录的证明。

5. 相关法律、法规、政策所赋予的其他权利。

(二)丙方的义务

1. 如实向甲方提供本协议约定的相关信息,真实向甲方告知乙方的身体健康状况,有义务配合甲方就志愿服务需求对乙方进行资格审查和能力检测。

2. 敦促及监督乙方履行本协议约定的全部义务。

3. 因乙方原因造成甲方或者第三方损害的,丙方应当对此承担相应的责任。

七、志愿服务保障与风险防范措施

(一)在本协议约定的志愿服务活动期间,甲方为乙方提供统一的志愿者培训,增强志愿者风险防范意识,并且根据活动情况,提供志愿者必要的服装和交通、餐饮、通讯费等补贴(补贴形式包括但不限于现金、餐票、报销)。

(二)在本协议约定的志愿服务期间,安排乙方参与可能发生人身危险的志愿服务活动前,甲方应当为乙方购买一份人身意外伤害保险。如属应急志愿服务,甲方还应为乙方配备必要的防护装备和用品,接受当地应急指挥机构的统一指挥、协调。

(三)在本协议约定的志愿服务期间,乙方自愿承担除甲方提供的工作条件或补贴之外的其他时间成本、技术成本等志愿服务成本。乙方为限制民事行为能力人的,丙方自愿为乙方承担上述服务成本。

(四)甲方应当以书面形式向乙方告知志愿服务活动的背景、目标等真实、准确、完整的信息,及从事志愿服务活动可能面临的风险;乙方为限制民事行为能力人的,甲方应同时告知丙方,丙方应当在充分考评风险和承担能力后,决定是否同意乙方参加志愿活动;丙方同意乙方参加志愿活动的,应当敦促和监督乙方遵守志愿活动的相关规章制度。

八、不可抗力与责任免除

(一)提供志愿服务期间,因地震、台风、水灾等不可抗力事件,导致本协议无法继续履行或者无法完全履行,各方可根据不可抗力事件对履行协议的影响程度，决定是否延期履行、免除或者部分免除协议的责任。

（二）基于志愿服务的质量要求及服务对象的现实需求，甲方根据自身需求及服务对象的反馈，不需要乙方继续提供志愿服务时，应提前____日向乙方（丙方）书面提出，提前告知期限届满后本协议即终止履行，甲方不承担违约责任。此外，如因乙方违反国家法律法规被治安处罚的或追究刑事责任的，甲方有权立即解除本协议，且不承担违约责任。

（三）基于志愿服务的自愿原则，乙方因个人原因无法继续提供志愿服务时，应提前____日向甲方书面提出，提前告知期限届满后本协议即终止履行，乙方不承担违约责任；但乙方应自觉维护甲方利益，妥善处理完毕其志愿服务工作并且配合甲方妥善做好志愿服务的交接工作，不得因此给甲方或服务对象带来损失。

乙方为限制民事行为能力人的，丙方应当协助乙方做好上述交接工作，就未妥善完成交接工作给甲方或服务对象造成的损失，向甲方或服务对象承担相应责任。

（四）乙方及丙方（如有）对志愿服务的风险有足够清晰的认识，如乙方（丙方）在志愿服务中遭受人身伤害或财产损失，乙方及丙方（如有）不得向甲方主张损害赔偿，但若是甲方对乙方或丙方遭受损害确有过错的，则依照《中华人民共和国民法典》有关规定应承担损害赔偿责任。

九、违约责任

（一）任何一方违反本协议约定的义务性规定，或者擅自变更本协议任一条款的规定，均构成违约，需向守约方承担违约责任。

（二）任何一方因违反本协议项下的规定，导致守约方面临任何第三方的索赔、诉讼或仲裁等要求，或使守约方因此遭受任何名誉、声誉、经济上的直接或间接的损失，守约方有权向违约方索赔。由此而产生的诉讼费、财产保全费、律师费、交通费等费用由违约方承担。

十、协议变更、解除与终止

（一）协议变更

1. 本协议履行中，根据乙方的年龄、身体、相关知识技能条件及个人兴趣，经甲、乙双方协商一致可以就志愿服务内容、时间和方式予以调整和变更，双方通过签订补充协议予以确认，补充协议与本协议具有同等法律效力。

2. 未经甲、乙双方协商一致，任何一方不得对本协议约定的内容进行单方擅自变更，否则即构成违约。

3. 乙方为限制民事行为能力人的，甲方应就本协议的调整与变更，征得丙方的同意后，由三方共同签署补充协议。

（二）协议解除

1. 协议履行期间，经甲、乙双方协商一致，本协议可以协议解除。

乙方为限制民事行为能力人的，甲方还应就本协议的解除，征得丙方的同意。

2. 甲方有下列情形之一的，乙方及丙方有权单方随时解除本协议，而不构成违约；即使因解除协议给甲方造成损害，也无需给予甲方任何形式的赔偿或补偿：

（1）甲方组织乙方参与违反法律、法规和国家政策的活动的；

（2）甲方组织乙方以志愿服务的名义参与任何以营利为目的的活动的；

（3）甲方违反国家、甲方所在地或者本单位的志愿者管理规定的；

（4）甲方组织乙方从事的志愿服务活动有损于乙方人格形象的；

（5）甲方因自身原因明显不需要志愿服务的。

3. 乙方有下列情况之一的，甲方有权单方随时解除本协议，而不构成违约；即使因解除协议给乙方及/或丙方造成损害，也无需给予任何形式的赔偿或补偿：

（1）乙方有违反国家法律、法规的行为的或被追究刑事责任的；

（2）乙方及/或丙方有违反本协议或者志愿服务相关法律法规及政策的行为的；

（3）乙方违反本协议约定，不履行志愿服务承诺或其服务在接受甲方评估时，未能通过或达标的；

（4）乙方及/或丙方以志愿服务的名义开展任何以营利为目的的活动，用于为自己或他人谋取利益的；

（5）乙方有其他与志愿者身份、志愿服务性质明显不符的行为，情节严重的。

乙方为限制民事行为能力人的，甲方应当立即就协议解除事项以书面形式通知丙方。

4. 本协议履行中，本协议订立时所依据的客观情况发生重大变化或因签订本协议所依据的法律政策变更，致使本协议无法履行，各方经协商不能达成变更协议的，可以协议解除本协议。

（三）协议终止

发生下列情形之一的，本协议自动终止：

1. 本协议约定的期限届满的；

2. 本协议约定的终止条件出现的；
3. 甲方因不可抗拒的原因以破产、解散、注销等形式不复存在的。

十一、争议的解决

（一）各方因履行本协议发生争议，可向志愿服务行业组织、志愿服务组织业务主管单位及登记机关、县级以上精神文明建设指导机构以及工会、共青团组织、妇女联合会等人民团体、群众团体申请协商调解，对争议进行多元化解、诉前化解。

（二）各方因履行本协议发生争议，如通过协商调解不成的，任何一方均可向本协议签订地人民法院提起诉讼。

十二、协议效力及其他

（一）本协议一式_____份，协议各方执一份，具有同等法律效力。

（二）本协议只作为相关方志愿服务关系的调整，不作为劳务或雇佣关系的确立。

（三）本协议自协议各方签名、盖章之日起生效，至本协议约定的服务期满时失效。

（四）本协议履行过程中，如经协议各方协商一致，需对本协议修订或变更的，各方应另行签订书面补充协议。

（五）甲方有权根据志愿服务活动需要，与服务接受方另行签订相关协议。

甲方（公章）：
负责人（或授权委托人）签字：
签署日期：

乙方：
签字：
签署日期：

丙方（乙方监护人）：
签字：
签署日期：
协议签订地：

广州市民政局关于印发《广州市志愿服务记录和证明出具操作指引》的通知①

穗民〔2023〕103号

市各有关单位，各区民政局，各志愿服务活动主办单位：

为落实《广州市志愿服务规定》，加强对志愿服务记录与证明出具工作的规范指引，依据志愿服务有关政策法规，我局制定了《广州市志愿服务记录和证明出具操作指引》，现印发给你们，请结合实际，认真执行落实。执行中如遇问题，请径向市民政局慈善事业促进和社会工作处反映。

广州市民政局
2023年8月3日

---

① 广东省民政厅. 广州市民政局关于印发《广州市志愿服务记录和证明出具操作指引》的通知[EB/OL].（2023-08-10）[2023-08-10]. http://mzj.gz.gov.cn/gkmlpt/content/9/9153/mpost_9153013.html#346.

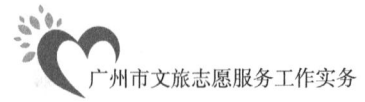

广州市志愿服务记录和证明出具操作指引

一、政策法规依据

1.《志愿服务条例》
2.《广东省志愿服务条例》
3.《广州市志愿服务规定》
4. 民政部《志愿服务记录与证明出具办法（试行）》

二、相关主体

1. 志愿服务组织

志愿者需要志愿服务记录证明的，由志愿服务组织依据志愿服务记录无偿、如实出具。

2. 慈善组织、村（居）民委员会、公益活动举办单位和公共服务机构

依法与志愿服务组织合作，由志愿服务组织招募志愿者的，由志愿服务组织做好志愿服务记录与证明出具工作。

依法自行招募志愿者的，参照关于志愿服务组织的规定，做好志愿服务记录与证明出具工作。

3. 城乡社区、单位内部成立的开展志愿服务活动的团体

此类团体在对其实施管理的基层群众性自治组织或者单位指导下，记录志愿者的志愿服务信息。

三、志愿服务记录与证明出具的原则

记录志愿服务信息、出具志愿服务记录证明，应当遵循真实、准确、完整、无偿、及时的原则。

四、志愿服务记录

（一）概念

志愿服务记录，是指志愿服务组织和依法开展志愿服务活动的其他组织通过志愿服务信息系统或者纸质载体等形式，记录志愿者参与志愿服务活动的有关信息。

（二）记录内容

1. 志愿者个人基本信息

包括志愿者姓名、性别、出生日期、身份证件号码、居住区域、联系方式、专业技能和服务类别等。

志愿者可以将个人基本信息通过志愿服务信息系统自行注册，也可以通过志愿服务组织进行注册。

2. 志愿服务情况

包括志愿者参加志愿服务活动的名称、日期、地点、服务内容、志愿服务时间、活动组织单位和活动负责人等。

前款的服务时间是指志愿者参与志愿服务实际付出的时间，以小时为计量单位。

志愿服务情况应在志愿服务活动结束后10个工作日内完成记录。

3. 培训情况

包括志愿者参加志愿服务有关培训的名称、主要内容、学习时长、培训举办单位和日期等信息。

4. 表彰奖励情况

包括志愿者获得志愿服务表彰奖励的名称、日期和授予单位。

5. 评价情况

包括对志愿者的服务质量评价以及评价日期。

评价情况应当在志愿服务活动结束后10个工作日内完成记录。

6. 其他有关信息

根据工作需要，志愿服务组织还可以记录与志愿服务有关的其他信息。

（三）记录载体

倡导志愿者、志愿服务组织和志愿服务对象通过志愿服务信息系统开展注册登记、信息发布、供需对接、服务记录等活动。

1. 志愿服务信息系统

根据市文明办、市民政局、团市委联合印发的《关于做好全市志愿服务数据采集管理工作的通知》，我市以"志愿时"系统（域名：www.125cn.net）作为统一的志愿服务信息汇集系统，开展全市志愿服务数据采集汇聚、共享开放、流通融合等管理工作，并推动与本省统一的志愿服务信息平台、全国志愿服务信息系统的数据互通。

目前，纳入本市志愿服务数据采集管理的信息系统有"志愿时"系统、广州"公益时间"、"文明实践云"等，志愿服务组织、志愿者可以根据自身需要选择使用。具体系统用户操作流程可以通过各志愿服务信息系统的官方渠道获取。

2. 纸质载体等形式记录

根据开展志愿服务工作的实际需要，志愿服务组织可以使用纸质载体等形式记录志愿服务信息。使用纸质载体等形式记录的志愿服务信息，要依法录入志愿服务信息系统。

使用纸质载体等形式辅助记录志愿服务信息，格式可参考附件"志愿者注册申请表""志愿服务活动签到表"等。

（四）志愿服务记录信息保管和查询

志愿服务组织要妥善管理志愿服务记录信息，不得将志愿服务记录信息用于商业目的。未经志愿者本人同意，不得公开或者泄露其有关信息。

志愿者可以在志愿服务信息系统中查询本人的志愿服务记录信息。志愿者需要志愿服务组织协助查询的，志愿服务组织应当给予帮助。

志愿者发现本人的志愿服务信息记录有错误、缺漏的，可以向相关志愿服务组织提出。志愿服务组织应当及时核实，确有错误、缺漏的，予以修改、补充。

（五）其他主体

慈善组织、村（居）民委员会、公益活动举办单位和公共服务机构依法自行招募志愿者的，参照上述关于志愿服务组织的要求做好志愿服务记录工作。

城乡社区、单位内部成立的开展志愿服务活动的团体在对其实施管理的村（居）民委员会或者单位指导下，记录志愿者的志愿服务信息。

五、志愿服务记录证明出具

（一）概念

志愿服务记录证明，是指志愿服务组织和依法开展志愿服务活动的其他组织依据志愿服务记录信息形成的、能够证明志愿者参加志愿服务有关情况的材料。

（二）证明内容

志愿服务记录证明应载明志愿者的志愿服务时间、服务内容和记录单位，也可以包含记录的其他信息。

（三）证明出具

志愿者可以在志愿服务信息系统中打印本人的志愿服务记录证明，也可以由志愿服务组织参照国务院民政部门提供的规范样式出具证明。

根据志愿者的需要，志愿服务组织可以在志愿服务记录证明上加盖印章。

（四）证明查验

志愿服务记录证明可以通过志愿服务信息系统查验。

民政部门进行志愿服务信息记录和志愿服务记录证明监督检查时，志愿服务组织要配合提供相关资料。

（五）其他主体

慈善组织、村（居）民委员会、公益活动举办单位和公共服务机构依法自行招募志愿者的，参照上述关于志愿服务组织的要求做好志愿服务记录证明出具工作。

六、附件

1. 志愿者注册申请表（参考）.doc
2. 志愿者活动签到表（参考）.doc
3. 志愿服务记录证明（参考）.doc

附件 1

志愿者注册申请表

*姓名		*性别	□男 □女	*出生日期	年 月 日
国籍		*身份证件类型	□护照 □港澳通行证 □居民身份证 □回乡证		
*证件号码					
电子邮箱			*联系电话		
*工作单位/学校			职务/专业：		
*居住地址					
教育程度	□小学及以下 □初中 □高中 □专科 □本科 □硕士 □博士 □其他				
从事志愿服务年限	□无 □1~6个月 □6~12个月 □12个月以上				
技能特长/兴趣 （可多选）	□活动策划　　　□社交外联　　　□演讲主持 □新媒体运营　　□编辑写作　　　□拍摄剪辑 □教学培训　　　□法律　　　　　□财务管理 □家电维修　　　□医疗护理　　　□心理辅导 □电子产品使用　□平面设计　　　□服装设计 □运动　　　　　□手工　　　　　□绘画 □唱歌　　　　　□舞蹈　　　　　□外语/方言 □乐器演奏 □其他（请注明）：＿＿＿＿＿＿＿＿＿＿＿＿＿＿				
可提供服务时间：	□工作日		□周末		□随时均可

续上表

*希望从事的服务类型（可多选）	☐公共服务　　☐生活帮扶　　☐支教助学 ☐卫生保健　　☐法律服务　　☐环境保护 ☐科技推广　　☐治安防控　　☐文明引导 ☐群众文化　　☐大型活动　　☐应急救援 ☐其他（请注明）：_____
本人同意志愿服务组织收集本人资料，并愿意接受志愿服务安排。 申请人：　　　　　　年　　月　　日	
审批确认：	
志愿服务组织 审批意见	
志愿服务组织承诺确保志愿者提供的资料不被外泄或转移作其他未被本机构准许的用途。 负责人签名：　　　　　年　　月　　日	

注：标*为必填项。

附件 2

志愿者活动签到表

活动名称：　　　　　　　　　　　活动日期：

地点：

举办单位：　　　　　　　　　　　活动负责人及联系方式：

序号	姓名	身份证号	岗位	开始服务时间	结束服务时间	备注

附件3

（例）

志愿服务记录证明
（certificate of voluntary service）

编号（No.）：

志愿者信息 （information of volunteer）	姓　名 （name）			
	志愿者编号 （volunteer No.）			
	身份证件类型 （type of ID）		证件号码 （ID No.）	
志愿服务时间 （volunteer service time）				
志愿服务内容 （volunteer service content）				
其他需要说明的事项 （other information）	是否有附件　是☐　否☐ （with attachment or not?　Yes☐　No☐）			

单位负责人（signed by）：　　　　　　　　　　（公章 seal）

年（yy）　　月（mm）　　日（dd）

注：1. 证明单位有志愿服务标识的，可置于证明右上角。如青年志愿者心手标识。
　　2. 其他需要说明的事项可填写志愿者参加的志愿服务活动、相关培训及获得表彰奖励等信息。

　　经办人（handled by）：＿＿＿＿＿＿

　　联系电话（contact phone number）：＿＿＿＿＿＿

参 考 文 献

[1] 中华人民共和国国务院. 志愿服务条例[EB/OL]. (2017-09-06)[2022-08-03]. http://www.gov.cn/zhengce/content/2017-09/06/content_5223028.htm.

[2] 文化部公共文化司. 文化志愿服务管理办法[EB/OL]. (2016-07-18)[2022-08-03]. https://zwgk.mct.gov.cn/zfxxgkml/zcfg/gfxwj/202012/t20201204_906303.html.

[3] 广东省第十三届人民代表大会常务委员会. 广东省志愿服务条例[EB/OL]. (2020-12-01)[2022-08-03]. http://www.rd.gd.cn/zyfb/ggtz/content/post_164545.html.

[4] 广州市文化广电旅游局. 广州市文化和旅游志愿服务管理办法[EB/OL]. (2022-05-26)[2022-08-03]. http://www.gz.gov.cn/gfxwj/sbmgfxwj/gzswhgdlyj/content/post_8292443.html.

[5] 中国政府网. 中共中央关于深化文化体制改革 推动社会主义文化大发展大繁荣若干重大问题的决定[EB/OL]. (2011-10-25)[2023-08-10]. http://www.gov.cn/jrzg/2011-10/25/content_1978202.htm.

[6] 中华人民共和国文化和旅游部. 文化部 中央文明办关于广泛开展基层文化志愿服务活动的意见[EB/OL]. (2012-09-17)[2023-08-10]. https://zwgk.mct.gov.cn/zfxxgkml/ggfw/202012/t20201206_918834.html.

[7] 中华人民共和国文化和旅游部. 文化部 中央文明办关于开展"文化志愿者 基层服务年"系列活动的通知[EB/OL]. (2013-05-10)[2023-08-10]. https://zwgk.mct.gov.cn/zfxxgkml/ggfw/202012/t20201205_916570.html.

[8] 中央政府门户网站. 中共中央办公厅、国务院办公厅印发《关于加快构建现代公共文化服务体系的意见》(全文)[EB/OL]. (2015-01-14)[2022-08-03]. https://www.gov.cn/xinwen/2015-01/14/content_2804250.htm.

[9] 北京志愿服务发展研究会. 中国志愿服务大辞典[M]. 北京:中国大百科全书出版社,2014:12.

[10] 王全吉. 文化和旅游志愿服务与管理[M]. 北京:北京师范大学出版社,2021:75.

[11] 涂敏霞,谭建光,孙葆丽,等. 走向后亚运时代的志愿服务[J]. 青年探索,2011(1):93-96.

[12] 谭建光. 广州亚运会志愿服务的创新与特色[J]. 广东青年干部学院学报,2009,23(4):8-15.

[13] 广州市文化广电旅游局. 广州地区博物馆寻踪[M]. 广州:广州出版社,2022.

［14］广东省志愿者联合会，广州志愿者学院. 做优秀的志愿服务带领者［M］. 广州：中山大学出版社，2021.

［15］共青团广州市委员会. 从0到1：青年社会组织组建及运行攻略［M］. 广州：广州出版社，2014.

［16］广州志愿者学院. 志愿服务岗位能力培训教材（骨干级）［M］. 广州：广东人民出版社，2014.

［17］高峰，苏超莉. 推动志愿服务事业高质量发展［N］. 光明日报，2022-02-25（06）.

［18］邱服兵，涂敏霞. 志愿者管理工具包［M］. 广州：广东人民出版社，2018：31-89.

［19］王忠平，沈立伟. 志愿服务组织建设与项目管理［M］. 北京：中国人民大学出版社，2018.

［20］魏娜. 志愿服务概论［M］. 北京：中国人民大学出版社，2018：9-83.

［21］叶菁. 文化志愿服务［M］. 南京：南京出版社，2022：13-33.

［22］良警宇. 中国文化志愿服务发展报告（2018）［M］. 北京：社会科学文献出版社，2018：1-29.

［23］张永新，良警宇. 中国文化志愿服务发展报告（2016）［M］. 北京：社会科学文献出版社，2016：1-18.

［24］张翼. 中国志愿服务发展报告（2021—2022）［M］. 北京：社会科学文献出版社，2022.